社會福利行政實務

The Practice of Social Welfare Administration

彭懷真 / 著

序言：把不容易變成容易的實務

　　學者擅長把簡單的說成複雜害學生抓狂，專家發言不考慮可行性專門害公務員，評鑑委員不瞭解服務輸送流程亂打分數，媒體熟悉把小事製造成大事藉此修理官員，民意代表一再羞辱政務官搏版面、搶選票，長官、同事總是加忙多過幫忙……在社會福利行政這本質上是做好事的領域，卻不斷遇到把容易的弄成不容易，害得好事變壞事。

的確，處處不容易啊！

　　我年復一年看著課堂中的年輕學子，都希望她／他們有好的未來，更希望有多一些能力強的社工人能投入政府行列，做個好公務員。然而你我都深知：「社會福利行政，不容易！」

　　不容易考上：公職社工師得先通過錄取率在兩成的專技社工師考試，取得資格再參加公職社工師的筆試，錄取率也不到兩成，然後口試，又有兩成的機率被淘汰。社會福利行政就更難了，初等考試錄取的人數很少，普考與高考的錄取率超低，三者都常不到一成。

　　不容易分發如願：考上可以填志願，好的缺很少，又得考慮：去機構或機關？選中央或地方？六都或各縣市？社會局處或區公所？偏鄉有加給可是太遠。加入以社工為主的，還是到醫療、司法、教育、民政或退撫會領域？

　　不容易做社工：當進到臭氣熏天的案家，看到一雙雙不友善的眼神時；當迷路被大黃狗追，卻非得見到案主時；當半夜要從棉被窩爬起來，騎車去醫院陪剛受到性侵害的女孩時；當某個老人必須安置，卻沒有足夠的財力付給機構，得募款補足差額時……

不容易做行政業務：當某個人民團體內部紛爭要你／妳介入時、當黑道或像黑道的樁腳恐嚇必須給某人福利資格時⋯⋯更普遍的是四面八方的情緒勒索：刁民鄉民、刁公民團體、刁人民團體、刁非營利組織與機構、刁業者刁住民⋯⋯還有最刁的：搞不清楚狀況頻頻下指令的中央，以及民意代表。當立委、議員、區長、里長、社區發展協會理事長、社團負責人、機構主任要妳／你做依法做不到的事情時⋯⋯

不容易不被長官罵：當業務堆積如山、當你／妳同時要處理去年的核銷、今年的考核，又為明年編預算時；當中央來個無法執行的公文指令，或上司來個難以執行的交代時；當民眾申請不順沒得到所要的福利，找長官施壓時⋯⋯

還有還有：當其他局處不配合使事情無法進展時、當媒體或自媒體或某個酸民報導一些半真半假的新聞而長官不諒解時⋯⋯因此不容易做出績效，能執行規定的就很難了，難以想到績效，更別說是理想了。

不容易升遷：一千人的社會局，四至七職等占多數，八職等三十七個缺、九職等十九個機會、十職等三個人、十一職等兩個副局長、十三職等一個人：局長。

做社會局長，當然有數不盡的不容易。領著社會局裡最高的薪水，有司機開車無須擔心停車問題，有機要幫忙處理大大小小的事情，有副局長、主秘、專委幫忙內部管理並處理大多數的公文⋯⋯但所有的責任概括承受，非常不容易！

各種不容易我都經歷過，也都處理過，然後用對方法，交出好成績。

其實，還是很容易：救援投手的勝投

臺中市民在2018年底選了盧秀燕為市長，她與無數市民一樣，熱愛棒球，在工作中，是一位很好、很成功的市府團隊總教練。團隊中有社會局這個眾所矚目的球隊，需要有投手。原本的投手上場才投了半年

多,總教練換我救援。我先觀察球場上的情勢:

投手教練:府一層
捕手:副局長、主秘等簡任官
壘手、野手:家防中心主任、仁愛之家主任、科長、主任、社工督
　　　　　導、股長等主管
對手:議員、媒體、非國民黨的各股勢力
觀眾:市民、各非營利組織工作人員、學術界人士等

　　社會局團隊服務民眾可以幫市府得分,但如何避免失分,投手責任重大。我每一局上場時,二壘與一壘都站著對手,隨時有失分的危險,如臨深淵,如履薄冰。一千兩百零一天,除以八局,大約每局一百五十天。有幾局狀況多,特別難熬。例如剛上場的第二局、疫情三級警戒的第六局、我方頻頻漏接的第八局。也有平順甚至彷彿三上三下的,包括第七局,還有各方勢力最支持的第三局。戰況的精華如下:

第二局2019/09/11-2020/02/08

　　上一場,對方滿壘,沒人出局。三壘上有增加規模空前的社福預算即將被議員審查,二壘上有馬上要舉行的全國燈會,但志工要如何招募訓練?一壘上有多項新增計畫。站在我後方的壘手與野手這些文官,心中想的是我能撐多久?

　　還好,在就任一百天時,預算一毛未刪通過了、燈會順利舉行而志工服務廣受好評、計畫一一進行,沒失分。

第三局2020/0209-2020/07/23

　　重點是各項托育措施、社安網計畫、追加預算。我也對九職等的同仁做了調整,希望更能應付日後的戰局。邀請到社工背景的社群媒體負責人強化臉書、官網,又有新聞背景的高手加入。

iii

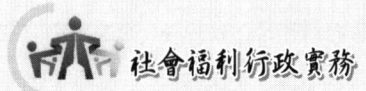

第四局2020/07/23-2021/01/11

重點在2020年的追加預算、2021年的市庫預算。此時已經有新冠疫情，但各項業務還可以正常進行。發生了兩件媒體事件，趕緊處理。

第五局2021/01/12-2021/05/19

情勢又變得險峻，長期沒有颱風侵臺，風調卻是嚴重的雨不順。臺中市政府決定調配供水，社會福利領域將近一百個老人、身障、兒少、婦女等機構的住民怎麼正常生活？托嬰中心的娃娃怎麼照顧？更可怕的是疫情。

第六局2021/05/20-2021/07/26

三級預防恐怖的幾十天，為了詭譎的疫情，研擬方案、頻繁開會，市府天天開記者會，經常說明社會局的措施。同仁及其家人陸續確診，人力單薄，靠視訊會議正常運作。

第七局2021/07/27-2022/02

Lucky7，沒有大問題，處處好消息，公托陸續開幕，兒少科我希望的團隊終於組成。各界捐贈湧入，復康巴士與中秋節身障採購都有空前的好成績。我被選為最稱職、最專業、與外界關係最好的局長。

第八局2022/03-2022/08

如同比賽，第七局順風順水。八局一開始，就因為私立托嬰中心的虐嬰案備受壓力。接著又有護樹團體與反對黨議員等攻擊的工程案。耐住性子，化解一個個危機。

第九局2022/09-2022/12/24

雖然選戰激烈，但社會局的工作順利推動，績效一一展現。預算、募款、捐車、開幕等等，都棒棒棒！我四處向捐贈單位致謝、勤跑社團與社區活動……11/26選舉，盧市長打破前兩屆市長無法連任的魔咒，贏了二十幾萬票。

棒球隊不能以少失分為目標,更要多得分。社會局得努力創造績效讓市長的民調上升,讓民眾的福利增加,所幸得道多助。我任職的四十個月,平均每八天,接受一部車輛的捐贈;每兩周,有一項工程完工,又新增一處服務老人的社區關懷據點;每個月,有一個親子館或公托開始服務,又有一處服務身心障礙者的小作所或日照開幕……其中二十六個月,每周二錄製一集直播。至於預算,我卸任比接任,幾乎多了一倍。

知道「如何」,就容易了!

棒球投手不再投球後做什麼?轉任投手教練者不少,出書分享經驗的也有一些。我整理實際問題及對策,希望幫助有心在社會福利行政體系服務的人。2024/09/26內人車禍,瞬間不良於行,住院十三天,出院復健之路漫漫。刺激我寫這本書,以免某個意外使我獨特的經驗無法傳承。

每一個服務,都是無數個「不容易」堆積出來,緩慢又持續努力的結果。但都有方法,一定要找到「如何」。本書以三十六個「如何」,百零八節,全面又實際處理與社會福利行政有關的問題,以親身經驗搭配說明。重點在「行政實務」,社會福利是法令、是制度,也有各種理念,若要落實,靠行政,以政府為主力。政府是政治力匯集之處,善用政治力才可以順利推動社會福利,使社會充滿活力。

寫作此書常腰酸背痛,尤其肩膀沉重,但認真努力筆耕。如果這本書能夠幫助一些人實現當公務員的心願,能夠使社會福利行政體系的工作人員更有效服務,能夠使主管們更知道如何帶領團隊,能夠使某些不容易變得容易一點,最重要的,使苦命人,能夠因為政府的協助,減輕負擔,使不容易變得容易些,就值得」!

本書有六篇,每篇有六章,每章五千字左右,都各有三節,某些章彙整進一步查詢的索引。各篇有引言,均以感動我的著作或電影來開場

v

並對該篇有整體的介紹。

　　全書有四十五個表、四個附錄。表格少部分整理自政府的官網，多數是作者根據經驗區分，以重要性、實例等說明。除了文字，在YT上有我製作主持一百集影片，看了影片更容易瞭解福利資源並服務民眾。

　　社會福利行政以服務苦命人為主，感謝關心弱勢、給我機會、幫助我扮演好角色的盧秀燕市長、市府團隊、社會福利領域的夥伴、東海大學社工系的同事及學生。看著學生的臉、想著社會局的同仁，期待因為此書，福利行政可以有更好的未來。

彭懷真　謹識

2025年6月

目　錄

序言：把不容易變成容易的實務　i

第一篇　成為福利行政的一員　1

第一章　如何分析自己？　5

第一節　問自己幾個基本問題　6
第二節　評估能力　9
第三節　評估興趣　12

第二章　如何確認適合？　15

第一節　人際風格指標　16
第二節　柯塞人格量表　22
第三節　A型性格評估　31

第三章　如何評估路徑？　35

第一節　社工六六大順　36
第二節　起薪及錄取率　39
第三節　三年一個進展　44

第四章　如何考試分發？　47

第一節　筆試及準備　48
第二節　口試及應答　52
第三節　分發的考慮　57

第五章　如何多方學習？　61

第一節　取得身分挑戰開始　62
第二節　向文官背景者學習並自我定位　65
第三節　向選舉出身的人學習並自我定位　67

第六章　如何甲等陞遷？　71

第一節　出現、表現、貢獻　72
第二節　考績好及模範公務員　75
第三節　培養適合政府體系的習慣　78

第二篇　龐大政府機器　83

第七章　如何因應中央？　87

第一節　行政院、立法院、監察院　88
第二節　衛生福利部　91
第三節　研究、參與、互動、配合　92

第八章　如何做社安網？　95

第一節　問題重重及因應　96
第二節　人事及考核　99
第三節　改變社會福利行政的生態　101

第九章　如何瞭解地方？　105

第一節　府一層　106
第二節　各局處　108
第三節　最基層　112

第十章　如何配合議會？　117

第一節　與議員互動　118
第二節　組織及關鍵人物　120
第三節　會議及自治法規　123

第十一章　如何建立團隊？　127

第一節　控制幅度及CORPS　128
第二節　主管的安排　131
第三節　會議減少．績效增加　132

第十二章　如何開委員會？　137

第一節　組成DEI　138
第二節　會議差異大、先確認角色　140
第三節　把握「3→1→3」原則　142

社會福利行政實務

第三篇　社會福利行政的根基　145

第十三章　如何人力管理？　149

　　第一節　魔術方塊般的組合　150
　　第二節　增聘人力的設計　151
　　第三節　考慮搭配　154

第十四章　如何爭取預算？　157

　　第一節　重要性及概念　158
　　第二節　中央的及地方的　160
　　第三節　編列及審理流程　163

第十五章　如何擴大財源？　167

　　第一節　爭取追加預算　168
　　第二節　善用中央補助　170
　　第三節　慎用公益彩券盈餘　172

第十六章　如何興建工程？　177

　　第一節　重要性與流程TQM　178
　　第二節　三大類型　181
　　第三節　開工上梁啓用常使用　183

目 錄

第十七章　如何規劃布點？　185

　　第一節　好成績好方便　186
　　第二節　靜態的服務點　187
　　第三節　動態的車輛　191

第十八章　如何方案合作？　193

　　第一節　福利服務輸送　194
　　第二節　標案及團體搭配　196
　　第三節　聆聽抱怨、加強連結　197

第四篇　對自然人的服務　201

第十九章　如何資訊服務？　205

　　第一節　未告知的嚴重性　206
　　第二節　通路及方法　208
　　第三節　官網及整體識別　212

第二十章　如何數位導航？　217

　　第一節　臉書脫胎換骨　218
　　第二節　製作直播一百集　220
　　第三節　電子書及平台　230

第二十一章　如何發放補助津貼？　235

第一節　先確定資格　236
第二節　各人口群的　239
第三節　加碼的實例　244

第二十二章　如何救助紓困？　247

第一節　處處與救助有關　248
第二節　對貧困者多元服務　251
第三節　危機事件的實例　253

第二十三章　如何支持服務？　257

第一節　針對不同人口群設計　258
第二節　對身障者加強社區自立　260
第三節　對老人全方位協助　262

第二十四章　如何推動社工？　265

第一節　個別化社工服務　266
第二節　家庭暴力暨性侵害防治中心　269
第三節　社工科及家庭福利服務中心　270

第五篇　對法人等服務　273

第二十五章　如何執行專案？　277

第一節　公托親子館倍倍增　278
第二節　因應災變　282
第三節　因應疫情—長時間又多方面的考驗　283

第二十六章　如何面對考核？

第一節　中央政府主辦的　288
第二節　媒體主辦的　290
第三節　準備及反省　292

第二十七章　如何強化人團？　295

第一節　類型及屬性　296
第二節　社區、國際性社團　300
第三節　合作社、社創基地　302

第二十八章　如何綻放幸福？　305

第一節　CRC及CEDAW　306
第二節　CRPD　308
第三節　HOPE125　310

第二十九章　如何共同行善？　315

第一節　表揚要誠意　316
第二節　感恩要主動　320
第三節　效果要滾動　322

第三十章　如何連結媒體？　325

第一節　類型及記者　326
第二節　說明訊息　328
第三節　正面看待　330

第六篇　更好的服務者　333

第三十一章　如何形象定位？　337

第一節　外觀：百變及人設　338
第二節　行為：勤跑的暖男　339
第三節　被質詢：眾目睽睽簡介政策　341

第三十二章　如何內部溝通？　347

第一節　與市府裡的　348
第二節　與局內的　350
第三節　運用多元媒介　353

目 錄

第三十三章 如何時間管理？ 355

第一節 管理自己的 356
第二節 管理部屬的 360
第三節 管理團隊的 363

第三十四章 如何化解壓力？ 367

第一節 刁及情緒勒索 368
第二節 計算強度 373
第三節 好來好去 376

第三十五章 如何給個總評？ 381

第一節 有沒有快樂完成任務 382
第二節 量化的總評量 384
第三節 質性的總檢視 387

第三十六章 如何統整真我？ 391

第一節 冒險淬鍊出的心得 392
第二節 小　點與大　點 396
第二節 愛生活學習貢獻與生命都更好 398

XV

表目錄

表1-1　與社工有關的能力評估　9
表1-2　依職能分析架構特別強能力適合去的單位　10
表3-1　任用、聘用、派用及僱用的比較　40
表3-2　六個志願與做法　45
表4-1　以社會工作命名三種國家考試的科目　48
表4-2　以社會行政命名三種國家考試的科目　49
表4-3　國家考試筆試的準備方法及有效程度評估　52
表5-1　文官與政務官的差異　66
表6-1　與出現、表現、貢獻有關的重要指標　74
表6-2　對升遷影響的實例　76
表6-3　社會福利行政八職等的主管缺　76
表7-1　民國97年後的行政院長及主管社會福利的政務委員　89
表7-2　行政院與社會福利行政相關的單位及部會附屬的司處　90
表7-3　衛生福利部與社會福利有關的單位及附屬的司　91
表9-1　臺中市政府的府一層　107
表9-2　與上司溝通類型按照功用程度區分　107
表9-3　某區公所社會課的工作人員及職掌　113
表10-1　與議員平日互動按照功用程度區分　120
表10-2　議會成員按照對社會局的重要性區分　121
表10-3　與議員互動的場合按照重要性區分　123
表11-1　按照持經或達權安排社會局團隊　135
表12-1　出席會議按照重要性與複雜度區分　141

表15-1	臺中市社會局各業務計畫預算及中央補助狀況 170
表15-2	中央政府針對各類弱勢族群預算編列情形 172
表15-3	臺中市公益彩券盈餘107~111年獲配數及年度賸餘情形 175
表19-1	行銷管道按照所需經費多寡區分 211
表20-1	直播一百集目錄 223
表20-2	一百集按照範圍屬性分類 230
表20-3	福利導航按照閱讀者屬性的建議及影音導覽（案例） 232
表26-1	中央社會福利績效考核類別及執行單位 289
表27-1	社團經營的實例及效果評估 299
表27-2	地方經營的實例及效果評估 300
表27-3	五大國際社團的重要性及與社會局互動的狀況 301
表29-1	表揚類型按照對象主體、參加人數及特殊性區分 316
表29-2	捐贈管道的實例及效果評估 320
表30-1	臺中市有關的媒體 326
表32-1	評估內部溝通的實例及效果 352
表33-1	按照重要性與緊急性區分工作中的活動 357
表33-2	評估工作中應該減少或增加的活動 359
表33-3	運用比較利益架構善用時間 364
表34-1	對社會局壓力源的強度分析 374
表34-2	自己的症狀及強度分析 376
表34-3	社會支持的類型及強度分析 378
表35-1	出現、表現、貢獻的總評估 384
表35-2	管理者角色的總評估 385
表35-3	對二十四個如何做社會福利行政的總評估 386

第一篇

成為福利行政的一員

引言

　　Jon Gordon在《過你的第二人生：你要留在這裡，還是往前走？》（天下雜誌出版，2017）如此說：「過去多少年的人生，你被選擇、被安排、被期待。日復一日，熟悉的路線，差不多的每一天。工作應付自如，日子過得不錯，但你很清楚，過去的熱情與幹勁，正一點一滴流失……這，真的是我想要的生活嗎？如果可以重來，我還會這樣選擇嗎？」

　　Keep moving.（繼續走吧！）筆者做社會工作、擔任學校主管，都得不斷行動，也都可能承擔比較大的風險。多了些「行動」，而不僅是嘴巴上說說或動動文筆，主體不是why而是how。如何走，如何踏出第一步然後繼續走，還要走好、走穩、走久。

　　你助人的熱情有很多舞台可以展現，有這麼多的工作可以選擇，為什麼要進公家這個特別不自由的場域？首先多問問自己幾個基本問題，分析自己的能力、意願與價值觀是否適合進入政府？其次透過種種心理測驗評估性格與公務員的相近性。在公部門得與各式各樣的人互動，又處理各種各類的文書，生活習慣與時間節奏愈能和龐大體系配合的，愈容易生存與發展。

　　有不同的路徑，看懂了、想清楚、再決定。永業公務員與約聘僱用、職務代理或派遣，薪資有哪些差異呢？一旦決心成為公務員，就要考上。社會福利領域的公務員主要有公職社工師和社會行政人員，都得經過錄取率不高的國家考試。如何準備筆試與口試，成為考上的人，有好些該瞭解及努力的。

　　有本事通過筆試或口試，並不代表你適合做公務員。即使領公家的薪水，做第一線的社工與做行政人員，還是有很大的不同。循序晉升的文官與政務官又各自扮演什麼樣的角色？去中央還是到六都或縣市政府

或進鄉鎮區社會課，不同選擇，面對的同事與服務對象員差異甚大。

到了服務單位報到，成為正式的人員，需多方學習並有清楚的定位，可以有更好的適應。社會福利行政人員的角色扮演不簡單，身兼社工人、行政人、政治人，各種考驗接二連三。

與學校被打成績有很多不同，公務員不斷被評比，長官考核打考績，影響年終獎金及升遷。如何累積在表現、出現、貢獻等方面的成果，獲得甲等繼而爭取模範公務員？最大的肯定是晉升，職等高、擔任主管，可以幫助更多人，但屬於高難度的挑戰，須瞭解其中的關鍵因素及限制條件。

第一章

如何分析自己？

- 問自己幾個基本問題
- 評估能力
- 評估興趣

第一節　問自己幾個基本問題

一、會是快樂的公務員嗎？

「不快樂的事做不久，做不久的事做不好」。民眾接觸到社會福利行政體系裡的工作者，第一印象是什麼？很少人會聯想到「快樂」。他／她們多半穿著黯淡單調的服裝，精神不濟，少有說話中氣十足的，看起來不太快樂，甚至不快樂。

這些公務員要面對誰呢？民眾——多半帶著各種問題困擾來求助，八成不快樂。民意代表及其助理——有事交代交辦，常讓人不快樂。其他公務員——要聯繫協調有事相求，更不快樂。還有上司、委員會的委員、各種顧問、民間團體的工作人員等等，少有人會帶來快樂。

所以多數的社會福利工作者無法長期快樂履行職責，常想換跑道。問題是：做不久很難累積經驗，更難以有好的績效！

二、能服從上司的指令和大量的規範嗎？

政府體系嚴謹，階層清楚，服從上司是應該的，最重要的是理解上司要求與指令，並設法執行，這牽涉到兩種能力，前者是聽得懂，知道大方向，後者是具體實踐。上司不可能鉅細靡遺地交代，自己要判斷所指示的重點，然後試著整理出要點，一一列出，說明預備執行的做法，請上司確認以便落實。公務員的資質有基本的水準，可是理解及執行的能力，必須在水準之上。尤其是邏輯思考的習慣，不至於掛一漏萬，更可避免錯誤。

在政府體系，行政倫理是公務員遵循的道德規範和行政機關的群體價值，是在行政過程之中對錯好壞的判斷。常常被提到的行政倫理包括：負責任、守紀律、忠於職務等。公務員進入行政系統後，對國家、對民眾、對機關、對單位，和在機關內對長官、同事、部屬、民眾都應有適當的角色扮演。

三、對苦命人有興趣嗎？

一個人對於自己有興趣的事，即使麻煩也會熱心去做。人人有不同的興趣，各種球迷、影迷、書迷、網迷，即使花錢、花時間、花力氣，也要追星。得到諾貝爾和平獎或傳愛獎或慈善獎的榜樣人物，就算自己行善時任勞任怨任謗，仍然持續幫助人。

「莫忘世上苦人多」，社會福利行政體系服務對象多數屬苦命人，服務者絕不能忘記這些苦命人，須想方設法使苦命人減輕痛苦。要持續做，服務者得具備更強的意願。

苦命人在哪裡？以空間來看，偏遠地方比都市多，生活在機構裡比住在舒適的家多，居住在破舊住宅比豪宅大樓多，各車站地下道比辦公廳舍多。以年齡層來看，中壯年多半就業有固定的收入，退休的老人、還未成年的青少年與兒童卻得依賴他人協助。以族群來分析，原住民和新住民苦命的比例高。以性別來瞭解，女性比男性的就業率低百分之二十幾（50%比73%），平均薪資比男性少兩成，需要的福利協助當然多。因身心狀況或社會地位容易被歧視的社會邊緣人、被害人等，機會少、資源有限，需公權力給予協助，是社會福利行政體系的重要服務對象。

四、願意減少享樂與自由嗎？

在政府體系裡服務的自由度低，受到的限制多。有些行為在民間

企業裡不至於成為攻擊的話題，但在公家機關就可能被質疑，甚至被調查、被處分。有些場合，農夫、漁夫、工人、作業員、上班族都可以進出，公務員就不適合。社會上有各種兼職機會，公務員的兼職受到嚴格的限制。

公務員做久了，慢慢變得沒有太鮮明的個性，思考與做事方式愈來愈相近。因為政府早已形成強而有力的社會化機制，對身處其中的成員持續職業社會化。特立獨行的人承受壓力去從眾，去和身邊的人相似。

公務員出現在公眾場合常常穿著繡著機關名稱的外套或背心等制服，制服的中文似乎暗示「你穿上就被制伏了」。制服英文是uniform，直接的意思是：單一的形式，不再多元、複雜、創新、變化。深層的意義為：自己不是自己，而是屬於政府單位的。主管的外套背心，更繡上了姓名，一方面使外人足以辨識，另一方面更可能被監督、記住。如果某個言行讓路人甲或媒體乙看到不爽，手機拍照上傳，後果難以預料……

公務員比起大多數職業不自由。孫中山先生提出有四種人：學生、軍人、官吏和未成年人，都不自由。官吏就是今日的公務員，受到比較多的約束。外在有種種法令等著處罰違反者，內在有倫理的限制。

所以，太在乎自己的個性、自由、時間、嗜好等，進入社會福利行政體系前，須再三考慮，不只隨便想一想，而是評估自己從事此職業的興趣，是否強烈到足以割捨自己原本習以為常的種種。

然而擔任公務員，比在民間企業，更有機會去付出，更可能產出有意義的果實。例如一位在區公所社會課從事社會救助的基層人員，負責上百低收入戶和中低收入戶的救助，工作很有意義。

《與成功有約》將一個人的重心分為：(1)配偶；(2)家庭；(3)金錢；(4)工作；(5)名利；(6)享樂；(7)朋友；(8)敵人；(9)宗教；(10)自我；(11)原則等。一個社會福利行政的公務員，可能各有優先順序，但首要的重心要掌握。如果選擇的是金錢、名利、享樂、朋友、敵人、宗教或自我，在政府都難免不斷遇到掙扎。愛錢超過一切？做公務員只能

領有限的薪水；愛名的應該去選舉做民意代表或網紅，愛享樂得有錢有閒，偏偏這兩者公務員都缺。太看重朋友嗎？請記住「官場無私交」，每天想敵人、想報仇的，怎麼會有足夠的愛心幫助苦命人？有宗教信仰是個人的選擇，基於宗教信仰的動能熱心服務很好，但政府並非宗教場合，急著傳教，並不適宜。

筆者認識的好公務員，多半認真工作，使命必達。應該是「以原則為重心」，就是心中有清楚的羅盤，知道每天努力的原則為何，方向明確。

第二節　評估能力

「要不要加入社會福利行政？」必須對能力詳加評估。能力比意願、性格更重要，能力好、能力強的人，選擇性高。

你／妳挑職場求職，求才端也挑妳／你。對方看重的是那些，自己具備得愈多愈好。能力，並非一般的能力，而是與職業、職位直接相關的能力。社會工作、社會福利行政等公務員所需的能力，是要完成與該職位有關任務的能力。例如做社會救助的，能夠分辨申請者的資格、提供經濟等資源。

與社工有關的能力分成三大類，整理在**表1-1**之中。

表1-1　與社工有關的能力評估

A類：與社工直接服務有關	B類：與社工間接服務有關	C類：斜槓／多元
家庭訪視	在社區裡工作	家人有政治背景或在政府體系工作
個案評估處遇	做秘書	Youtuber、網紅、播客
家族治療與諮商	做人事	影片製作、拍攝、剪輯
113或家事事件的處理	幫助行銷	能在工地裡工作
寄養、收養、出養等業務	資訊管理或AI	會舉辦或主持大活動
帶領團體或協同主持	做老師的助理	會採購
對某類人口群非常能互動	會做計畫业簡報	其他有未來性的

能力不等於經歷或資歷，更不是泛泛的，而是在該領域名列前茅的表現。每一格都表示一種能力，不僅要具備，最好相當強。按照「80／20原理」，多數組織百分之八十的績效來自百分之二十的人，所以要確認自己的能力在該項之中居於前百分之二十，設法具備多幾項可以進入前百分之二十的能力。

其次建議評估A類的能力比較強，還是B類的，然後分析自己有哪一兩項的C類斜槓能力具有競爭力。

以臺中市政府社會局所需的人才來看：

- A類強的比較適合去家庭福利服務中心、家庭暴力及性侵害防治中心，還有，與特定弱勢者特別能相處則去該人口群的福利科。
- B類強的適合秘書室、人團科、綜企科。
- C類強的適合綜企科，擔任局長的機要也不錯。

政府體系愈來愈龐大，需要更多元能力的同仁，若是約聘僱的，彈性大，除了A類能力，若具備某些B類或C類的，比較容易錄取。

接著評估自己的職能強項，人力資源管理的職能分析架構廣泛被採用。對各職位的能力分為處理資料（data and information）、處理人（people）、處理事（thing）三大部分，並考慮由「簡單」到「複雜」。用**表1-2**來看適合去的社會福利行政單位。

表1-2　依職能分析架構特別強能力適合去的單位

能力	處理與人有關的	處理與事情有關的	處理與資料有關的
特別強、複雜度高適合	做第一線的社工／做督導	做福利行政的公務員	到綜企科或秘書室
中等	中等	中等	中等
比較弱	比較弱	比較弱	比較弱

例如處理人的能力，社工不僅要注意案主，還要考慮案家、生活環境等因素，掌握家庭的動力，困難程度高。此外，主管比部屬、督導比

社工須處理更多與人有關的考驗。

近年來斜槓與乘法人等名詞愈來愈普遍。筆者自己長期斜槓，累積多方面的經驗相乘推動社會福利。因此欣賞並給予具有斜槓能力的同仁更多機會，例如：邀請到直播節目說明服務績效、多些考量給予升遷機會、推薦參選模範公務員等。尤其是人民團體科、綜企科等，特別需要斜槓的能力，懂得將多方優勢加以組合，產生更好的績效。

「德不配位」的現象普遍，說明即使獲得職位也很辛苦。擔任一個職位，能力要與對該職位的要求相配，如果差太多，就算得到職位，比較容易犯錯，適應的時間特別長，造成自己著急而旁邊的人抱怨。許多公務員沒弄懂一個職位在做什麼，又不清楚就任該職位所需的條件，急急忙忙爭取，一旦搶到了，往往做不好，也可能出事。所以許多空降的政務官，在職位上的平均服務時間，遠遠低於常任文官緩步晉升的。

英文qualify的意思是「資格」，具備資格再就職比較安全，甚至over-qualify（超出資格的要求）。如此從容勝任，也容易做出績效。

能力，包含學歷、經歷、證照、相關資歷，也包含待人處事處理資訊等，累積的條件愈多愈好。從事社會福利行政此複雜度高的工作，要具備的能力更多，尤其是在詭譎的任務環境中最好「腦冷、心熱、腰挺、腳快、能寫能說」。

能力，要對準政府體系裡的生態，才高八斗的才子、學歷嚇人的學霸、證照一隻手數不完、家世背景強派系力挺、懂得厚黑學找門路的人際關係高手等等，都未必適合，甚至常常造成反效果。

尤其要對準社會福利行政需求，針對與該職位服務人口群的能力。例如在地方服務老人，閩南語乃至客家話的聽與說；要做救助有關的業務，觀察貧困者或街友；從事家庭福利服務，不能找路痴，家庭訪視的基本功得具備；與人民團體或社區打交道，見人說人話自在表達……

文書與電腦在政府體系為基本功，大量的文書作業、不斷升級的資訊要求早已是政府裡必備的日常。文書有一定的格式，除了耐煩，一一

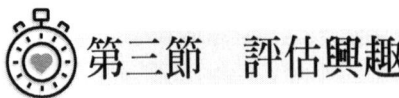

對應表格，正確填答，據實以告。公務員處理的是「眾人之事」，對於各項資訊系統裡的數據，能正確判斷並設法改進。

第三節　評估興趣

一、比較相信X理論還是Y理論？

認同Y理論的傾向自我要求，生活自律，渴望自我實現，力求自尊。這麼多個「自」（self），顯示以自己為中心，想要與眾不同。當然也要付出更多的代價，最明顯的，就是可能被身邊的人討厭，因為多數人想打混，想輕鬆過日子。

認同X理論的，傾向被別人管，他律超過自律，在團體中扮演小角色即可，只求平安過日子。不求有功，但求無過。此種職業生涯也不錯，先求有，鐵飯碗，一份還可以的待遇，許多長官帶領、可以預測的未來。代價呢？午夜夢迴時，想想自己「乏善可陳」，有些嘔！

二、評估自己的興趣會被非議嗎？

每周工作四十多小時，其他時間可能有固定的興趣。如果這份興趣是打德州撲克，說不定就惹了麻煩。公務員可不可以刺青？可不可以有特殊裝扮？可不可以去夜店？如果對某種興趣過於眷戀，而該興趣會被有心人士做文章，就得多考慮。公務員傾向群體活動的興趣：登山、打羽毛球、跳韻律舞……生活習慣傾向簡單，名牌衣、名牌包等，少見。炫富的行為，少見。多半低調、簡樸不惹眼。

對外活動時公務員是各種職業中少見「穿制服」的，制服上的政府

市徽、機關名稱、頭銜甚至名字，都提醒穿的人：你沉重的角色，代表著政府，自己的個性與特性，不再能瀟灑。

三、生活是否規律？

自己的生活習慣是否能配合嚴謹的組織規定？政府體系一大群人，當然有特別多的規定，例如上下班打卡、朝八晚五等。又為了配合所承擔的任務，晚上或周末可能要加班，雖然可以補休，未必能休得到。

筆者雖然長期從事教職，算是自由業，但始終維持朝八晚五的工作步調，也習慣加班和周末也工作。對於休假與否，並不重視。到了政府，適應沒問題，三年多，沒請過休假。相對地，有些大學教授或許在民間工作久了，進政府受到太多的約束，難以適應。

四、要問自己是否常常拖延？

美國演員Christopher Park說：「拖延就像是信用卡，直到你收到帳單，都非常開心。」（Procrastination is like a credit card, it's a lot of fun until you get the bill.）在龐大體系中，工作環環相扣，一個人拖延影響許多人，牽連甚廣。

五、願意開大量的會議嗎？

公務員常常開一些可能沒什麼效果的會議。政府的運作主要靠合議制，有各種會議。美國經濟學家Thomas Sowell說：「享受開會的人不負責任何事。」美國作家Dave Barry說：「如果你必須用一個字確定為什麼人類尚未也永遠無法實現所有的潛能，那個字就是：會議。」政府裡的會議太多了，如果你／妳比較獨來獨往，傾向以自己為主過日子，進

政府大概會痛苦，想充分發揮潛能的可能性低。

　　為什麼要當公務員？應該是比較關心「公」，例如公眾事務、公共利益、公民福祉等，而不是為「私」，如私人利益、個人權益、個人財富。一個愛自己勝過一切、看重個人權益者在政府體系裡長久工作，也許違背了自己的價值，也不會持續快樂，漸漸在各種困難中失去了動能。

　　在政府體系裡任職可以推動公共事務，擬定了某項對公共有利的政策、計畫、方案，造福了某些人，有如修行，心中會覺得有成就感。「計利當計天下利」，為了公，不僅對固定少數人謀福，而是利社會，這樣的成就是在企業或非營利組織得不到的。許多公務員在結束公職生涯時，最引以為傲的不是自己做到多大的官職，或擁有多麼豐厚的退休福利，而是某項自己費了九牛二虎之力所推動的公共政策能夠落實。

　　公務員須認同與利己主義相反的利他主義，以增進他人福利為自身行為標準。喜歡多從事利他的事情，從事社會福利，有更多利社會行為，對社會有積極影響力，增進他人利益。有各種正向的行為，如親近他人、幫助他人或與他人分享等，是自動自發而為，其目的是為了幫助他人或使他人受益。

　　想在政府的工作環境裡，開展自己的職業生涯嗎？應該多瞭解公家的環境並評估自己的興趣。

第二章
如何確認適合？

- 人際風格指標
- 柯塞人格量表
- A型性格評估

一種米養百種人，不同的人有不同的性格。社會福利行政業務多元，各種業務與各種性格之間，如果相配，工作愉快一些，成效也容易出現。性格可以經由許多心理測驗，尤其是人格測驗多加瞭解。一個人的職業考慮應基於對自己個性更深入認識再抉擇，如此工作時因為符合自己的本性，順利又愉快。當然，很難一開始就充分吻合，個性與職位總是逐步磨合的。另一方面，藉由性格測驗的結果去認識上司、同事、部屬，有助於與對方互動，扮演好自己的角色。

第一節　人際風格指標

一、量表與計分

Bolton夫婦提出以「人際風格」概念（social style concept）作為瞭解自己和別人的方法。筆者修正他們的問卷，設計出簡易的「人際風格指標」（**附錄2-1**）。

以「果斷力」和「反應力」為兩大指標，區分成分析（analytical）、平易（amiable）、表現（expressive）和駕馭（driver）四種類型。

先計分，將五大題的第一項算在右下角象限，加起來表示駕馭型的分數。每一大題的第二項算在右上角，加起來則是表現型的分數。每一題的第三項算在左上角，加起來是平易型的分數。每一題的第四項算在左下角，加起來是分析型的分數。每一個象限最高是35分，最低是5分。愈高分就顯示人際風格的類型。為了方便說明，以一種動物來比喻：

1.右下角最高分為駕馭型（老虎）：果斷力強，能控制自己的情緒。很快抓住重點，簡明扼要地表達意見，但也可能因為過分追

求效率，趨向專權或無情。

2. 右上角最高分為表現型（孔雀）：果斷力強，善於情緒化地表達自己，是最搶眼的類型。喜歡以新奇的方法處理問題，同時也願意冒險來爭取機會及實現美夢，但也可能因好高騖遠而不切實際。

3. 左上角最高分為平易型（無尾熊）：對他人的反應較強，行事果斷力較弱。比較能設身處地為別人著想，但也可能因過於隨和，而容易順從或遷就。

4. 左下角最高分為分析型（貓頭鷹）：高度控制自己的情緒，但果斷力較弱。以精確、深思熟慮和按部就班的方式做事，可能趨向保守而不知變通。

右邊兩個象限的分數表示一個人外在行為所表現出來的強硬與明確。如果超過40分，顯示行為的果斷力強，分數愈高愈明顯；接近60分就是果斷力非常強，權力慾望大；如果低於40分，甚至只有20幾分，表示權力欲望不強。

上方兩個象限的分數如果超過40分，顯示行為的反應力強；接近60分就是反應力非常強，指一個人表現出來外向的程度；如果低於40分，甚至只有20幾分，就表示相當內向。

二、與社會福利業務關聯的分析

(一)組織也有個性

組織也像個人，有各種個性，有些組織屬於理性系統，以科層組織為主，政府體系上下分層、左右分科，當然是理性系統；有些組織像自然系統，小團隊的運作為主；有些組織像開放系統，制度不嚴謹，靈活度高，到處伸展觸角找機會。

附錄2-1　人際風格指標

這是Bolton夫婦依據心理學大師榮格（Jung）的分析架構所發展的心理測驗，可以幫助您去瞭解自己的主要個性，以及與人交往過程中的行為傾向。

測驗中，一、二、三、四、五，五大題中，分別有四小項關於個性的說明，請分別以能夠代表您個性的程度，填入7、5、3、1四個數字，7代表最接近，1則表示最不像您（每一大項中一定要有7、5、3、1四個數字，且數字不可重複）。

	關於個性的描述	自我評分
一	堅定、果決	
	熱忱、活躍	
	溫和、文雅	
	謙虛、容忍	
二	冒險、膽大	
	想像力豐富、有創意	
	穩定、有耐心	
	嚴格、考究	
三	有決心、有毅力	
	善於遊說、使人心服	
	善良、樂於助人	
	謹慎、小心	
四	有競爭性、有進取心	
	開朗、團體中的活力來源	
	親切、誠懇	
	愛思考、好推理	
五	堅持、魄力	
	樂觀、率真	
	寬大、慈悲	
	正確、準確	

政府的社會行政，規定多、法令嚴，適合貓頭鷹性格的。社會工作者以溫柔的心幫助案主，無尾熊性格最合適。辦活動、做行銷時，樂於開屏的孔雀能吸引更多人注意。當主管，尤其是高階主管，多些老虎的特質比較好。

筆者的個性偏向平易型，表現型的分數也很高。至於社會局裡身邊的夥伴，分析型居多，升遷的機會比較大，因為政府基本上屬於科層制。社工科的同事和筆者最有默契，常分享又愉快溝通，因為多屬下易型。筆者的個性裡有一大塊是喜歡表現，發光發熱的，因而注意各科同事中這樣的人才，推出直播常邀請表現型的，這些成為某種網紅的同仁充滿活力。某些主管也許因為逐步晉升，壓力太大，壓制了活潑的一面，漸漸失去了亮麗的本性。反而是在民間組織、非營利的協會基金會，常常看到令人眼睛一亮的社工。

以果斷力和反應力來看，筆者果斷力的分數正好是四十分，表示權力欲望不強。在反應力方面，五十幾分，表示反應力強，個性外向。觀察同事的情況，如果經常與民眾接觸，反應力強比較好，例如人民團體科、社工科、救助科的同仁。如果擔任主管，果斷力不宜太弱。

(二)管理者與領導者的性格差異

管理者與領導者的角色截然不同，用人際風格來區分，領導者應該多些駕馭型的特質，多些老虎性格，在社會局的同仁身上鮮少看到這樣的人才。在職場，政治力與經濟力的領導者較多駕馭型，英雄英雌要高人一等使部屬追隨，社會力的本質是服務，不是受人的服事而是要服事人，以謙和為重為念，所以老虎性格並不適宜。但若要做大事、發揮大的影響力，對目標堅定，對事情果決，擴張冒險，才好發揮影響力。

領導者在瞬息萬變的環境中，需果斷決策。管理者的果斷力不必太強，配合領導者的決定即可。領導者無須太外向，多些時間規劃及思考。管理者要面對四面八方的人，個性太內向並不適合。

筆者有多重身分，在市府團隊裡，市長為領導者，局長謹慎扮演管理者的角色。在社會福利體系，筆者是領導者，要做很多的決定。當安靜看帳、研究預算時，需要有貓頭鷹的特質；若四處跑場露臉，需有孔雀的耀眼；與社工夥伴相處，無尾熊是主要性格；做出人事異動的決定，得展現老虎的果斷。

(三)性格與科室的對應

以各科室來探討，會計室、政風室、秘書室、綜企科等，所經手的業務都要詳加分析、冷靜處理，分析型較適合。人事室以人為重，兒少、婦平、身障、長青、救助、社工等科，平易近人者易於處理人際議題。府會聯絡人、新聞負責人與社群媒體窗口，表現型最稱職。

對社會福利行政體系服務的夥伴，給予建議：

如果你屬於表現型，去做直播（新聞窗口）、復康巴士募集、主辦活動。

如果你屬於平易型，去家庭福利服務中心、社區關懷據點、身障資源中心。

如果你屬於駕馭型，去政風室、綜合企劃科。

如果你屬於分析型，去秘書室、會計室。

(四)對局內主管的人際風格分析與安排

針對每一個職位都說明何種類型最好，何種類型最不適合。

簡任官部分，副局長、主任秘書：因為要看家，處理大量公文，參加各種會議，分析型最好，表現型最不適合。

專門委員：因為要負責與議員的聯繫，平易型最好，駕馭型最不適合。

家防中心主任：因為要帶領上百位社工，駕馭型最好，分析型不適

第二章 如何確認適合？

合。

九職等部分，分成主管與非主管來探討。以下說明主管部分

仁愛之家主任：因為是服務老人的機構主管，平易型最好，駕馭型不適合。

秘書室主任：因為負責內勤，分析型最好，表現型不適合。

綜企科科長：因為要瞭解全局的業務並規劃，分析型最好，平易型不適合。

社工科科長：因為管上百人又要承辦社會安全網，駕馭型最好，平易型不適合。

救助科科長：因為大量接觸最貧困、最弱勢的，平易型最好，駕馭型不適合。

長青科科長：因為經常參加長輩的活動，平易型最好，駕馭型不適合。

兒少科科長：因為要負責管理托嬰中心、親子館等，駕馭型最好，表現型不適合。

婦平科科長：因為與婦女、新住民常來往，表現型最好，分析型不適合。

身障科科長：因為照顧身心障礙者，平易型最好，分析型不適合。

人團科科長：因為負責與人民團體、社區、志工等業務，表現型最好，駕馭型不適合。

會計室主任、政風室主任都以分析型最好，表現型就不適合。人事主任處理各種人與人的問題，最好屬平易型，駕馭型不適合。

適才適所固然重要，配合人際風格來安排更關鍵。例如筆者到任之初，請個性穩健保守的長青科科長去負責秘書室，他認真又稱職，尤其在疫情階段對資源的指揮若定。同時將原本長青科督導、個性活潑的中年女子升為科長，阿公阿嬤都喜歡她。最關鍵的安排是邀請原本只帶領十幾位同仁的婦平科科長轉任社工科科長，被稱為鋼鐵女王的她，創造

了最好的績效。

日後的調動,都參考人際風格,所以有更多稱職的主管,也就有了更好的績效。

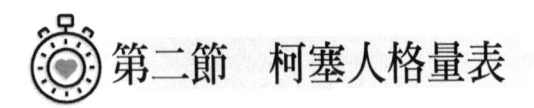

第二節　柯塞人格量表

一、量表與計分

柯塞人格量表,也稱麥布二氏人格類型量表（MBTI；Myers-Briggs Type Indicator）有七十題（**附錄2-2**,答案紙在**附錄2-3**）,測量四大指標或稱四大軸。

(一)「外向」與「內向」（專注的焦點向外或向內）

看答案紙第一欄的十題（第1、8……到64題）。若是選A的多,屬於外向,愈高分愈明顯。若是選B的多,屬於內向。

此軸顯示心理能力的走向,指如何獲得心靈能量。外向型（E, Extraverts）專注於外在的人和事,傾向將能量往外釋放。內向型（I, Introverts）則專注於自己的思想、想法及印象,將能量往內。

對社會福利行政人才的分析：從事經常與案主接觸的社會工作者,外向者較佳。坐辦公室的社會行政人員,內向比較適合。

(二)「感官」與「直覺」（獲取訊息靠細節或全局）

看答案紙第二欄與第三欄（第2、3、9、10……到第65、66題）,這二十題中,選A的多,偏向感官;選B的多,偏向直覺。

此軸顯示認識外在世界的方法,外界知覺指人們如何處理接收到的

資料。感官型（S, Sensing）著眼於當前事物，先使用五官來感受世界。直覺型（N, Intuition）則著眼未來、可能性，預感能力強，從事物間的關聯來理解所處的環境。

對社會福利行政人才的分析：直覺對公務員並不特別重要，能注意於當前的為宜。公務員依法行政，偏重具體的事情，執行細節，多數屬感官型。

(三)「思考」與「情感」（做決定基於「理性」或「情感」）

看答案紙第四欄與第五欄（第4、5、11、12……到第67、68題）。這二十題中，選A的多，偏向思考；選B的多，偏向情感。

此軸顯示倚賴什麼方式做判斷，情感或思考在下決定時的偏向。思考型（T, Thinking）偏好用「是－非」或「如果……就……」等邏輯來分析。情感型（F, Feeling）偏好使用價值觀及自我中心的主觀評價。思考型以頭腦來做決定，而情感型則注意內心。

對社會福利行政人才的分析：面對案主的時候，感同身受的情感性不可少。面對大量資料時，思考的嚴密更重要。社會福利人員最好帶著情感來服務，不能只靠思考，尤其社會工作者，更須帶著同理心。

(四)「判斷」與「理解」（生活方式和處事態度是按部就班或隨機應變）

看答案紙第六欄、第七欄（第6、7、13、14……到第69、70題）。這二十題中，選A的多，表示按部就班；選B的多，表示隨機應變。

此軸顯示生活習慣，判斷型（J, Judging）傾向於井然有序及有組織的生活，希望安頓好一切事物。理解型（P, Perceiving）則傾向於自然發生及彈性的生活，對任何意見抱持開放態度。

對社會福利行政人才的分析：很顯然地，井然有序對公務員來說絕對是最重要的生活習慣。

附錄2-2　柯塞人格氣質量表
（The Keirsey Temperament Sorter）

請作下列的問卷，把答案寫在答案紙上，可以填A或B，如果確實無法作答就空著繼續做下一題。答案沒有所謂對錯。

1. 參加活動時，你通常：
   A.和很多人交談，包括陌生人　B.只和少數認識的人交談
2. 你比較喜歡：
   A.實際的事物　B.想像或探索的事物
3. 你認為何者比較不好？
   A.過於想像化忽略實際的問題　B.身不由己地敷衍了事
4. 影響你較深的是：
   A.原則　B.情感
5. 你比較容易：
   A.被說服　B.被感動
6. 從事某項工作上，你比較喜歡：
   A.有期限　B.沒時間限制，完成就可以
7. 在選擇事物時，你通常：
   A.謹慎　B.有點衝動
8. 參加活動時，你通常：
   A.很晚才走，而且精神愈來愈好　B.很早就走，感覺很累
9. 你比較容易受哪一種人吸引？
   A.常識豐富的人　B.富有想像力的人
10. 下列何者，你較有興趣？
    A.實際上發生的事　B.可能發生的事

第二章 如何確認適合？

11. 在評斷別人時，你比較容易注意：

    A.原則問題 B.處境問題

12. 你通常：

    A.對事不對人 B.對人不對事

13. 你比較：

    A.嚴守時間 B.對時間較隨便

14. 何者令你較苦惱？

    A.事情沒做完 B.事情做完了

15. 在你所屬的團體中，你比較：

    A.關心別人的事情 B.不關心別人的事情

16. 對於一般事情的處理，你通常採用：

    A.別人怎麼做我就怎麼做 B.用自己的方法去做

17. 你認為寫作時應該：

    A.平鋪直敘，不拐彎抹角 B.多用隱喻的寫法

18. 何者比較引起你的共鳴？

    A.思想的前後一致 B.良好的人際關係

19. 你做什麼時感到比較沒有壓力？

    A.推理判斷 B.價值判斷

20. 你希望事情：

    A.都解決了、決定了 B.尚未解決及決定

21. 你認為自己是：

    A.認真而意志堅定 B.隨意

22. 在打電話前：

    A.很少先計畫要說些什麼 B.事先準備並排練要說些什麼

23. 事實：

    A.說明事實的本身 B.不只是事實

24.「憑空想像」是：
   A.令人苦惱的 B.相當引人入勝的
25.你通常是個：
   A.頭腦冷靜的人 B.非常熱心的人
26.那一種情況比較糟糕？
   A.不公平 B.殘酷
27.你通常希望事情的進行：
   A.經過仔細的選擇 B.不經意的、看情況的
28.你覺得何者較好？
   A.買東西時沒有什麼選擇 B.買東西時有較多的選擇
29.在人群裡面：
   A.主動找人談話 B.等著別人找你談話
30.常識：
   A.通常很少有問題 B.常是有待商榷的
31.小孩子通常：
   A.沒做什麼有用的事 B.沒有充分發揮他們的想像力
32.在決定某件事情你比較喜歡：
   A.依循別人的標準 B.以個人的喜好來決定
33.你認為你比較：
   A.堅決 B.溫和
34.何者較受讚賞？
   A.具有組織能力，辦事有方法 B.具有適應力，讓別人願意去做事的能力
35.你比較喜歡：
   A.已經決定沒有變更之餘地 B.一切尚在未定之中
36.與別人初次的交往令你：

第二章 如何確認適合？

　　A.感到刺激而精力充沛 B.耗盡精神
37.你通常是個：
　　A.比較實際的人 B.比較多想像的人
38.你通常比較注意一個人：
　　A.有用之處 B.怎麼看一個問題
39.何者令你較為滿意：
　　A.把整件事情討論得很澈底 B.討論一部分就有一部分的進展
40.你比較常受到什麼的支配：
　　A.腦 B.心
41.你比較喜歡怎樣的工作？
　　A.有明確的計畫 B.事先沒有明確的規定
42.你喜歡讓事情：
　　A.有秩序地進行 B.隨意進行
43.你比較喜歡：
　　A.朋友很多，交往不深入 B.朋友不多，交往較深入
44.你行事比較依據：
　　A.事實 B.原則
45.何者你較有興趣？
　　A.生產 B.研究、設計
46.你認為何者是對你較大的恭維？
　　A.這是個非常邏輯的人 B.你是個非常感性的人
47.你覺得自己那種特質比較好？
　　A.毅然決然 B.全心投入
48.你通常比較喜歡哪一種語言？
　　A.已成定案、不易變更 B.提案式的、準備性
49.你什麼時候比較舒坦？

A.做了決定之後 B.做決定之前
50.你通常和陌生人：
    A.很容易交談 B.沒什麼話可說
51.你比較相信你的：
    A.經驗 B.靈感
52.你覺得何種較好？
    A.行事切合實際 B.有發明創造的天分
53.那一種人較值得讚佩？
    A.具有清楚理智 B.具有強烈情感
54.你比較傾向於考慮：
    A.人與人之間的公平 B.人與人之間的個別差異
55.你喜歡：
    A.確定事情都已安排好了 B.船到橋頭自然直
56.在人際關係上應該：
    A.仔細再磋商 B.隨遇而安
57.電話鈴響的時候你通常：
    A.趕著去接 B.希望別人會去接
58.你認為那一點較值得讚賞？
    A.具有強烈現實感 B.具有強烈想像力
59.你比較容易：
    A.在字面上打轉 B.注意弦外之音
60.下列何者似乎是較大的錯誤？
    A.太情感化 B.太客觀化
61.你認為你自己基本上是個：
    A.腳踏實地的人 B.性情溫和的人
62.你比較喜歡哪一種情境？

A.有計畫的、有進度表的 B.沒有計畫、沒有進度表的

63.你是個比較：

　　A.例行性 B.不確定性

64.你覺得你：

　　A.容易接近 B.與人有些隔閡

65.在寫作時你比較喜愛使用：

　　A.文字 B.數字

66.何者對你而言較難？

　　A.認同他人 B.利用他人

67.你比較希望你自己擁有：

　　A.清楚的理智 B.強烈的同情心

68.何者是較大的過錯？

　　A.不分青紅皂白 B.愛批評

69.你比較喜愛：

　　A.有計畫的事情 B.沒有計畫的事情

70.你做事比較：

　　A.深思熟慮 B.到時候再說

附錄2-3　柯塞人格量表答案紙

1	2	3	4	5	6	7
8	9	10	11	12	13	14
15	16	17	18	19	20	21
22	23	24	25	26	27	28
29	30	31	32	33	34	35
36	37	38	39	40	41	42
43	44	45	46	47	48	49
50	51	52	53	54	55	56
57	58	59	60	61	62	63
64	65	66	67	68	69	70
E I		S N		T F		J P

二、與社會福利業務的關聯性

此測驗最重要的是第二個軸，也就是第2、3到第65、66的這二十題。如果是「直覺」（N）就看第三軸屬於「思考」（T）或「情感」（F）。NT為理性者（能力型Rational），NF為理想主義者（理念型Idealist）。這兩種型，公務員都不多。

絕大多數公務員屬於感官型（S），接著看第四軸為J或P，公務員屬於P的非常少，SP多為表演者（享樂型Artisan）。井然有序的J比較適合政府體系，因此SJ最多，也稱為行政者（責任型Guardian）。

筆者研究除了八位科長之外的九職等同仁，希望各職位具備的個性如下：

綜企科專員：能力型

救助科專員：理念型

社工科社工督導：理念型

長青科社工督導：享樂型

兒少科社工督導：理念型

身障科社工督導：責任型

人團科社工督導：理念型

另外，家防中心副主任：責任型

秘書室秘書：責任型

這些夥伴也須留意與科長個性的互補。每個科還有八職等股長，最好在個性上有些不同，組成若異質，容易搭配，互相彌補。

第三節　A型性格評估

一、量表與計分

美國舊金山心臟科醫師費利德曼及羅森曼發現醫院候診區的沙發，在椅墊前面幾公分和手護墊處被磨成了碎布，表示許多心臟病患者「耐不住」等候，因而開始研究A型性格，「A」型並非一般人所說的血型分類，而是一種生活態度與行為模式（測量的問卷請見**附錄2-4**）。

計分的方法：甲有幾個×4分；乙有幾個×3分；丙有幾個×1分，將分數加起來。選丁表示「從不如此」，不計分。

若總分70分以上，屬A型性格。40分以下，表示B型性格。屬B型性格的人，個性隨和、生活較為悠閒，對工作要求較為寬鬆、對成敗得失的看法較為淡薄。A型人格則顯示：Aggressive（攻擊性）；Active（主動性）；Apathy（冷漠）；Achievement（成就感）。

附錄2-4　A型性格評估表

說明：美國兩位心臟科醫生在一九五〇年代提出「A型性格」的觀念，醫學界和心理學者發展出各種量表，筆者加以摘要整理。請您依照您最近的狀況回答下列問題。請將答案寫在題號左側，選甲表示「幾乎是如此」；選乙表示「經常如此」；選丙表示「很少如此」；選丁表示「從不如此」。

1.與他人合作進行一項複雜的工作，我不希望等待。
2.我痛恨等待。
3.別人提醒我說：「你很容易失去理性。」
4.無論何時，我都希望讓工作充滿競爭性。
5.我傾向先開始做，卻不一定知道該如何做。
6.即使去度假，我也會帶些工作去做。
7.假如我犯了錯，通常是因為我急著開始，並未把事情都計畫好。
8.抽空偷閒，離開工作，使我有罪惡感。
9.當處於競爭狀況，我的脾氣就不好。
10.當我在各種工作壓力中，我會失去耐性，沒好脾氣。
11.如果時間允許，我會嘗試同時完成兩項以上的任務。
12.我想對抗時鐘所造成的限制。
13.我對別人的遲到，很沒有耐性。
14.雖然沒必要，我還是會急急忙忙的。
15.我開車常超速。
16.別人話還沒有說完，我就插嘴接腔。
17.如果會議中議程進展緩慢，我會煩躁。
18.我最討厭別人遲到。

19. 比多數人吃飯速度更快。
20. 下飛機或下車時，我喜歡是第一個。
21. 到銀行看到要排隊或到餐廳看到人多，我會立即決定「換一家」。
22. 我以我的動作快為傲。
23. 我認為休閒度假是浪費時間。
24. 喜歡對家人說：「快一點！」
25. 寫完問卷，我會注意自己是否比別人快。

資料來源：彭懷真編撰。

A型性格者，做主管時，通常強勢、個性急躁、求好心切，積極進取、好爭勝。政府體系有些單位人人匆忙、處處有機會、事事要評比，若不掌握機會，就可能落伍甚至失敗。工作時過度競爭、時間急迫感、好勝心強，容易對人有敵意、目標不切實際、急性子等。生活步調快速，見別人動作慢，會急切地介入。平日壓抑對他人的敵意，但在受挫後，脾氣可能爆發。表面上，A型性格的人對生活的安排忙碌充實，一切講求秩序、重視自我控制、謹守計畫。

但是「人前風光、人後緊張」，為了準時完成計畫、符合高標準的要求，生活中到處感到壓力，身體長期處於緊繃狀態；付出過多心力的結果，排擠掉了休閒、運動、與家人相處的時間。A型性格成年人，冠狀動脈心臟病的發生率為一般族群的兩倍；復發的可能性多達五倍。

二、主管多屬A型性格

為何政府有這麼多的A型主管呢？第一，民選首長能在選舉中獲

勝，絕大多數都具備A型性格的特色。當選後，找政務官，傾向邀請積極、有衝勁、處事明快的。如果局處長跟不上民選首長的步調，可能很快就被換掉。局處長在高度壓力下，一方面要完成例行的任務，更得立竿見影，讓首長增光，有助於連任。因此也設法調整內部的人事，多找A型性格的擔任主管，把B型性格的調到比較不重要的職位。一層一層壓下來，某些成效較佳的局處，以A型性格的主管居多。

但是高壓力使上司給部屬過多的責任，部屬加班的情況普遍，甚至有霸凌。霸凌造成莫大的傷害，但在政府體系之中，為什麼一再發生？為什麼因為壓力過大導致各種衝突、對立、不幸事件？

公務員為上班族，上班族的壓力公務員也可能有，每天工作，處理各種事情，有來自做事的壓力。面對各種人，有來自做人的壓力。做事與做人的困擾又常糾纏在一起，糾纏不清。但公務員與在企業、在非營利組織等工作的上班族有些不同，因為執行更多元、更複雜的任務。又因為公務員的身分，受到更多的監督與約束，角色考驗特別多。在科層體系的結構下，長官與部屬的關係當然該合作，但實際上又充滿考驗。

第三章
如何評估路徑？

- 社工六六大順
- 起薪及錄取率
- 三年一個進展

第一節　社工六六大順

職業生涯，人人希望六六大順。這一節都以六為單位。一位即將從大學社工系畢業的同學，如果有志從事社會工作，大致的六種選擇是：

1. 讀國內的社工研究所。
2. 出國念社會工作碩士班。
3. 經由筆試考上專技人員社工師。
4. 進入非營利組織或機構任職。
5. 由甄選進入政府擔任約聘僱人員。
6. 經由考試進入社會行政體系為永業公務員。

這幾種選擇，各有優缺利弊，也有不同的機會成本及報酬。前三種選擇，都需花錢而不能立即有薪資。後三者都是正式的工作，有薪水有福利。如果希望早些有固定的收入，選後三者。如果經濟壓力還不大，來自父母的支持足夠，選前三者比較輕鬆。

先看客觀的事實，職場重視：(1)學歷的品牌；(2)成績與得獎情況；(3)證照；(4)實習；(5)志願服務經驗；(6)工作資歷等。

筆者的建議是按照原本的狀況來考慮：

1. 如果所就讀的大學，品牌不夠好，建議讀知名大學的研究所，爭取好一點的學歷。
2. 如果以進入大型非營利組織擔任行政企劃等，國立大學的碩士文憑很有用。
3. 如果要擔任社工，非社工系的應積極爭取各大學社工所的名額。
4. 如果要找社工的就業機會，原本讀社工系的，念碩士就沒那麼必要。

第三章 如何評估路徑？

其次從職業社會化分析社工此種已經相當成熟的職業。關於各行各業職業社會化的研究很多，累積出一些原則，運用這些原則來說明如何走上社會福利及社會工作公職之路。

1. 盡早決定：醫師在各職業中普遍令人們羨慕，早早決定成為醫師並採取能夠實現目標的行動是多數醫師的生涯規劃。工程師、律師等社會高聲望的職業，也有類似的情形，通常在十六、七歲就立定志向，積極努力，做各種的準備。公務員也是不錯的職業，有志於公職，應早些決定。

2. 瞭解即將投入的職業：醫師、工程師、律師等，每個社會都需要各種新人加入，政府也訂定相關的法律加以保障和規範。公務員，社會當然需要，也已經有各種公務員的服務法。有志於此的可以多加以認識，持續準備。

3. 該職業有實習機制：醫師、律師都有嚴謹的實習機制，使有志於此的年輕人親身體驗與該職業有關的組織、體系、互動的對象、工作型態、升遷發展機會等。社會工作領域已經建立成熟的實習機制以培養社工師。但是社會行政領域，相關配套還不成熟，新成員的摸索時間比較長。

4. 該職業的待遇相對有優勢、保障性高：人往高處爬，找職業當然優先考慮待遇較佳的，也希望一旦投入能有穩定的發展。所以醫師比起物理治療師、護理師等在醫療體系更有優勢，法官比起觀護人、司法事務官等在司法領域具有優勢。公職社工師與社會行政的科員，待遇比起民間部門要高，工作有保障。

5. 成員職涯發展較明確：一位醫學院的學生可以預測職業之路：從實習醫師到住院醫師，到總醫師，到專科醫師，乃至科主任、部主任……社工系的學生也可以預測實習後擔任社工師，然後是資深社工師，接著可能升為督導，做了幾年成為資深督導，日後也許升組長、股長、科長……

6. 安排多元的訓練，有進一步的升遷及發展機會：各種專業都給予其中的人員教育訓練，使成員在社會變遷、知識日新月異的時代，不斷累積能力，更有效服務。公務體系有專門的訓練研習單位規定了各種講習的標準，幫助公務員具備更充足的知識、技巧與能力，因應工作上的挑戰。所以，建議好好走社工這行業。

第三，公職社工師與社會行政相比，前者應該優先考慮，理由是：

1. 學這一行的：你／妳唸的是社工系，修的課多數是社會工作的基本功夫，而且直接服務遠多於間接服務，對個案等的知識多於對管理、政策、計畫方面的。有關直接服務社會工作的訓練比間接服務社會行政的要多。
2. 錄取機會大：公職社工師的錄取率是社會行政錄取率的兩倍以上。社會行政的人力穩定，進入後多半長期從事，流動率低，開缺的機會少。公職社工師在三或六年後，可轉任，因此流動率高，開缺的情況普遍。
3. 起步早、升遷機會多：錄取社會行政公職，分別為三職等委任（初等）、四職等委任（普考），這兩類想升遷到五職等，需經過好些年和較多關卡，還需要爭取委任升薦任的機會。即使錄取五職等（高考），要升六職等，又得要好些年。相對地，考上公職社工師，一開始就是六職等。工作幾年，通常可以升七職等。
4. 做主管的可能性大：以臺中市政府社會局為例，七職等的主管缺有家防中心的組長、仁愛之家的組長等，將近十位。八職等的主管缺有家防中心的督導、社工科的高級社工師，各有十幾位，都是公職社工師擔任主管的舞台。相對地，社會局沒有七職等的行政主管缺，八職等的股長共十七人，屬於社會行政類的只有大約十個位置。
5. 有督導、資深社工等協助：近年來建立了資深社工、督導、資深

督導等機制，公職社工師的身邊有這些經驗豐富的前輩，在執行專業服務時又有較寬裕的人力。相對地，社會行政的人力吃緊，沒有這些前輩指導，有疑問求助未必能找得到指引。

6. 社會工作分工明確：因為社安網的推動，策略一二三四均有明確的指標，對社工要填的報表清楚。相對地，社會行政的業務配合法令的修正，持續變化，行政的複雜度高。

值得努力的目標很多，但各種目標的性質有差別，重要性也不一樣。你／妳應瞭解區分目標的類型，手段、階段、里程碑不同，里程碑的重要性高於階段性、階段性高於手段。手段性的，先到手卻不必停下來，還要繼續進一步的奮鬥：

1. 手段性目標：碩士、非營利機構社工、政府約聘僱社工、約用人員、職務代理人、派遣人員。
2. 階段性目標：社工師執照、初等考試及格、普考及格、公職社工師第一階段通過。
3. 里程碑目標：博士、高考及格、公職社工師錄取。

第二節　起薪及錄取率

政府體系裡的人力多元，任用的屬於永業公務員。另有大批非永業制的人員在政府體系之內，主要有聘用人員、約僱人員、業務助理及約用人員等。

在**表3-1**之中呈現任用與其他三類的不同。

表3-1　任用、聘用、派用及僱用的比較

類別	適用對象	法律依據	用人途徑	勞動權益保障
任用	常任文官	《公務人員任用法》	考試及格,訓練合格、銓敘部實授	適用公務人員俸給、考績、退休及撫卹各法
聘用	各機關以契約定期聘用專司研究設計之專業或技術人員	《聘用人員聘用條例》	不須具有公務人員任用資格	不適用公務人員俸給、考績、退休及撫卹各法;亦不得擔任主管職等職務
派用	臨時機關或有期限之臨時專任職務派用之人員	《派用人員派用條例》	不以考試及格人員為限,主要以學經歷派用	準用公務人員俸給、考績、退休及撫卹各法
僱用	各機關擔任簡易工作之人員	《雇員管理規則》	由各機關公開甄審國中畢業具有相當技藝者即可	

資料來源:修正自考試院網站。

聘用俗稱約聘,派用就是約用,僱用就是約僱,都按照聘用的合約來執行。另外有職務代理人、派遣等。針對社會局內的非永業人員加以說明:

1. 社安網策略一:家庭福利服務中心有大批約聘社工與約聘社工督導,業務難度不高、案主與案家的處遇比較不複雜,指導機制健全。專業自主性高,雖然待遇比策略二稍低,新人較容易上手。
2. 社會局處約聘:在各業務科做基層人力,新人在資深人員帶領下可專心處理業務。
3. 社安網策略二:家防中心聘請大批約聘社工及約聘社工督導,待遇最好,又有風險加給。但113等的案主處遇複雜度高,專業程度與難度都高。最好有幾年工作經驗。
4. 社安網策略四:因為是跨局處,社工人力較單薄,可獲得的指導較少。
5. 社安網策略三:衛生局有許多約聘社工,主管多為衛生行政背景者,可獲得的社工專業督導不足。
6. 職務代理人:有幾個月的時間專門代理因為各種原因請假的永業

公務員，執行特定業務，難度不高，但工作沒有保障。
7. 派遣人力：由社會局處與非營利組織簽派遣契約，非營利組織招募人力派遣到社會局處工作，訓練機會較少，契約結束就失業。
8. 社會局處約用：跟著中央的專案或公彩盈餘的專案，薪資不高，而且該專案結束就可能失業。

社工主要出路的第一年起薪差距很大。根本原因是經費來源，以家庭福利中心的聘用督導人員是「社政業務－社會福利－社工專業發展－人事費」項下支付，辦理資訊管理的則是「一般行政－行政管理－綜合企劃－人事費」。有時同樣業務有不同的來源，如ICF需求評估業務的人員有一些為「公益彩券盈餘分配基金－一般行政管理－服務費用－一般服務費－計時與計件人員酬金」，另一些為「社政業務－社會福利－身心障礙福利－人事費（衛生福利部補助40%、市庫負擔60%）」。國民年金業務承辦人的是「代辦經費－勞保局補助地方政府辦理未達一定標準認定及國民年金被保險人繳費率提升計畫」。

中央有時會推動一些政策，對執行該政策的人力給予一些人事費用，例如少子女化對策計畫，衛生福利部補助85%，地方需自籌15%及負擔勞健保。又如對低收、中低收入的資格審查人力，衛生福利補補助70%，市庫自籌30%。社會安全網的某些職缺，衛生福利部補助40%，市庫負擔60%。

先看社工主要出路的第一年起薪，以千元（K）來說明。

1. 民間機構的社工，36K居多，但差距很大。
2. 社會局處的約用人力，36K上下，差距很大（110年時的每個月薪水：視覺功能障礙，27K；國民年金督導，35K；辦理國民年金，31K；低收、中低收資格審查，34K；少子女化對策，37K；育兒津貼及保母登記，34K；社區關懷據點業務，35K；守護家庭小衛星，35K；街友服務，37K）。
3. 民間機構承接社安網計畫的社工，沒有社工師執照，38K。

4. 民間機構承接社安網計畫的社工,有社工師執照,40K。
5. 社安網家庭福利服務中心的約聘社工,沒有社工師執照由41,528元(每點140.3元)調整為42,742元(每點144.4元),加上風險加給700元,43K。
6. 社安網家防中心的約聘保護性社會工作人員,薪點折合率148(114年起調升)+風險工作費3,000元:
   (1) 符合《社會工作師考試規則》第五條應考資格規定,並具社會福利直接服務工作經驗滿一年以上〔支薪標準(6等3階(312薪點)至7等7階(424薪點)〕(月薪49,176元起)。
   (2) 符合《社會工作師考試規則》第五條應考資格規定,且具社會工作相關系所碩士以上學歷,並具社會福利直接服務工作經驗滿一年以上〔支薪標準6等4階(328薪點)至7等7階(424薪點)〕(月薪元51,544起)。
   (3) 領有社會工作師證書並具社會福利直接服務工作經驗一年以上〔(支薪標準6等4階(328薪點)至8等5階(440薪點)〕(月薪51,544元起)。

永業公務員的起薪,大約如下:

1. 社會行政人員:
   (1) 初等考試及格三職等,38.9K。
   (2) 普通考試及格四職等,41.7K。
   (3) 高等考試及格五職等,49.3K。
2. 公職社工師六職等,53.5K。

整理各種考試的錄取情形。錄取率是錄取人數除以到考人數,民國109年到113年的最低到最高依序是:

1. 專技高考(即社工師執照,一年兩次):14-36%,單次260-1112

人，全年兩次839-1948人。
2. 高考公職社工師及地方特考公職社工師：109-111年93-107人，錄取率12-15%；112年一試31%；二試：87%，錄取131人；113年一試37%，二試83%，錄取145人。地方特考部分：58-74人，109-111年10-16%、112年起分兩階段，112年的一試51%、二試58%；113年的一試37%。
3. 社會行政高考（三級）：6-17%，31-85人。
4. 社會行政普考（四級）：5-19%，92-126人。
5. 社會行政初等：4-10%，10-26人。

由上述的數據歸納重要線索：

1. 社工師考試不算太難。一年有兩次的機會，錄取人數最多。一年將近兩千人（一年國內社工系畢業生大約三千人）。如果認真準備，考一次累積經驗，第二次就考上的可能性頗高。
2. 在四種類型的公務員考試中，名額最少，錄取率也很低的是初等考試。大學社工系畢業的，無須專門準備此考試。如果考上，也只是做幾年當作踏板，積極準備其他考試。
3. 普考與高考的錄取率、錄取人數相近，普考稍微多一些。每一年都不到一百人。普考考上工作幾年，建議繼續考高考以及公職社工師。
4. 高考最難，競爭對象包括大批不是社工系畢業的。
5. 公職社工師多半超過一百人，機會較多，錄取率也高一點。公職社工師改為兩階段之後，第一階段的通過率在31-37%，第二階段通過率超過八成，也就是總錄取率在25%上下，遠高於各種社會行政類的。如果筆試過關，口試不難，也有寬裕時間準備，錄取機率很高、淘汰率低。所以還是以準備筆試為第一要務。

第三節　三年一個進展

　　大學社工系的學生親身參與所做的最重要選擇，過去大概是「要念哪一所大學？要讀什麼科系？」已經無須再面對讀大學的選擇，而是就業或繼續升學的考量。姑且稱之為——二十一歲的選擇，大學畢業該去哪裡？二十一歲，即將失去父母的經濟挹注，與不同年齡的就業者競爭，在詭譎的職場中討生活。或許可以選擇逃避，但愈逃通常愈糟。早加入，還有時間多失敗挫折幾次。既然每條路都不是最好的，就設法找出沒那麼差的。十八歲，父母的意見十分關鍵；二十一歲，自己要為決定負更大的責任。

　　「如何在三十二歲前成為公職社工師或考上高考社會行政？」筆者帶領的學生考上公職社工師，從大學畢業算起，沒有一位超過十年。筆者擔任公職社工師口試，卻沒有一位在畢業十年之內。所以有一個心得：大學畢業十年，應該成為公職社工師或考上高考社會行政。

　　公職社工師，需服務至少三年。三年，的確是一個不算短也不算長的時期，如果大學畢業，每三年都達成一個目標，完成一項重要的里程碑。到了四十三、四歲時，三七二十一，完成七大目標，非常棒，非常值得！

　　筆者用了一個三年，半工半讀得到碩士；兩個三年，半工半讀得到博士；服了兩年的兵役，獲得東海專任教職；用一個三年兼任東海大學幸福家庭中心的副主任及主任；又用一個三年兼任第一次的系主任，然後兼學生事務長……

　　文官體系，公務員循序漸進，年資是基本要求，破格擢升的畢竟少之又少。社會局的中階幹部，平均在四十三、四歲時晉升到九職等，例如擔任社工督導或專員，均非主管職。做三、四年，可能晉升科長主任，成為主管。

四十歲之前，通常做了三、四年的股長或高級社工師。也就是說，三十六、七歲升到八職等。再之前，七職等科員幾年。再之前，六職等科員或公職社工師幾年。如此推論，最好二十八、九歲就考上公職社工師。

地特公職社工師，需服務六年，也就是兩個三年。建議在第二個三年累積除了社工的第二個專長，如採購、工程、臉書。如此日後的發展機會更大更寬。還有一件重要的任務：利用後三年，半工半讀獲得碩士學位。

如果以擔任永業公務員為最重要目標，有六種路徑，按照志願序將可能的規劃路徑如**表3-2**。當然還有其他條路，在此整理比較可能實現的志願序及建議的做法。

表3-2　六個志願與做法

志願序	路徑	分析與做法
1	23歲：考上社工師執照 26歲：考上公職社工師	五月畢業，給自己八個月的時間專心準備社工師考試，考試後隨即找約聘社工的職缺。工作兩年，累積實務經驗。優先準備「行政法」，接著考公職社工師。
2	23歲：考上普考社會行政 27歲：考上高考社會行政	專心準備一年，滿一年時考上普考社會行政。工作三年，再接再厲，拚上高考社會行政。
3	23歲：考上初等社會行政 26歲：考上社工師執照 29歲：考上公職社工師	五月畢業，準備一年，考上初等考試。分發時爭取偏鄉、離島，一面工作一面準備社工師考試。繼續努力，考公職社工師。
4	22歲：約聘社工 26歲：考上社工師執照 30歲：考上公職社工師	一畢業就爭取約聘社工的機會，存生活費，然後在二十五歲左右開始考社工師執照。也許兩次過關。然後繼續工作兩、三年，這時待遇好一點，存夠半年的生活費，休息半年，專心準備公職社工師。如此三十歲前，進入公部門當公職社工師。
5	22歲：考上社工研究所 25歲：考社工師執照，獲得碩士，進入民間機構 28歲：晉升督導 32歲：考上公職社工師	以三年時間，取得碩士並考上社工師執照。接著進入民間機構擔任社工，三年後晉升督導。工作三、四年後，準備公職社工師考試。
6	23歲：初等社會行政 29歲：普考社會行政 32歲：高考社會行政	持續參加社會行政類的考試。

以難度來說，第一條路最容易。第二條路必須與諸多高手競爭，錄取率偏低。第三條路，兩個階段各有難度。先得考上社工師，再準備公職社工師的筆試與口試，複雜度最高。

以考上後的報酬來看，起步容易的待遇最差，而且日後升遷的機會少。第三條路最好，考上就六職等。第二條路又分為初等的三職等、普考（四級）的四職等、高考（三級）的五職等起聘。

進一步查詢

各約聘、約僱、約用、職務代理等徵才資訊，請進入臺中市政府社會局的官網，在首頁的左邊數過來第一個區塊「熱門訊息」第四欄「機關徵才」。

第四章
如何考試分發?

- 筆試及準備
- 口試及應答
- 分發的考慮

第一節　筆試及準備

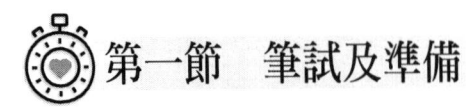

凡事豫則立，不豫則廢。要考，就要考上。要考上，就得先充分瞭解、準備及應考。先談考試之路。現行國家考試體系，包括兩大類：公務人員考試、專門職業及技術人員考試。考社工師屬於專門職業及技術人員考試。永業公務員則均需經公務人員考試及格。

以社會工作為主的考試項目及時間大致是：七月考高考公職社工師；十二月考地特公職社工師；一到二月考初等考試；七月普考、高考。社工師執照考試在二月與七月。

報酬高的，考上的過程複雜度也高。所以具體的建議是：

1. 「先求有，再求好」，第一個有應該是「社工師執照」。
2. 「考社工體系與考社會行政體系，不同的路」，仔細評估自己適合走那一條。對社工學系畢業生，建議走社工體系。相關科系的（如社會福利學系、老人福利系），建議走社會行政體系。其他科系畢業生，只能考社會行政體系。

表4-1　以社會工作命名三種國家考試的科目

領域 試別	國文	人類行為與社會環境	社會工作直接服務	行政法	社會工作	社會工作研究方法	社會福利政策與法規	社會政策與社會立法
四等社會工作	作文80%、測驗20%	憲法30%、法學緒論30%、英文40%		行政法概要100%	社會工作實務概要100%		社會政策及法規概要100%	
公職社工師				100%	社會工作實務100%		100%	
專技高考社工師		100%	100%		100%	100%		100%

3. 以兩至三年，準備筆試。難度高的，準備的時間長一點，但三年還考不上，先走別條路吧！

專技高考社工師的科目最多，即使預定115年起刪減「國文」及「社會工作管理」，還是很多，不容易準備。建議：

1. 修各相關課程時，多用心，多念兩本教科書。
2. 大四畢業就立刻考，培養經驗，通常二到三次考上的機率大。
3. 大四原本修「社會政策與社會立法」，一畢業就考時印象比較深刻。大四多複習「人類行為與社會環境」、「社會工作直接服務」。再聽一次大學部的「社會統計」。
4. 「社會工作」最容易拿高分，設法拿到70分以上。「社會工作直接服務」與「社會工作研究法」比較難，至少維持55分。其餘科目確保60分。
5. 不建議補習。

表4-2 以社會行政命名三種國家考試的科目

試別	國文	法學知識	英文	行政法	社會工作	社會學	社會福利政策與法規	社會政策與社會立法
三等社會行政又名：高考社會行政	作文80%、測驗20%	憲法20%、法學緒論20%、英文60%		100%	100%	100%	100%	
四等社會行政又名：普考社會行政	作文80%、測驗20%	憲法30%、法學緒論30%、英文40%		行政法概要100%	社會工作概要100%			社會政策與社會立法概要100%
初等考	100%	(公民70%、英文30%)			社會工作大意100%			社政法規大意100%

整理幾個基本問題並分析困難度、建議完成該任務的時機。

問題一：要不要讀碩士班？

答案：要，有碩士學位，對升遷有利，也增加做主管的說服力。更因為獨力完成一個研究，累積多項學術實力，日後在行政工作中更具備整合、規劃、分析的能力。

困難度：中等。容易考上，修畢學分不難。然而要完成論文畢業，比較難。

時機：建議在三十五歲以前完成。讀碩士當然花成本（學費、書籍費、寫論文的開銷等），如此投資的回收時間長，才合算。人力資源的研究顯示：三十五歲以後讀碩學位，因為此學位產生的所得增加未必能在職業生涯中回收。

問題二：為了國家考試，要不要看參考書？

答案：要，針對每一個考科，利用整理好的參考書是必要的。修該課程時，建議多看幾本教科書，累積對該單元基本且多元的認識。國家考試出題者主要從教科書之中找題目。參考書不一定都買新的，近幾年的就可以了。

時機：考前半年。按照進度來複習，持續寫考古題。

問題三：為了國家考試，要不要補習？

答案：針對比較弱的科目，例如研究法、行政法，可以考慮。

問題四：要不要去圖書館準備考試？

答案：要，利用圖書館的環境培養規律的生活作息，最好進入無法使用3C產品的寧靜閱讀區。公務員此種職業的本質就是規律，與多數大學生的不規律作息差異很大，因此透過每天上圖書館，漸漸作息調整為穩定的、規律的。在圖書館看到其他人努力用功，也刺激自己不可懈怠。最好每天多走路，好處甚多。健走到圖書館，想想等一會讀書的重

點。讀了一天書，走路回家時可以在腦海中複習。

問題五：要不要找一兩個夥伴一起準備？

答案：如果有最好，互相激勵、提醒、刺激，交換各種訊息。不一定是社工領域的，只要有志國考的，都可以成為夥伴。

問題六：要不要多報名各種考試？

答案：要，累積經驗，尤其是申論題的回答。報名費這種錢不必省，可多培養考試的感覺，習慣在適度壓力中作答，熟能生巧。

問題七：準備時的心態如何？

答案：準備階段有十六字：「廣泛閱讀、實際寫過、持續背誦、樂觀必勝」。

問題八：回答時該如何呢？

答案：把握十六字：「條理清楚、引經據典、字跡清晰、標題正確」。最好能加上：大師觀點、專業名詞附上英文。

問題九：怎麼寫申論題？

答案：在申論題方面，閱卷的委員給分依優、良、可、差之四等級分列評分範圍，以一題配分25分為例，優：20-25、良：15-19、可：6-14、差：0-5。設法爭取優，至少要得到良。寫考卷一定要瞭解題目在「問」什麼，然後清楚地「答」。必須「申」：描述為主。強調「論」：基於某些理論、運用某種架構來「討論」。

問題十：每一題要寫多少呢？

答案：建議回答某一題，先看分數比重，那一題幾分就至少要花幾分鐘來回答，所寫答案的行數也不低於該題的分數。例如高考最常見的申論題每題25分，就至少用25分鐘寫至少25行。

問題十一：寫申論題的常見缺點有哪一些？

答案：最常見的是「答非所問」，只努力寫自己知道的，而沒有注意出題者究竟在問什麼。又如邏輯觀念混亂，欠缺比較性的分析。沒頭（引言）沒尾（結論）。字跡潦草或試卷紙很髒，也拿不到高分。

表4-3　國家考試筆試的準備方法及有效程度評估

	實例	說明
沒什麼用		
有一點用	補習 買參考書	
很有用	讀各社工系相關課程的教科書 大量研讀題目 持續寫申論題	出題主要來自各教科書

第二節　口試及應答

一、口試案例

進入政府，有的靠筆試，有的靠口試。主試者希望找到適合在政府裡提供服務的人。就像筆者，教書幾十年，如果無法通過市長的面試，還是無法成為政務官。

2019年8月21日下午兩點，臺中市長盧秀燕找筆者面試。問了三個問題：議員能相處嗎？記者能互動嗎？文官帶得動嗎？

1.議員能相處嗎？筆者答覆重點有三：

(1)社會局有十四個家庭福利服務中心，這些中心有相當高比例的

社工我教過或帶領過。每個中心與議員的選區相同，可多幫助議員做選民服務。

(2)議員的電話和Line我會直接回覆處理，有必要時隨時見面商討。

(3)我勤跑基層，與議員增加互動。

2.記者能互動嗎？答覆重點有三：

(1)我做廣播節目二十多年，經常在各大報寫專欄、寫評論，對媒體不陌生。

(2)我常常接受媒體的採訪。

(3)我曾任教於新聞科系，二哥與姐姐都是新聞系教授，許多記者都是學生輩。

3.文官帶得動嗎？答覆重點有三：

(1)我長期擔任管理職，對帶領員工累積豐富經驗。

(2)我長時間推動對弱勢的服務，擔任中央部會多個委員，對政府體系的運作相當瞭解，也寫過相關的專書。

(3)任教幾十年，很多社會局的同仁都是昔日的學生。

原本安排一小時的面試，二十分鐘結束，她向筆者要了東海大學校長的電話，隨即打電話要求借調筆者去市府服務。

盧市長面試筆者，完全沒有問筆者的資歷，完全沒有詢問與教育界或社會福利有關的問題，她只關心筆者是否能把局長這個角色扮演好。筆者的答案，當然不能強調資歷或使用學術語言，得針對她每一個問題，提出具體的答案。此時，沒有彭博士，只有一個準備完成市長交代任務的求職者。沒有彭老師，只是回答市長問題的學生。畢竟在政壇，筆者的確是新生，而市長打滾幾十年，此時她是臺中市政府的首長，是決定筆者能否就職的關鍵人物。

依此看社會安全網聘用社工，幾乎都採取口試。公職社工師的甄選，第二階段也採取面試（占總成績的30%）。經由面試官與被面試者

直接互動，更加普遍與重要。被面試必須爭取機會，機會稍縱即逝，把握住的人就在此時領先沒把握住的人。申請者將長期努力的成果整理及展現，整理自己的資料檔案可能要花上好些天，但口試最多半小時（公職社工師是二十分鐘）。時間如此短暫，無須仔細說明資料上已經有的內容，應該更注意「臨場」的情形。

面試委員通常三到五位（公職社工師是三位），接受面試的本質須「行銷自己」，行銷與推銷不同，推銷是站在自己的立場設法讓對方接受自己，行銷是站在對方的立場來思考，讓面試者覺得自己是符合需要的。被面試者不必再三說明自己，而應更注意面試者的期待。面試者要找人來填補某個工作的職缺，聘用最希望申請者能對準提供的機會。被面試者應多表達自己適合該機會、所要爭取的職位（position），而不是說自己的過去多優秀。

公職社工師的面試，大致的架構是前三分鐘自我介紹（以六百字左右的內容說明學歷、經歷、專長、興趣、生涯發展等情形），然後依序詢問三大題組。各題組的題目除了問題內容之外，面試委員還須掌握與該問題有關的背景、評分指標、參考答案、答題方向等等。有志在政府服務的應多準備：

1. 與社會安全網有關的。
2. 社會福利行政業務有關的。
3. 媒體矚目的社會新聞事件。
4. 長照、高風險家庭、育兒等政策。
5. 績效評估有關的，如MBO（目標管理）、KPI（關鍵績效指標）。
6. 資訊管理有關的，如Line、臉書等的使用。
7. 實際案例的分析（尤其是混合多種議題的家庭處遇）。
8. 政府的運作和面對民意代表、媒體、民眾等的方面。
9. 觸及社會工作倫理的實例。

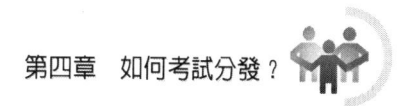

10.委辦方案的方法，爭議的處理等等。

二、112／113年的題目的整理與修正

(一)與公職社工工作內容有關

1.你的工作經歷是直接服務，但公職社工師很多職缺都是行政職，你認為公職社工的行政工作內容有什麼？
2.你在政府的機構工作過，你認為機構的行政業務跟公職社工的行政業務有何不同？
3.非營利組織的工作與政府體系的公職社工師有何根本不同？

(二)與社會安全網有關

1.目前社安網中有各種業務，你覺得你的強項能力是什麼？反之弱勢是什麼？
2.發生重大社會安全事件，輿論經常批評社安網有漏洞，社安網的螺絲鬆了，你聽到這些批評，有何反應？
3.社安網有許多破洞，你認為可以怎麼改善這個狀況？
4.某個重大社安網事件，你是主責社工，如何面對媒體？如何協助上司面對輿論？

(三)與個案處理實務有關

1.請舉一個例子，說明高風險家庭照顧者的負荷與壓力，可以怎麼協助他們？
2.殺子後自殺的個案，怎麼因應？
3.與校園內暴力有關的案件，怎麼處理？

4.面對多重問題的家庭，如何與網絡單位合作？
5.公私協力的實際運作。
6.非自願性案主無意接受協助，如何溝通？

(四)與社工倫理有關

1.對於現在手機、平板盛行年代，如何因應？
2.個案要求要跟你加Line，傳一些日常生活瑣事，你會如何處理？
3.你對於發文在社群媒體有何看法？

(五)與壓力、耗竭、重大處遇有關

1.如何處理民眾申請某項資格未通過的激烈訴求？包括自己面對、與所帶領的社工一同面對？
2.舉例說明執行某個社工實務中遇到最困難的任務？
3.自己或同仁耗竭，怎麼處理？

三、評分項目及配分

1.儀態（包括禮貌、態度、舉止、應對）：15分。
2.溝通能力（包括傾聽與表達能力）：20分。
3.人格特質（包括嚴謹性、情緒穩定性、開放性、和善性、積極性等）：20分。
4.才識（包括志趣、問題判斷、分析、專業知識、專業技術與經驗）：20分。
5.應變能力（包括理解、反應能力）：25分。

第三節　分發的考慮

　　國家考試放榜錄取了，非常恭喜！接著頭痛了，因為要分發。考試院公告「公務人員高考三級考試任用計畫彙總表」，說明職系、類科、用人機關名稱、需用時段及人數。普考、初等考試的分發也有相近的做法。以107年度為例，在多達四十頁的表格中，高考三級考試任用計畫現有總缺額1,563位，社會行政類的情況是：現有缺二十八位，107年10-12月缺五位，108年1-5月缺兩位，108年6-9月缺兩位，共缺三十七位。所分發的單位有以下幾類：

1. 中央單位：內政部、衛生福利部、衛生福利部社會及家庭署、勞動部勞工保險局等。
2. 國軍退除役官兵輔導委員會的榮民服務處及榮譽國民之家。
3. 衛生福利部所屬機構。
4. 六都社會局。
5. 六都社會局附屬機構。
6. 各縣市社會局。
7. 六都的區公所。
8. 縣市的鄉鎮市區公所。

　　近年來，矯正機構（監所）、醫療機構、兒少機構、身障機構、長照中心等，都曾開公職社工的缺。普考、初等考試，則主要是地方的、基層的缺。

　　考上的朋友得面對非常異質、多元、複雜的選擇，個人的志願與考試總成績密切相關，總分最高的先選。如果你／妳是總分最高的，該如何選擇呢？建議先考慮六件事，配合筆者個人的經驗加以分析：

一、機構或機關？

多數社會局沒有直屬的機關，但臺中市有仁愛之家，而且筆者服務的階段正值興建第二期的階段，疑難雜症眾多，不斷對中央及市府長官簡報。社會局還有各委外的機構，筆者持續關心協助，加上在幸福家庭擔任理事長階段，長期負責雲林教養院、新竹少年之家的方案，因此對機構的運作深入瞭解，對人員的工作狀況比較能體會。

衛生福利部所屬機構、國軍退除役官兵輔導委員會的榮民之家、臺北市立陽明教養院、臺北市立浩然敬老院等，屬於機構，其他為機關。多數年輕人偏好去機關，因為可以按時上下班，每天接觸多元的對象，不過到機構服務幾年是可以優先考慮的。

機構均需遵守衛生醫療、消防安全、警衛保全等法令。機構服務住民，因此食衣住行育樂等需求都得考慮；住民群居，人際關係動態而複雜，使工作者費神。尤其遇到疫情、缺水停電等危機，更考驗服務人員。

但在機構中擔任社工，比起機關中普遍單純，住民的床位數是固定的、住民的流動率低，社工容易掌握。與家屬互動方面，比起113或家庭福利服務中心，頻率低也比較被尊重。

如果對服務老人特別有意願，或是對身心障礙者或是對孤兒受虐兒強烈關懷，去機構是很好的選擇。就生活條件來看，如果普考社會行政分發到機構，通常是好的。因為任務相對單純，可以住在機構，生活較為規律，晚上與假期輪值，有較多時間讀書，準備進一步考各種公職。

二、主體或配角？

筆者在監所擔任心理輔導師一年多，又帶領幸福家庭團隊在法院有

過服務處，曾任移民署的性平委員，還做了三任行政院的性平委員，對不同政府部門有些許瞭解。

隨著社會安全網策略三與四的落實，矯正、司法、醫療、警政等政府部門都聘用公職社工師，原民會、移民署、勞動部等也聘用社工。在社會福利以外的這些單位，社會福利人力較少，社工與社會行政都是配角，工作多為支援，跨專業的協調合作能力特別重要。對新人來說，不容易獲得專業的督導。

三、中央或地方？

衛生福利部、內政部、勞動部勞工保險局、衛生福利部社會及家庭署為中央機關，都在臺北。要不要去呢？

「到臺北，才知官小，也才知薪水不夠用。」筆者生在臺北、成長的時光大多在臺北，又在臺北就業創業十年。臺北，是機會多的地方，競爭激烈、容易有發展，但也是大量製造挫折的傷心地。

筆者擔任多個中央部會所設委員會的委員，接觸過的中階公務員上百人。整體印象是：學歷好（多數為國立大學畢業的）、整合文字數字的能力強、彙整表格及簡報的經驗豐富。尤其是在省政府社會處時代就投入社政體系的，素質大致不錯。由於中央公務員的職等較高，各地菁英紛紛以到臺北為目標，匯集了不少人才。更因為在首善之都的臺北頻繁面對立法院和監察院的監督，還有蓬勃的媒體，專門跑衛生福利部的記者注意社會福利的話題，給公務員較大的壓力。

公職社工師的設計，基本上希望有更多社工直接面對案主與案家，這些都不是中央部會公務員的責任。如果想多接觸服務對象，在地方比較好。

四、六都或各縣市？

以某一年為例，新北市政府社會局、臺北市政府社會局、雲林縣政府、宜蘭縣政府都開缺，前兩者為六都，後兩者為縣市政府。當然考慮「離家近」，其次是當地社會福利行政的績效。這方面可以參考社福考核的成績，通常社福考核優等多的社會局處，行政運作上軌道，人力充足，可以優先考慮。

五、社會局處或區公所

區公所開的缺不少，通常到社會課或社建課，處理基層民眾的社會福利需求。先考慮「離家近、交通工具的方便性」。其次基層人力少，每位同仁要理解的業務多，加上少了督導、股長等職缺可以指導新人，新進同仁遇到難題想求助比較困難。

六、偏鄉嗎？

筆者服兵役在臺東岩灣，從旁協助綠島的心理輔導訓練，又幫國防部到蘭嶼、金門等地支援。帶領幸福家庭協會團隊負責原住民鄉的家政推廣人員訓練，去了二十幾處原鄉。從民國九十年到一百年對金門、連江、澎湖等縣政府，合辦各種活動及教育訓練。這些經驗，讓筆者接觸許多在偏鄉、離島服務的公務員。

偏鄉離島的區公所出缺，要去嗎？如果錄取初等考試或普考要分發，可以考慮偏鄉與離島。首先有較高的加給，一年多收入十萬元，不無小補。其次是單位人少，可以廣泛接觸各社會行政業務。第三，自己可以擁有的時間較多，還可以進一步準備其他考試。

第五章

如何多方學習？

- 取得身分挑戰開始
- 向文官背景者學習
- 向選舉出身的人學習並自我定位

第一節　取得身分挑戰開始

進入政府體系，領到服務證，人生角色有了重大轉變。基層公務員通過甄選，獲得進入社會福利行政體系服務的機會，取得了公務員的角色。經過一些歷程：(1)報到→(2)被賦予任務→(3)服從長官對工作的安排→(4)學習與公務執行的各種技能：如寫公文、填答報表、處理資訊、接聽電話、核銷收據、記錄會議重點等→(5)接受各種訓練。

政務官的比較複雜，當筆者剛報到看著社會局幾百位員工的電話表，還有更大張市政府各單位的聯絡電話，體認自己只是龐大體系的小螺絲，這螺絲若鬆了，就可能出問題，知道自己得好好學習。當筆者拿到六十五位議員的簡歷及昔日質詢社會局的議題，體認自己不是課堂裡自信的老師，而是議員可能高聲斥喝的對象，知道得好好學習。當筆者拿到密密麻麻記著媒體工作者手機號碼的小冊子，想到任何一個人所發的任何一則負面新聞，就可能傷害社會局，知道得趕快學習……

怎麼學呢？獲得市長邀請還未上任，觀賞昔日在議會、市政會議的影片，藉此瞭解議員及官員的互動、市長的主持風格、局處長的報告方式，又找各會期及市府的資料來閱讀。筆者邀局一層的主管便餐，請他們提供該讀的資料。到市府報到時，已經閱讀了幾十冊相關的檔案。人事處安排各種講習，對政務官有一些專題演講。各種會議是好的學習場合，學習首長主持會議、學習研考單位整理民意調查及輿情、學習新聞局呈現成果、學習其他局處製作簡報、學習各委員的發言技巧……尤其是大型的專案，各局處分工合作，其中的經驗十分可貴。筆者在開會後立即整理重點與心得，分享給社會局的夥伴。

公文的處理、標案的進行、活動的辦理、社福考核的各種報告等，對社會福利服務都非常重要，筆者邊學邊請教，藉此改進社會局相關的

第五章　如何多方學習？

工作。每次會議、專題演講、研討會等的資料，抽空閱讀，藉此吸收新知。上網觀賞衛生福利部與相關局處的各種文宣影片、官網資訊、新聞稿等，吸收優點。對於人事及會計資料，特別認真閱讀甚至熟記。

很特別地，筆者到任後沒有安排各科室來報告，因為筆者先拜訪議員。但每天早上請十幾位同仁來吃早飯，聊聊天。每一場次都針對夥伴所屬的單位先寫一封信，寫信的內容主要參考官網上的資料。兩、三個月之間，所有的同仁都見過面了，他／她們也都讀了信，理解局長的一些想法。與八職等、九職等的同仁，早餐會更頻繁。傍晚，也常找主管們就一天發生的事情交換意見，然後帶一些資料回家讀。

用錢、用人、做事這三大要件，對上司、對同事、對部屬這三方面的關係，至為關鍵，提早瞭解、滾動學習。

政務官在政府裡的工作大致可以分為「專業、行政、政治」三大塊，其實每一位社會局夥伴都要面對這三方面的考驗。配合不同的任務，這三者的比重隨之變動。通常與社會工作本業直接相關的，專業多一些；與中央法令有關的，行政多一些；與議員有關的，政治多一些。專業的本質是助人，人性擺在第一位，充滿藝術性；行政的本質依法律規定，多數屬是非題，在法律之內是，不合法就非；政治，有時像選擇題，甚至沒有選項，也可能以上皆非或以上皆是。

在政府體系第一線進行專業服務時，行政的業務並不多，政治的考慮甚少，甚至不該有政治色彩或政治判斷；升為督導或主管之後，行政工作愈來愈多，處理行政漸漸成為主要的考驗；一旦成為組長、副主任、主任，政治的考慮漸漸複雜。到了簡任官的職位，好難好難！

政治是可能的藝術，充滿可能（possibility），又面對限制（limitation），在possibility和limitation之間，究竟要先考慮何者？應該從限制之中，設法爭取某種可能。此時有智慧的判斷至為重要，包括頻繁地溝通。「見人說人話，不同的對象有不同的說詞」好嗎？在專業及在學術領域之中，應該不好。在行政裡，有時要在各法令法條之中找空

間找機會，使對方能有路可走。在政治圈，「見人說人話，不同的對象有不同的說詞」難以避免。

又如「換個位置就換腦袋」好嗎？在專業及學術裡，不該如此。然而當行政裁量時，既然是裁量，就可能得到不完全相同的答案。在政治之中，適時調整往往必要，過於堅持的可能走不下去，也可能遇到強大的反作用力。

業務科要處理較多的行政，包括對違反各項法令的裁罰，很不容易。身為政務官，應充分尊重文官，文官依照法令，做出判定，筆者充分尊重。不過對法條的引用、裁罰的時間點、裁罰之後面對的各種力量，也須適度考量。當外界各路人馬設法影響時，筆者不介入個案，又得找出保護文官能順利執行法令的方案，實在考驗智慧。

通常到局處長這裡，須直接處理的，多半都相當複雜。專業的比例低，行政的規定未必充分適用，政治占了相當大的比重。但筆者不能說服自己跟著政治力走，總是設法使政治力不至於干擾專業與行政，社會工作者能按照專業倫理與專業判斷執行任務。行政者能按照法令，審慎使用公權力。政治力如水，水能載舟又能覆舟，多瞭解水性，多練習駕舟，能減少滅頂的機率。

俗話說「做人比做事難」，其實「事在人為」，做事之時免不了要處理人際關係，尤其是社會局。但還可以稍加區分，有些事比較明確單純，以處理事務為主，可以做清楚的工作分析（job analysis），有某種標準作業流程（standard operation procedure，簡稱SOP），無須額外的溝通就可以按部就班進行。例如填報各種表格。

《論語・述而篇》子曰：「多聞，擇其善者而從之；多見而識之。」意思是：多聽多聞，選擇正確的部分來接受。多看多讀，把好的記在心裡。在辦公室、在會議中、在議場，都以謙虛且正面的心態好好學習。

第五章　如何多方學習？

第二節　向文官背景者學習並自我定位

筆者是社會福利界的老兵，卻是政壇的新兵，任何菜鳥面對工作場域中的挑戰，最好看看身邊的人怎麼做，尤其是看看有經驗的老鳥怎麼處理。有經驗的文官如今擔任政務官，也是政治圈新兵學習的對象。

在局內，局長的生活充滿不確定，龐大的社會局需要一群確定性高的夥伴帶領。筆者身邊有兩位長期做主任秘書的同仁，幕僚長身分使他們的個性乃至生活甚至思考方式都有些相似，細心的態度值得效法。

主任秘書對一個龐大體系來說，就像是管家，須管好內部的事務。管家不能亂跑，管家要長時間待在家裡，管家的話不能多，謹言慎行是基本款。管家的績效，在於「無過」，而非「有功」，這些與筆者的個性與生活習慣，都離得很遠。

許多高級文官看公文、協調事情、督導部屬、研究中央的規定、指導同仁做出配合的方案……日復一日，過了幾十年。市長換來換去，局長來來去去，所帶領的科長、專員、股長常常在變，他們的辦公室生活都一樣。

習慣是固定的，生活的方式規律，在可以預測退休的日子來到之前，即使在不同的政府職位異動，無須明顯改變。相對地，筆者一直在改變，做主管與不做主管的日子不同，在非營利組織與在學校上課很不一樣，到了政府，更不同。筆者總是要「證明自己」，他們則「減少曝光」。

資深文官在乎什麼？人生的目標是什麼？工作績效如何判定？好像，都不是大問題。對筆者來說，這三個都很關鍵，非常看重資歷和成果，他們則以年資和達成既有任務為重。

政務官與常任文官的角色顯然不同。車子能跑，也要能慢能停。車

子有油門，也必定有煞車。文官相對於政務官，通常步調慢。政務官不得不快，筆者已經比其他局處長慢了八個多月開始服務，當然要設法加速。筆者的個性一向急，習慣緊湊的生活，上司盧市長更是行動派。筆者一面瞭解煞車的機制，一面配合市長的期待，適度加油門，催促社會局同仁前進。在**表5-1**中，歸納出了兩者的差異，政務官有政務官的職責與特殊性，文官有文官的優點。

表5-1　文官與政務官的差異

常任文官：煞車	政務官：加油門
執行中央規定	落實地方自治事項
遵守法規	考慮議員期待
內部安定	爭取民意，努力提高市長的聲望
遵循人事框架按部就班	激發同仁能力與意願
全國一致	希望彈性解釋
退休時間大致確定	隨時可能去職

筆者來自學界，學術界在各種職業中，相對穩定，不宜過度看重權力，應降低派系色彩。即使進入政界，筆者還是保持「讀書人」的本性。畢竟「政治是一時的，做人才是長久的。」

首長的重要性呈現在績效，每個人都有自己擅長的事，筆者擅長的是：

1.規劃：帶領團隊，設計專案。
2.教導：主持直播、設計福利導航。
3.面對麥克風：廣播、電視。
4.運用文字：寫信、做摘要。
5.鼓勵別人做事，無須事必躬親。
6.講話：四處致詞、會議中簡報。
7.研究：分析各種資料與數據。

第三節　向選舉出身的人學習並自我定位

里長、議員、立委、市長，共同點是都經過選戰的洗禮才獲得職位。文官、政務官，共同點是都不必經由選舉。選舉對一個人產生改變的幅度勢必大過在公務體系逐步調整的。

臺中市有六百二十五個里長，都是筆者的夥伴，頻頻互動。例如市政會議有幾十場在區公所舉行，每次在區公所舉辦，都要求家庭福利服務中心的負責窗口——高級社工師和筆者一樣，早些到場。對列席的里長一一問候，送上名片。里長經過選戰，高票當選，有民意基礎。各地的家庭福利服務中心應該與里長緊密合作，共同服務基層民眾。

有些里長也是社區發展協會的理事長，或是某個人民團體的理事、總幹事；議員幾乎都積極參與多個人民團體，與社會局的人民團體科互動，應給予重視和協助。

臺中有八個立委選區，當選的立委雖然是中央級的，不會直接管到社會局，都應尊重，與對方維持好的關係。她／他們的選票比議員更多，從他／她們身上，可以學習各種政治技巧。例如靈活應對，在電視鏡頭前逞兇鬥狠、大聲罵人的立委，跑基層活動時，完全是另一個面貌，溫柔、客氣、親切。

整個市政府這麼龐大的公務體系，只有一個人是選出來的，就是市長。他／她得到的票更多，更有值得學習之處。

《拜動物為師》是本好書，既然連動物都可以做老師，政治動物，更有值得效法之處，尤其是政治性格比文官更明顯的。在大學校園昔日少有機會接觸到民選政治人物。在社會局的階段，大量互動，觀察到這些有民意基礎的人，幾乎都有以下優點：

1.閩南語的表達能力：開口通常說閩南語，即使筆者用國語回答，

還繼續說閩南語。在某些活動要致詞時，筆者無法用閩南語表達，臺中的政治人物幾乎都以閩南語為主。市長雖然籍貫是山東人，下鄉時，照樣說流利的閩南語。

2. 遇到不幸事件，快速到達現場：火災、氣爆、水災等，里長一定到，如果嚴重一些，議員會到，立委也可能出現。市長若要慰問，社會局長作陪（包括準備慰問金）。每一次，都看到政治人物積極安慰受害民眾，行動力強。

3. 跑行程：剛接任，遇到中秋節，去某位議員服務處拜訪，他說今天有七十幾個行程。筆者不相信！其實他可能還跑更多，民眾賞月烤肉，他到場寒暄，送點小東西，說幾句話，握握手，就趕往下一場。清晨在公園裡陪長輩拉筋，某個團體要出遊親送遊覽車出發，某處要辦跑步他來鳴槍，整天都忙，晚上在各餐廳，到不同的社團致意，送個紅包……絕對沒有一個社會局的同仁比得上。

4. 參加紅白帖，尤其是喪事。選區內有人過世，家中有靈堂，立即去捻香，慰問家屬。跑殯儀館，一天好幾回（可能比去議會的研究室次數更多）。好些議員都以服務喪家出名。喪家不一定發訃聞，議員隨處都慰問。筆者有幾次和民選出身的政治人物參加某個活動結束，送對方到座車旁邊，路上看到喪家，馬上進去捻香。至於喜事，民意代表會儘可能到場。

5. 記憶力好：見面時，可以叫得出對方的頭銜或名字或綽號，馬上寒暄。

6. 各種團體，盡量到場，露臉、握手、致詞……

整體來說，就是「接地氣」，選票在地方。筆者長期在教育界，又對各種議題多加關心，大量閱讀，希望「思考全球化」（think globally），到了社會局，才澈底實現「行動在地化」（act locally）。持續接受政治洗禮，屢屢體會政治震撼。在一次次的考驗中，學到很多課

本上沒有的東西，也瞭解自己可以發揮專長之處。

　　民選的行動力普遍非常高，keep moving, physically and mentally。民選的長處是身體的動，相對地，學者在心智上持續思考。民選的比較淺，到處沾醬油；學者的比較深，深入瞭解問題，深入研究議題。筆者走過政治路，接觸許多民選政治人物，因此廣泛學習並自我定位。

　　學習失敗者也很重要，政治圈、媒體界、政府部門，常常談論某個人，包括已經離去的。講這些，不如想想對方的好，對方的言行是否有值得參考之處。可是人們多談論的是對方的失敗、對方的爭議。所以這幾個領域，雖然有不少人們羨慕的權力與名聲，卻少了榜樣。高水準的人少，政治領域，難以高水準。

　　對於政治圈裡的人，有些人會懷念他、談論他、欽佩她，他的成功我們效法，他的爭議我們避免。好的部分，希望代代相傳；爭議的部分，千萬別犯同樣錯誤！。

第六章

如何甲等陞遷？

- 出現、表現、貢獻
- 考績好及模範公務員
- 培養適合政府體系的習慣

第一節　出現、表現、貢獻

　　在學校的成績與在政府單位裡的考績，都屬於績效管理的工具，但有諸多差異。例如：

1. 成績老師給，老師一人決定。考績比較複雜，有權影響的人很多。
2. 決定成績的主要因素為考試、作業、出席狀況，考績需參考的指標就多了，依法主管就其工作、操行、學識、才能來評量（原則上工作占考績分數百分之六十五；操行占百分之十五；學識及才能各占百分之十）。
3. 成績給的多高多低，通常沒有比例限制，老師有權給多數學生都九十分以上，也可以當掉一些人；考績則有比例限制。
4. 成績的好壞，所產生的效果有限也不立即；考績則與荷包有關，考績高的公務員多得獎金，低的人少拿錢甚至沒年終獎金。
5. 大學生通常對自己的成績在乎，不太在乎同學得幾分；辦公室內常常留意同事考績。
6. 老師打完成績，通常與學生不再見面。主管給了部屬考績，卻還要繼續一起工作，持續相處，還要靠部屬共同打拼。問題是：因為考績而心中不平的，還樂意賣命嗎？

　　簡單說，公務員在乎考績，遠勝於學生在乎成績，這也使打考績的主管，心中的壓力不小。

　　幾十年來，筆者處處打考績，在東海大學對職員有年度考核成績，評等分為特優（88分及以上）、優（83-87分）、良（78-82分）、可（60-77分）、劣（60分以下），職員想得特優首先需主管給88分，還

要與全校的職員競爭，經職工評審委員會合法出席委員三分之二以上同意，評列特優級之人數至多為受考評人數之5%。總務處人最多，學務處其次，教務處第三，是大單位，這三處職員的可能性高一點。小單位的職員機會不大，例如圖書館職員二十幾人，有時可以產生一位。職員正常情況得到優等，只有特別差的，會給「良」，要決定誰82分以下，讓主管頭痛。

筆者擔任學生事務長為一級主管，有權參與五十幾位同仁的考績評量，會先請二級主管針對所帶領的同仁先區分特優、優、良，然在再全盤考慮。由於獲得特優者是很大的光榮，每一年針對績效最顯著的同仁，協助爭取殊榮。

到了市府，依照職權，考績屬於首長行政權中的人事權。要對幾百位同仁的考績做考核，不簡單！公務人員考績最普遍的為年終考核，是基於平時考核所得的結果。依照《公務人員考績法》第三條的規定考績有三種：

1. 年終考績：各官等人員每年年終考核其當年一至十二月任職期間之考績。
2. 另予考績：各官等人員於同一考績年度內，任職不滿一年，而連續任職已達六個月者辦理之考績。
3. 專案考績：平時有重大功過時，隨時辦理之考績。

該法第六條規定：「年終考績以一百分為滿分，分甲、乙、丙、丁四等。甲等：八十分以上。乙等：七十分以上，不滿八十分。丙等：六十分以上，不滿七十分。丁等：不滿六十分。」

考績甲等：晉本俸一級，並給與一個月俸給總額之一次獎金。乙等：晉本俸一級，並給與半個月俸給總額之一次獎金。丙等：留原俸級。丁等：免職。所謂的俸給總額，指《公務人員俸給法》所定之本俸、年功俸及其他法定加給。

按照《公務人員考績法》第十四條：「各機關對於公務人員之考績，應由主管人員就考績表項目評擬，遞送考績委員會初核，機關長官覆核，經由主管機關或授權之所屬機關核定，送銓敘部銓敘審定。」這裡所說的主管人員，為人事室主任；考績委員會由部分選舉委員及指定委員所組成；機關長官為局長，然後送府一層核定。

同仁甲等的比例在總數75-80%之間。人事處年底會把要打考績的名單給局長，筆者先與副局長、主任秘書、人事主任商討今年的做法。筆者建議考慮：出現、表現、貢獻，具體的指標及相關說明見**表6-1**。

流程大致是：科室主管先打所屬同仁的考績，可以列出65-70%為甲等。然後送給主任秘書、副局長，他們可以再建議將原本列為乙等的兩、三位升為甲等，也對某些打甲等的建議降為乙等。筆者再做局內的最後決定。由於這幾年社會局在市政府的整體績效很不錯，秘書長會考量全市府的，都再給幾位甲等的名額。筆者就再考慮原本是乙等，成績78分以上的，使其獲得甲等。

表6-1　與出現、表現、貢獻有關的重要指標

	重要指標	主要決定者	影響
出現	請假的狀況	人事室	病假、事假各有扣分，是客觀的指標，請假多的可能被打乙等甚至丙等
表現	1.完成被賦予的任務 2.上級單位規定給予敘獎	直屬主管/主任秘書	1.如該交的文件按時繳 2.如參加災變的救治、擔任選務人員
貢獻	1.執行難度高的專案 2.政策調整的因應 3.獲獎	副局長/局長	1.指工程完工、參與直播、募集車輛等 2.如推動老人健保補助、育兒津貼等 3.個人得獎或團體獲獎

第二節　考績好及模範公務員

考績好，當然是升遷的重要助力；考績不好，則不容易升官。按照《公務人員陞遷法》第四條，陞遷分成三類：(1)陞任較高之職務。(2)非主管職務陞任或遷調主管職務。(3)遷調相當之職務。同樣是九職等，科長有主管加給（113年時每個月9,710元），秘書、專員、社工督導就沒有。同樣是八職等，股長有主管加給（113年時每個月7,520元），高級社工師每個月2,500元，其他沒有。

對公務員的升遷與異動有關鍵影響力的相關人員，必然會參考歷年的考績。甲等、乙等屬於客觀的事實，主管會留意，如果近三年有一個乙等，可能就被刷掉，不列入晉升名單。當然還有其他因素，例如主管是否欣賞、是否有更大權力的人關切、升遷某人對工作團隊及完成任務的影響等等。

站在想升遷者的角度來檢視。升官，是公務員的最愛嗎？不一定。因為每個公務員走在不同的職涯之路上，還有各種家庭與社會角色，也可能進修碩士、博士，升官未必是最愛。

升官，是公務員最關心的嗎？一定！關心同事、同單位的，甚至昔日同學、同事、同梯次受訓的。當然，最關心自己。

例如九職等的科長，是薦任，絕大多數渴望晉升簡任官。簡任官的職位很少，能夠占到簡任職，可以光宗耀祖了。八職等升九職等、七職等升八職等，沒有那麼難，可是還有諸多難關。

筆者以自己做主管處理升遷有關的經驗，做了分析，請參考**表6-2**。

表6-2 對升遷影響的實例

評估	實例	說明
沒什麼用	找議員、找師長、找昔日的長官等關係推薦	四面八方都想影響主管的決定，但關鍵是誰能夠執行眼前的任務，而非某個人背後的連帶
有一點用	參加長官召集的專案 考績甲等／敘獎	讓長官認識並留下好的印象 甲等最客觀呈現長期的努力
很有用	得到模範公務員／記大功	特殊性高、公開表揚

與陞遷有關的角色包括：(1)考績委員會、陞遷委員會等（委員多由社會局人員選舉產生，通常由副首長擔任召集人）。(2)人事室，尤其是負責陞遷業務的同仁、人事主任。(3)機關首長。

機關首長對陞遷的權力方面，局長的權限只限於八職等、七職等。至於六職等及五職等，通常不用局長介入，甄選過程結束，人事單位拿到局長室，筆者在機關首長欄蓋章。

對於九職等或八職等幕僚等由府核辦者，有時局內流程處理完畢，上公文即可。有時市長等府級長官進一步面試，筆者需陪同。簡任官，則由府一層決定，局長的角色很小。

社會福利行政領域廣泛，八職等的缺在內政部等部會、衛生福利部、各地方政府都有，其中可以領主管加給的整理在**表6-3**。

表6-3 社會福利行政八職等的主管缺

社會行政類	社會工作類	臺中市的編制
衛生福利部十三個機構的科長、行政室主任	家防中心的社工督導、高級社工師	社工督導四人，高級社工師八人
直轄市社會局的股長	社工科的高級社工師	十五人
縣市政府社會處的社工督導	直轄市社會局的股長	社會行政背景八人、社工背景七人
鄉鎮市區公所的社會課長		

第六章　如何甲等陞遷？

評分的指標與流程，依照《公務人員陞遷法》第七條：「依擬陞任職務所需知能，就考試、學歷、職務歷練、訓練、進修、年資、考績（成）、獎懲、發展潛能及綜合考評等項目，訂定標準，評定分數」這麼多項目，其實關鍵的是首長的評估，通常占30-40%。

對志在升遷的，平時要爭取「年終考績甲等」，特殊的要爭取「模範公務員」。模範公務員是超高難度的任務，一年全市府只有十幾人獲得此殊榮，社會局有時一年有一位，有時還選不到。筆者看重此事，先請主任秘書、科長推薦符合資格的幾位同仁，條件按照《臺中市政府獎勵模範公務人員實施要點》。

然後請人事主任檢視最近五年內沒得過，品行優良且最近三年年終考績均列甲等。接著筆者會請這幾位同仁來談話，鼓勵她／他們儘早準備申請資料，可以進人事處的網站，看看過去得此殊榮的公務員怎麼寫資料。特別強調：創新的服務、中央評比獲獎、設置重要據點或單位等。

然後這幾位的資料送到局長室，筆者邀集主管商量，然後請他們各自挑選兩個人私下交給筆者，筆者根據排比，列出一到兩名送出。在人事處主辦的全市府選拔會議中，因為資料足以證明其為模範，獲選機會大增。

獲選者可以獲頒獎狀、至少新臺幣五萬元之獎金及公假五天，並由市長頒獎，公開表揚，前三名還可以參加行政院舉辦的模範公務員選拔。獲選對於升遷很有幫助，當上一職級出缺時，模範公務員的榮譽大大加分。局長推薦曾升此同仁，容易獲得府一層的認可。筆者任內幾位升九職等的同仁，幾乎都先獲得模範公務員。

記大功也很重要，公務員的獎勵分嘉獎、記功、記大功。一次記二大功者，晉本俸一級，並給與一個月俸給總額之獎金。除了能多領些錢，更在升遷之路上多了關鍵的助力。但記大功的例子很少。

在甄審流程方面，當事人先申請，當事人及人事主管整理「陞遷序

列表」，按照積分排出高低。送到甄審委員會，選出前三名，給機關首長圈選，如果首長對這三位都不滿意，可以退回。不過這樣就使甄選委員會做白工，首長聰明的話，會避免。首長已經很忙了，不必為了這件事增加太多麻煩。

甄選委員會固然有部分內部選舉產生的委員，但在官場，如非必要，這些委員通常不表達意見，還是順著主任委員（副局長）等的看法。

對有志升遷者，建議避免負面的事件、評語。現在人人有手機，甚至有AI合成技術，很容易留下證據。好事不出門，壞事傳千里，畢竟在網路時代，傳播和保存都更快速及長久。若有意陞遷，各種負面的都可能被起底爆料。總是有人也想搶這個機會，也有某些主管屬意自己的競爭對手，自己的勝算就變小了。

第三節　培養適合政府體系的習慣

人總是愛比較的，在穩定體系內，常常碰面，更容易比較。同一梯次進政府的同輩，更可能是比較的對象。比什麼呢？在職場，最主要又具體的指標為「升官」，尤其是「升主管」。升官是職等的提高，擔任主管還有主管加給、權力也擴大。

「同」這個字很害人：同學、同梯、同時考上公務員、同時考上公職社工師、曾在同一科或同一個辦公室、同時參加簡任官訓練，然而際運或稱官運，卻大不同。「人比人，氣死人」，有些人空降做自己的主管，有些後來的「彎道超車」，遙遙領先，普遍讓公務員心生不平。

公務體系又具備某些「同質性」，官場不喜歡標新立異的成員，長官不支持特殊性高的部屬，因此想升遷的若具備以下情況，機率可能高一些。

1. 對金錢別太在乎：進入社會，除非富二代，多半都缺錢。想多存錢，看自己要過怎麼樣的日子，有兩條主要的路：增加收入、減少支出。後者靠節儉，也就是適度減少主要的支出。食衣住行育樂，都有些可以節省的方法，看自己是否樂意。公務員的生活在各職業中相對單純，要省些錢還算容易。增加支出則難度較高，對公務員的兼職有各種規定，很難靠斜槓多賺錢，比較明確的還是升遷或擔任主管獲得加給。在外兼職兼課即使在規定之內，也非好事。當了主管，處在高度不確定的狀況下，很難固定兼職兼課。
2. 配合直屬長官的節奏：筆者常接到各種基層公務員希望自己在人事上給予幫忙的請求，其實這些希望難以實現！「天高皇帝遠」，就算筆者熟識，能夠給予的幫助還是有限。反而是直屬長官最關鍵，最直接決定考績。公務員必須先與直屬主管好好相處，多幫主管分勞解憂，協助主管完成各項任務，在工作時間上多多配合。福利行政須拿出大量時間，主管比較欣賞願意加班的，主管總是喜歡好用、少抱怨的部屬。
3. 避免形成小圈圈和參加派系：公務員顧名思義是從事公務的人員，以公為主，來做事。俗話說「大夫無私交、公事才見面」。不需要與特定的人建立緊密的關係，維持禮貌性的互動即可。與某些人熟識有時會被其他人批評在搞派系，屬扣分的行為。
4. 功勞歸給上司、責任自己承擔：「爭功諉過」人之常情，但弊大於利。縱使有功，歸功於上司，感謝單位給予機會。如果出了差錯，自己願意承擔該有的責任。即使錯在上司，也不能表面化，設法多協助解決問題與危機。

公務員要換個角度想，升遷畢竟是高難度的，好的位子競爭必然激烈。例如許多女性想要做媽媽，但身體狀況無法如願，試管嬰兒成為一種選擇。電影《一個奇蹟的誕生》裡某位試了又試的女性感嘆地說：

「最折磨人的莫過於『希望』。」無數想要升遷的公務員都有類似的感覺。有個職缺出來了，自己想要獲得該職缺，滿懷希望去做各種努力，心情忐忑，多半的結果卻是「失望」。

建議還是要懷著希望去爭取，尤其在眼前的工作已經無法帶給自己熱情之時。杜拉克提醒：「一旦覺得自己對例行的公事開始熟悉後，那就是該強迫自己有所改變的時機，就像植物一樣，需要被換盆子栽種。」

如果給你選擇，一是做同樣地業務但增加服務的區域及案件數，一是做別的業務。多數的公務員可能選前者，因為把業務做熟悉了，多服務同樣背景的案主比較簡單。但建議你選後者，跨領域能快速累積實力。

比起銷售員或記者，公務員規律生活與作息，上班時習慣在固定的位置做固定的業務，被形容為「方塊族」，每天從家這個方塊坐著像方塊的車到辦公室，大方塊的建築物中有個小方塊是自己上班的地點。打開電腦這個方塊，處理的紙本公文又是方塊，去開會的地點多半也是方方正正的。忙了一天，又坐車回家。每天都在方塊中挪動，做的事情差不多、認識的人就那些，要處理的問題可以預測。漸漸地，腦袋變得方塊了。

社會上到處講斜槓，無數人發展第二、第三專長，公務員受制於法令，無法大方兼差，要進修、請假都不容易，要攻讀正式的學位更是困難。長官給的工作總是愈來愈多、中央要求填報的表格總是愈來愈複雜，忙眼前都忙不完，怎麼可能去想像新的業務，發展新的專長？

在筆者任職社會局的階段，閱讀人事資料，發現從副局長到科員，無數人都在同樣地職位超過五年。職位都固定了，怎麼可能發展新的專長？在同一個位置久了，通常只看到職位的「限制」，這個也不能做，那個也沒法改變，忽略其實到處充滿「可能性」。

在業務科，七職等科員升八職等股長是重大的突破，什麼樣的條件

適合做股長呢？絕對不能只懂一兩個業務。社工科裡七職等公職社工師升八職等的高級社工師，競爭激烈。家防中心要升為八職等的督導也不容易。社會局有十七個股長，每個股長都得管好多人、負責監督好多種業務，管理能力至為重要。

　　八職等股長通常無法一次就升為九職等科長，要先升為九職等的專員或社工督導，專員或社工督導無須管人，主要工作是襄助科長管理全科。筆者觀察專員或督導多半低調、保守，認定自己為備胎，不積極發展更多才能。這樣的心態非常可惜，如果能趁著此職位弄清楚全科的各種業務，並且因為無須管人帶人，又能多參加跨科室的專案，一旦有機會做科長，比較容易上手。

第二篇

龐大政府機器

引言

　　《張忠謀自傳：下冊（1964-2018）》（天下文化，2024）第五章一開始：「有過上司的人，沒有人會否認上司對你的職業生涯很重要吧！上司影響我每天的工作情緒（好的壞的都有）、我的成績（好的壞的都有），最後也影響我的去留。同時我也從上司學到很多，正面和負面都有。正面的，我學習他的做法。負面的，我不喜歡他的做法，所以可以避免他的做法。」張忠謀也講了一句太精彩的評論：上司往往「加忙」超過「幫忙」。

　　在社會福利體系任職，一定遇到各種上司，如何相處呢？局長的老闆多了，包括：(1)頭號大老闆：市長；(2)對自己有指揮權的：副市長、秘書長；(3)行政院政務委員、衛生福利部的長官；(4)最可怕的：65位議員。還有議會的秘書長等。

　　既然是老闆，就可能發號施令，做些讓自己挫折的指示。環境中那些有權力影響自己的人，總是給自己穿小鞋，總是想煞煞自己的銳氣。百般忍耐，有時覺得痛苦，比起在大學任教，要辛苦多了。但想到來社會局，除了努力多做事，持續得把「老闆們」伺候好。

　　唯有自信與謙虛可以化解難題，張忠謀說他第一次對同仁的致詞的開場是：「我抱著又自信又謙虛的心情，接受這個新任務。自信，因為我已經有相當經驗和瞭解；謙虛，因為我還有很多事情要學習和體驗。」充分代表筆者的心聲，自信，因為長期的經驗，謙虛，因為還要學習。書中還提到：「負面的教訓往往比正面的經驗更銘心刻骨，知道不做什麼比知道做什麼，一樣重要。」

　　福利行政有如龐大機器，工作人員有如大大小小的齒輪快速轉動，將服務輸送到每一位有福利需求的民眾面前。最大的齒輪有兩個：第一是中央政府，尤其是衛生福利部。還有大幅度改變福利服務生態的「社

會安全網」。第二是地方政府，尤其是民選首長所帶領的公務體系。社會局長順著兩大齒輪為中間齒輪，與幾十位主管，管理幾百位同仁，各自扮演適當角色。社會局長是市府團隊的一員，與其他局處搭配。更要靠議會通過預算與自治事項，聆聽議員的質詢來改進。福利行政的第一線社會課，屬於民政局主管的鄉鎮市區公所，直接承辦民眾的各種申請。

　　市政府裡有兩百多個委員會，局長參加四十多個，社會局負責二十多個。跨局處的會議，按照性質邀請司法、醫療、學者專家、民間團體、業者、家長代表、兒少代表等為委員，為福利服務提供各種重要的建議，廣納建言更能貼近民眾的需求。

第七章

如何因應中央？

- 行政院、立法院、監察院
- 衛生福利部
- 研究、參與、互動、配合

第一節 行政院、立法院、監察院

一、行政院

瞭解行政，須兼顧「法治與人治」兩個角度。所有在公務體系之中的，都受制於法律，但法律不容易改變，人卻是靈活的。「事在人為」，事情還是要靠人去做，當公務員當然依法行政，但如何行，如何推動政務，顯然有別。不同的人執行法律的方式不完全相同，尤其首長對行政的影響，非常關鍵。

首長的人事權，既屬於法治面又有人治面。《憲法》第五十六條規定：「行政院副院長、各部會首長及不管部會之政務委員，由行政院院長提請總統任命之。」行政院副院長是院長最重要的副手，依法還是代理人。行政院長要主持很多的會議，有些是依法規定，每隔一陣子就要召開的。

總統、行政院長有很大的權力決定找那些人擔任部會首長，包括負責主管社會福利的政務委員及衛生福利部部長，這兩個職位對社會福利行政乃至社會工作的發展，影響深遠。

行政院正副院長日理萬機，不可能什麼事都管，必須依賴許多人幫忙，有些職位屬於幕僚單位，如秘書處、辦公室主任等。有些則為首長，直接管理相關的政務，例如部長。還有處理跨部會業務的政務委員，猶如不管部的部長。有關社會福利的業務，交由某位政務委員固定負責。

那麼在社會福利領域，哪一個職位最具影響力呢？應該是「政務委員」，近年來的行政院長及社福政務委員整理如**表7-1**。

第七章 如何因應中央？

表7-1 民國97年後的行政院長及主管社會福利的政務委員

內閣	任期	社福政務委員
劉兆玄	97/5/20-98/9/10	薛承泰
吳敦義	98/9/10-101/2/6	薛承泰
陳冲	101/2/6-102/2/18	薛承泰
江宜樺	102/2/18-102/7/31	陳士魁
	102/8/1-103/12/8	馮燕
毛治國	103/12/8-105/1/31	馮燕
張善政	105/2/1-105/5/19	馮燕
林全	105/5/20-106/9/7	林萬億
賴清德	106/9/8-108/1/13	林萬億
蘇貞昌	108/1/14-112/1/30	林萬億
陳建仁	112/1/30-113/5/19	林萬億
卓榮泰	113/5/20-	陳時中

出處：整理自行政院網站。

其他行政院體系方面，行政院之下設置部來負責各領域的政務，跨領域的政務則設置委員會；部與委員會之下可再設局、署等機關以處理技術性或專門性業務。行政院是一級單位，部會是二級單位，以下還有三級和四級單位。

在**表7-2**列出行政院與社會福利行政相關的單位，筆者進一步整理與社會福利的相關性高低。

二、立法院、監察院

立法院總是很熱鬧，立法委員有113位，廣受矚目。但與地方的社會福利行政，關聯程度不高。在組織層面，立法院常設：內政委員會、外交及國防委員會、經濟委員會、財政委員會、教育及文化委員會、交通委員會、司法及法制委員會、社會福利及衛生環境委員會。最後一個委員會最相關，職掌負責審查衛生、環境、社會福利、勞工、消費者保護政策及有關衛生福利部、環境部、勞動部掌理事項之議案，審查法

89

表7-2 行政院與社會福利行政相關的單位及部會附屬的司處

二級單位	三級單位	附屬的司	相關性
內政部	移民署		低
		合作及人民團體司	中
勞動部	勞動力發展署		低
	勞工保險局		低
國軍退除役官兵輔導委員會		就養養護處	低
行政院原住民委員會	社會福利處		中
行政院內政衛福勞動處※			中
行政院性別平等處※			中

※並非二級單位，是行政院的幕僚處。
資料來源：作者整理。

案、行政命令、人民請願案、預算案（含預算報告案，指總預算案中有關預算凍結案經決議報告後始可動支及決議事項報告案）及財團法人決算案。

還有依據中央政府總預算案審查程序規定，負責審查衛生福利部、環境部、勞動部預算案，以及前述各機關之所屬機關、特種基金及其捐助之財團法人預算案，包括中央主管的公益彩券業務。

監察委員有二十八位，該院分設七個委員會：內政及族群委員會、外交及國防委員會、社會福利及衛生環境委員會、財政及經濟委員會、教育及文化委員會、交通及採購委員會、司法及獄政委員會。每一委員以任三個委員會委員為限，並得列席其他委員會之會議。每一委員會人數，不得超過十四人。各委員會設召集人一人，由各該委員會委員互選之，其中社會福利及衛生環境委員會有召集人一位，九位委員。

依《監察法》第一條規定：「監察院依憲法及憲法增修條文之規定，行使彈劾、糾舉及審計權。」第三條規定，監察委員得分區巡迴監察。此項巡察工作分為中央機關與地方機關兩部分，中央機關由各委員會辦理，巡察對象為與其業務有關之中央機關。對於地方機關，則按直轄市、縣（市）行政區劃分巡察責任區，分組辦理。

第二節　衛生福利部

衛生福利部主管衛生與福利,所以社會福利行政的領頭羊是衛生福利部。社會福利體系從來就沒有獨立的部長,在102年7月之前由內政部長主管。102年7月衛生福利部成立,由衛生福利部長主管,到民國114年8月為止有七位。

醫師的背景、訓練、職業與專業社會化、升遷及發展等,都與社會工作、社會福利、社會學背景的,有很大的差別。

衛生福利部設有次長(政務次長兩名、常務次長一名為簡任十四職等),都是部長的左右手。另有主任秘書(一名,十二職等),參事、技監(四至八名,十二職等,同司處長),則為部長的重要幕僚。在次長之中,有一位政務次長負責社會福利業務,對各項社會福利行政工作,居關鍵位置。

衛生福利部的組織龐大,與社會行政有關的單位整理如**表7-3**。

表7-3　衛生福利部與社會福利有關的單位及附屬的司

二級單位	三級單位	附屬的司及單位	相關性
衛生福利部	社會及家庭署		高
		社會救助及社工司	高
		保護服務司	高
		心理健康司	中
		護理及健康照護司	中
		社會保險司	中
		綜合規劃司	中
		長期照顧司	中
		附屬醫療及社會福利機構管理會	中

說明:衛生福利部因應行政組織改革成立附屬醫療及社會福利機構管理會,負責管理所屬之部立醫院二十六家,目前十三家社會福利機構暫由社會及家庭署代管。
出處:衛生福利部網站。

第三節　研究、參與、互動、配合

筆者從民國七十幾年起就特別注意內閣職位，偏重閣員的家庭背景及生涯發展歷程等社會面，也注意到性格等心理面。參加過兩個由行政院長擔任召集人的委員會：(1)行政院婦女權益委員會，後改為行政院性平會；(2)行政院新住民事務協調會報。

家庭教育諮詢委員會開啟了筆者在中央擔任委員的時光，省政府還在的時候，與社會處的互動頻繁。《性侵害防治法》通過，依法成立委員會，筆者從第一屆就擔任委員，然後愈擔任愈多。包括：

- 內政部性侵害防治委員會委員（2002-2004）
- 內政部人口政策委員會委員（2009-2010）
- 內政部移民署性別平等委員（2011-2012）
- 教育部家庭教育諮詢委員及輔導組主任（1992-1996）
- 教育部中部地區學生事務指導委員會委員（2005-2006）
- 衛生福利部愛滋防治及感染者權益保障會政策組、權益保障組委員（2014-2018）
- 衛生福利部心理健康促進諮議會委員（2014-2018）
- 總統府性別平等小組委員（2015-2017）
- 婦女權益基金會董事（2011-2017）

擔任社會局長，必須參加衛生福利部的會議：(1)衛生福利部衛政及社政首長聯繫會報；(2)社會安全網相關的會議。可能要參加的：(1)單純協調社會行政的會議；(2)中央公益彩券等委員會〔財政部設有公益彩券監理委員會，置委員二十一人至二十五人，其中一人為召集人，由財政部次長兼任，直轄市政府、縣（市）政府代表五人。六都的社會局長

輪流擔任代表〕；(3)法規的修正研商會議等。筆者儘量出席，如果與議會、與市政會議等時間衝突，麻煩副局長出席。

在地方推動社會福利行政，首要的任務團體為何？很難講。至少，中央政府位居前三名。法律、行政命令、規章，大多是中央訂的。重要計畫，多數來自中央。經費，中央給不少。獎勵、榮譽，靠中央多肯定。中央要員來地方視察、剪綵、頒獎，要陪同。中央發文參加會議研商，當然得充分準備後北上參加。發生不好的新聞事件，寫報告、被調查乃至找去談話。中央一聲令下，地方只能全力配合。

「知己知彼，好過日子」地方社會局處為己，中央為彼。即使是聖旨，重要性也有高低，與自身的相關度有差別。瞭解中央各單位對地方社會局的重要性。區分為：

1. 重要性最高：衛生福利部、主管社會福利的政務委員。
2. 重要性次高：行政院性別平等處、內政部、審計部。
3. 重要性稍低：監察院、立法院。

對社會局各科室而言，與中央的關聯度區分為三級：

1. 相關度最高：家防中心（因為保護性業務，中央有綿密的規定）、社工科（因為是中央社會安全網的窗口）、兒少科（因為關於兒童與少年的法規非常多）、婦平科（因為是中央推動性別平等的窗口）、綜企科（因為是社會福利考核等業務的窗口）。
2. 相關度次高：長青福利科、身障科、救助科、人民團體科等，都執行中央制定各項法規。
3. 相關度低：其他科室。

進一步查詢

行政院全球資訊網

衛生福利部網站

第八章
如何做社安網?

- 問題重重及因應
- 人事及考核
- 改變社會福利行政的生態

社會福利行政實務

⏱ 第一節　問題重重及因應

　　在蔡英文當選總統後，整個中央政府朝向「福利國家」大步邁進，社會福利的重要性愈來愈高，政府主導社會福利的傾向愈來愈明顯。原本社會福利在政府體系中只是一小塊，聘用的公務員不多，整個政策以照顧老弱障貧為主。近年轉向重視社會安全，預防各種重大的不幸事件。社會工作者被寄以厚望，中央政府規劃大量增聘社工的社會安全網（簡稱社安網），全力推動。

　　「社安網一期」（107-109年），「社安網二期」（110-114年）是近幾十年來中央最重要的社會工作計畫，在行政院層級是最重要的社會福利方案。第二期中，有三大目標及四大策略。

　　推動社會安全網一期與二期，是以增加社工人力為主的重大變革，筆者躬逢其盛，用心掌握其中的變化，希望盡棉薄之力，使整個社工領域有更好的發展。在一期規劃之初，筆者在衛福部心理健康諮議小組擔任委員，因此對策略三比較熟悉。這些年，策略三新增計畫的核心是補強精神衛生體系，透過布建社區心理衛生中心等措施，提升精神疾病預防與治療，減少（疑似）精神疾患觸犯刑罰法律，但遇到的問題非常多，有待改進之處不少。尤其正值新冠疫情肆虐，主要負責的衛生行政系忙著處理疫情，實在沒法多些心力執行及落實社安網。

　　中央主導社安網，各項會議、各次共識營，筆者都親自參加。中央來臺中市召開會議，筆者都出席並予以協助。對於二期的各項經費、人事等計畫，筆者很看重，在會議中以各種簡報向中央反映，爭取到不少資源，也期盼相關的規劃能夠更接地氣，更有效執行。

　　由上而下的政策在執行時，勢必面對許多上級單位未曾想到的難題。這一個大型計畫從命名開始就有大問題，又匆忙上路，以各種獎懲

第八章 如何做社安網？

機制強勢要求下級單位全力配合，真的是讓地方政府頭痛。社會局首當其衝，又負責平台需聯絡各局處配合，實在不簡單！

筆者在擔任衛福部心理健康諮議委員時，被諮詢「社會安全網一期計畫」，當時就反對用此名稱。社會福利體系以如此有限的人力與預算，怎能與已經上軌道的警政體系相比？有八萬警察的警政體系都不敢用「社會安全」一詞，只有幾千位社工的竟敢說我們在建構「社會安全網」？筆者當時建議用「家庭安全網」，畢竟社工最熟悉的是家庭服務，而且若能守住家庭，使家庭更安全一些，已經是高難度了。

俗話說：「上有政策，下有對策」，在臺中市推動之時，以強化家庭為重心。所以有些縣市設立「社會福利服務中心」，臺中則稱為「家庭福利服務中心」。有些縣市的家庭福利服務中心包含的業務眾多，臺中集中做好家庭服務。

「社會安全網計畫」可能傷害民間組織。大批民間組織培養多年的人才紛紛跳槽到政府的計畫之中，產生很多後遺症。筆者也建議中央政府無需太強勢，多尊重民間。在臺中，筆者主動拜訪各重要的福利組織，多尊重民間組織的特殊性，協助人力的穩定，避免社工過度跳槽導致業務運作困難。同時將眾多專業程度高、個案數較少的方案，委託給民間組織，並給了人事費等挹注。

無論是第一期或第二期，都是由中央規劃，未能充分考慮地方的需求與狀況。多聘社工，當然有助於基層推動社會福利與社會工作。問題是：地方也須負擔相當比例的經費，民選首長與財政主計人事等單位都不贊成。市長曾擔任立法院財政委員會的召集人，對於行政院經常做出「中央請客，地方買單」的政策，很不贊成。這方面，筆者親自北上說明臺中市無須立即按照中央規劃的人力來補充，先將員額減半（相對的衛生局就全數買單，執行起來困難度大增）。獲得中央同意後，再回頭向市府各單位溝通，獲得市長允准。市長親自出席每一次的社會安全網會報，以行動給予支持，各局處的配合度也高，如此運作較為順利。

社會局的內部有所質疑，例如第一期中央沒有提供執行業務的經費，社會局處還得想方設法從原有預算中去籌措。筆者也對政務委員及衛生福利部的長官報告，獲得善意回應，第二期給予多項方案業務費用。

一面瞭解一面因應，畢竟社會安全網也有不少的優點，更何況中央要嚴格督考，胡蘿蔔與棍子都有，讓地方不得不配合。地方政府還是得乖乖執行此大型計畫，社會局長還是得爭取經費與人力，還是要四處找空間與經費讓社工能有地方可以辦公。

KPI是二期的管考機制，影響補助的比率。管考機制的要項及比率包括：服務績效（40%）、資源布建率（20%）、跨網絡合作（10%）、人員受訓涵蓋率（10%），尤其是最重要的：人員進用率（20%）。此計畫的內容甚多，有各項評估指標，最重要的指標有二：

1. 人員進用率：縣市前一年度人員進用倘若未達85%，即調降該年的補助比率。
2. 整體表現：若在六都排前兩名，中央補助比率會增加5%，未達標準則中央補助比率減少10%。

由於策略一到四的成績是一起算的，社會局的表現再好，如果衛生局負責的策略三不理想也很危險。所以政務委員率隊來說明時，請到市長、副市長，衛生局長都來。策略四，與許多局處都有關，請各局處主管多重視。

為了達成目標，筆者特別提醒社工科、家防中心想方設法強化與各校的連結，方法包括：擴大實習生的名額、增加從實習二到實習三的接軌、關注相關的學生臉書等，到各相關科系演講，尤其強化對研究生的說明。也找臉書的負責人安排一系列的節目，介紹社安網與實習、就業的關聯。

與各方溝通最重要，包括：

1.為了充分瞭解中央的規定,安排中央到市府舉辦說明會。
2.為了市府內各相關局處彼此瞭解及支持,安排輔導團會議。
3.為了家防中心的人力聘用及穩定,召開專案會議。

為了新增人力計畫能順利通過,分別對秘書長、主計處長、財政局長、人事處長等說明。

所幸在社會局社工科與家防中心能幹又積極的同仁配合下,以詳盡完整又有說服力的資料,獲得市長及相關首長的支持,順利又嚴謹推動。臺中市在第一次評比時,拿到最佳的成績,總成績與人員進用率,均為六都第一。

第二節　人事及考核

社安網擴增社工及其他專業人力,廣納社工人員、心理師、護理師、職能治療師等多元專業人員,政府聘用人數快速增加。全國在107年時共有1,400人,108年1,993人,109年2,440人,110年2,993人,111年跳增至5,135人,112年6,132人,113年6,884人,114年7,797人。公部門就增加了5,357人。

這方案相當複雜,筆者如何向長官要求這麼多人力呢?市政府對社會局的相關規定,整體的原則是「零成長」,如果的確有需求,需先提報市政府「人力專案小組審查會議」審議。其次是聘(僱)人員不得超過職員員額的百分之五。聘僱期限超過五年者,宜由現職人員訓練轉化,各項人力均須有經費來源及科目。

然後筆者和家防中心主任、社工科長、人事主任研擬聘用人員計畫書,格式包括:職稱;人數;擔任工作內容;須具備的資格條件;聘用期限;月薪標準,以薪點呈現,折合金額;年需經費;經費來源及科目等。

增加人數眾多，難度非常高。一般來說，如果可以選擇，多數人會先考慮坐辦公桌為主，偏偏社會安全網就是希望社工加強訪案與追蹤，以免安全網有破洞。在招募人才時，社會行政的缺總是有很多人爭取。相對地，社會安全網的社工則常常招不滿，來報到後願意久任的不多，流動率很高，又得不斷增聘新人。中央希望至少有百分之八十的職位上有社工，列為考核要項。為了達到此目標，筆者作了很多努力：

1. 對家防中心主任、社工科長，特別多的協助。
2. 對督導、高師、組長更用心支持，希望每一位帶領七、八位社工的先穩住。好的團隊領導者最能幫助社工。每個月社工科的高師、督導會議，筆者盡量親自出席並且報告，如果無法到，必定寫封長信多所鼓勵和提醒。家防中心的會議，筆者也常出席或寫信打氣。
3. 到中部每一個大學的社工系演講，介紹社會安全網，鼓勵年輕學子來報考。
4. 擴大社工科與家防中心的實習生名額，學生來實習後有些人會希望成為公務員，加入公務體系後也比較快上手。

在局內，因為社工的快速增加，需要場地、設備、空間，筆者除了向市府反映，爭取辦公的空間，也請社會行政體系的科室適度讓出一些地方。筆者多次帶隊找空間、找經費，希望能讓同仁有好的辦公場所。

人力的聘任，單以家防中心的來看，社安網一期44人、190家暴人力計畫13人、320兒保人力計畫34人、366人力計畫37人，共計128人。第二期新聘，111年32人、112年34人、113年34人、114年26人，第二期合計126人，增加一倍。

社工科方面，第一期含110年新補的三人共109人，111年增加20人、112年25人、113年17人、114年11人，第二期合計73人，增加幅度也達三分之二以上。

另外，身障科第一期增加17人，第二期增加20人。兒少科第二期增加9人。

至於策略三，二期預計聘用32人、處遇社工15人、社區心衛中心人力22人、關訪員56人、藥癮個管員56人。

按照相關規定，不斷檢討追蹤，透過市長主持的社會安全網會報，強力要求各局處盡力配合執行。

第三節　改變社會福利行政的生態

因為社安網，對社會局的整體運作有了檢視並提出各種調整：

為了因應策略一：規劃以家庭福利服務中心為主軸，由社工科為主，救助科為輔來建構。

為了策略二：提升風險控管為主軸，以家防中心為主，資訊能量也要搭配。

為了策略四：跨網絡的多元服務、公私協力為目標，在與少年輔導工作的連結方面，社工科的責任加重。

家庭暴力及性侵害防治中心人數眾多，兩百多位同仁比市府的一些局處的員工數還多，但沒有秘書室，沒有新聞聯絡人，沒有專人處理與議會的關係，沒有人專責改善資訊管理，中心的主任身邊沒有機要，很不容易有效運作，予以協助。

在第二期結束時的114年，以臺中市社會局來看，在人力方面大致的面貌是：

在整體人力分成三大塊：

1.家防中心：大約是兩百六十人左右的獨立機關。
2.社工科：大約是兩百人的科。
3.各業務科：以員額配置來看，大約是三百人。

換言之，社會局在八百人左右，社會工作背景者超過半數。屆時在組織編制及局一層的主管組合應適度反映此種變化。

在人力組合方面，永業公務員微幅增加，約聘人力明顯增加，約用人員逐步減少。在職組職系方面：社工背景的快速增加，社會行政背景的微幅增加，一般行政的變化有限。

社工背景的居多，帶領及運作都要調整。偏重個案訓練的社工，如何訓練管理能力，執行各項方案，如何強化社會行政的能力又與社會行政背景者搭配。對社工而言，在能力與意願方面，都需考慮。

在科室方面，因為每個家庭福利服務中心都需聘用脫貧人力，因此脫貧工作是重要責任。兒少發展帳戶是重點，存款率逐年提高。家庭福利服務中心與區公所社會課的連結更為重要。另一方面，因應《少年事件處理法》等的修正，針對兒少不適應或偏差行為的議題，與各教育、警政、司法等合作，由社工科主責。兒少科則針對育兒指導服務、發展遲緩兒童社區療育服務等方面，加以強化。

社會福利領域原本三大塊：政府、學術、非營利組織，人員出處有了變化，政府的重要性上升，更有資源與經費，更能吸納人才。

根據臺灣社會工作教育學會（筆者擔任過該學會兩屆的秘書長）109年8月辦理「臺灣社會工作相關系所現況調查」。108學年度畢業的社工系學生，博士為11位，碩士191位，學士2,435位。另一方面，109年各校招生的總數是：博士班18位，碩士班413位，學士班2,650位。也就是，念學士的多數都畢業了，念碩士的，考上的畢業率不高；博士班，也好些沒拿到學位。即使拿到博士，未必會以申請專任教職為目標。

各社工系的專任師資為299位，兼任407位。換言之，能以在社工系任教為主要收入的不到三百位。學校助理教授的待遇未必理想，更何況許多學校所提供的職缺僅是專案教師。獲得碩士文憑者，更難以在大學擔任專職，多數民間機構與組織所能給付的待遇，通常比不上政府。兩期社安網，為時七年，將使更多學經歷佳的社工人優先考慮進入政府。

第八章 如何做社安網？

進一步查詢

社會安全網第二期的徵才，請進入臺中市政府社會局的官網，在首頁的左邊數過來第一個區塊「熱門訊息」第四欄「機關徵才」

衛生福利部網站

社會安全網第二期的架構

第九章
如何瞭解地方？

- 府一層
- 各局處
- 最基層

第一節　府一層

　　從社會安全網的計畫就可以看出中央與地方對社會福利的想法與做法常常不相同，社會局處固然要執行中央的規定，但經常碰面的卻是地方的首長。社會局處長是民選首長所任命的，與首長的關係更密切。

　　社會福利並非國防、外交等中央為主的措施，按照《地方制度法》第十六條規定：「民眾對於社會福利有依法律享受之權。」另外該法第十八條規定：「下列各款為直轄市自治事項：……三、關於社會服務事項如下：(一)直轄市社會福利。(二)直轄市公益慈善事業及社會救助。(三)直轄市人民團體之輔導等。」這些都是社會局處主管的事項。

　　民眾選舉地方公職人員，包括縣市長及議員等，最重要的當然是民選的首長，《地方制度法》第五十五條規定：「直轄市政府置市長一人，對外代表該市，綜理市政，由市民依法選舉之，每屆任期四年，連選得連任一屆。置副市長二人，襄助市長處理市政；人口在二百五十萬以上之直轄市，得增置副市長一人，職務均比照簡任第十四職等，由市長任命，並報請行政院備查。

　　直轄市政府置秘書長一人，由市長依公務人員任用法任免；其一級單位主管或所屬一級機關首長除主計、人事、警察及政風之主管或首長，依專屬人事管理法律任免外，其餘職務均比照簡任第十三職等，由市長任免之。」

　　這一條法令很重要，說明市長的產生方式，副市長的人數、一級主管由市長任免，比照簡任十三職等，包括社會局長。

　　臺中市政府置市長，綜理市政，指揮監督所屬機關及員工，因為市民人數超過兩百五十萬，置副市長三人，並置秘書長一人、副秘書長兩人，襄理市政。還設置了參事、技監、顧問、參議等職，相關人力整理如**表9-1**。

表9-1　臺中市政府的府一層

職稱	官等	職等	員額	備考
市長			一	
副市長			三	比照簡任第十四職等
秘書長	簡任	第十三職等至第十四職等	一	
副秘書長	簡任	第十二職等至第十三職等	二	
參事	簡任	第十二職等	十	
技監	簡任	第十二職等	二	
顧問	簡任	第十二職等	四	
參議	簡任	第十職等	十二	內四人列簡任第十一職等
合計			三十五	

資料來源：臺中市政府全球資訊網。

筆者整理了與府一層溝通的狀況，按照效果區分，如**表9-2**。

表9-2　與上司溝通類型按照功用程度區分

功用層級	實例	說明
沒什麼用	學術語言	講大家聽得懂的話是溝通的要件
沒什麼用	冗長的報告	首長都忙，特別討厭聽長時間的報告
有一點用	參加首長召集的會議	觀察會議中的風向提出建議
很有用	清楚的簡報	讓長官留下深刻印象並採行

社會局固然重要，但只是地方政府龐大體系的一環，市政團隊以市長為主，多數公開場合局長只是跑龍套，但凡事與民眾權益或重大專案時，算是配角。有些業務扮演第二主角。一旦與弱勢民眾、老人幼兒身障貧困直接相關時，必須站在第一主角的位置。

臺中市政府的會議與活動如同拍一部又一部電影，角色不同、分量不同。把握自己的位置，適當扮演，不搶戲但也不推卸責任。分成幾類：

1. 配角：(1)市政會議；(2)首長會議；(3)2020臺灣燈會；(4)與防疫有關的會議；(5)市長邀集的專案討論等。
2. 第二主角（第一主角為市長、副市長或秘書長，社會局為承辦單位）：(1)性別平等；(2)志願服務；(3)公益彩券基金；(4)社會安全網聯席會議；(5)性騷擾防治等。由副市長為主席，社會局主辦的有：(1)社會救助金專戶；(2)與身心障礙有關的。
3. 其他局一起擔任第二主角的有：(1)老人照顧方面（與衛生局）；(2)兒童安全與教育（與教育局）。

至於早期療育有關的，社會局長為主席。

除了會議，局處長須隨時回應、隨時配合市長與市府團隊。舉個例子，2022年1月8日清晨地震，05:12:20搖了一下子，05:19消防局把消息放在首長群組，05:20市長就請首長們確認業管系統是否人員平安、有無災害。筆者05:23在群組中回報「社會局追蹤」。然後在社會局的群組中貼上市長的指示，06:23仁愛之家回報，07:35婦平科回報……換言之，市長早點名，筆者對局內同仁早點名。

晚點名更是常見的，例如1月7日下午四點筆者召開了因應疫情的會議，提醒相關主管注意疫情的變化及其他五都的作法，周日傍晚再視訊一番，有必要時在周一上午八點對市長等提報。

第二節　各局處

各直轄市政府組織不完全相同，名稱也有些差異，但必然有社會局，在《臺中市政府組織自治條例》第6條，呈現了31個局處，社會局只是其中之一，為了推動社會福利，落實社會行政，實施社會工作專業，必須與各局、處、委員會密切合作。

為了說明方便，配合《臺中市議會組織自治條例》中七大委員會分

類（其中法規委員會與各局處都有關聯），對照六大委員會，說明對應的局處等如下，同時說明各項合作事宜。按照與社會局關係密切的程度以★表示，★愈多，表示業務的關係愈緊密：

一、民政委員會

同屬議會的民政小組，一起業務質詢、一起市政考察。還有九個局：

1. 民政局★★★：主管「宗教、寺廟、教會（堂）之登記輔導；宗教、宗祠財團法人申請設立之輔導；祭祀公業；禮俗業務及殯葬管理等事項。戶籍行政、國籍案件初審、戶籍登記、戶籍統計、道路命名、門牌編釘、各類證明文件核發、便民服務、戶政人員教育訓練、戶政資訊化之規劃與執行及戶政事務所業務之監督考核等事項。」
2. 勞工局★★：社政勞政在很多縣市為同一局處，合作業務眾多。對於各類型弱勢者的就業協助，是合作的重點。
3. 秘書處★：規劃市府的各項活動，分攤部分經費、協調及爭取空間，另閒置的官舍廳舍可以爭取改建為社會福利用地。
4. 法制局★★：各項自治法規的制定、修正，民眾或團體與社會福利業務有關的合作及申訴處理。各項違反社會福利法令而做的裁罰有賴法制局的指導。
5. 人事處★★：各項人事案。共同承辦性別平等、志願服務等業務；對於公務員的子女有托育需求者予協助。
6. 政風處：合辦對各社區的宣導活動。
7. 研究發展考核委員會★★：專案計畫。連結手語專業人士到市政會議等提供手語服務。
8. 原住民事務委員會：共同到老人文健站舉辦活動；連結食物銀行

及宗教團體捐贈給原鄉。
9. 客家事務委員會：多次合辦在客家人較多的社區各項活動；共同協助社區關懷據點。

二、財政經濟委員會

1. 財政局★★：爭取大筆專案的經費，尤其是建築物的費用。
2. 經濟發展局★：廢棄不用的傳統市場可以改建為社會福利用地，輔導各商業團體與社會局協助的人民團體合辦活動，工商企業界因為公益捐車、捐錢、提供人力，幫助弱勢民眾。主辦購物節，全市府都參加。
3. 主計處★★：編列各項預算時均須事先聯繫諮詢。
4. 地方稅務局：合辦稅務單位服務弱勢民眾的服務，強化對身心障礙者、新住民等團體的連結，以便聯繫。

三、教育文化委員會

1. 教育局★★★：兒童保護、兒童權益等工作，教育局與社會局都承擔重責，需緊密合作；協調及爭取閒置的教室校舍改為公托。
2. 文化局★★：協助文化志工的表揚，與社會福利有關政策與工作的推廣，透過市立圖書館各地分館合辦各項活動。
3. 觀光旅遊局：各旅遊景點也是活動熱門地區，社會福利及人民團體共同辦理活動。觀光旅遊的館舍也需設置多項與老人、身心障礙者、兒童有關的空間或設施。
4. 新聞局★★：發布各種社會福利業務的新聞稿。與社會福利有關政策與工作的宣傳，爭取經費對重大或創新服務加以宣傳。
5. 運動局★：合辦對身心障礙者、老人的體育活動；敬老愛心卡

業務，社會局編列預算，民眾可以使用國民運動中心門票減免；各體育社團屬於人民團體，社會局也提供服務，包括挹注活動經費。

四、交通地政委員會

1. 交通局★★：敬老愛心卡業務，社會局編列預算，民眾可以搭乘計程車、公車、火車等交通工具。街友常聚集在車站等公共場所。
2. 地政局：相關團體的立案、改組等的協助。
3. 農業局★：主管農會，農會是各地重要的組織，也可能在周年慶等時捐贈車輛給社會局，與農會合辦敬老月的加碼活動。

五、警消環衛委員會

1. 警察局★★：少年輔導、性騷擾等業務的合作，113（家暴、兒虐、性侵害）等業務的合作。
2. 消防局：媒合人民團體捐贈消防車。
3. 環境保護局：協助志願服務的推廣及表揚。
4. 衛生局★★★：社會安全網策略三的承辦單位。共同辦理對老人、身心障礙者、兒少、新住民、原住民等健康服務；敬老愛心卡業務，社會局編列預算，民眾可以使用在診所的掛號費減免；媒合人民團體捐贈捐血車。

六、都發建設水利委員會

1. 建設局★★：委託興建經費超過億元的工程，區公所等改建時爭

取部分空間為社會福利使用。
2. 都市發展局★★：主辦社會住宅業務，社會局運用編列預算參建等方式成為身心障礙團體的小作所、關懷據點。對無障礙環境及友善空間的改善，須納入老人、身心障礙者、兒童等的意見；主管的建築、建設、土木等相關團體對社會福利需求給予協助。
3. 水利局：委託興建經費超過七千萬元的烏日社福館工程。

透過市政考察、一起剪綵、合辦活動、接受捐贈等，加強了與各局處的關係。在每一個議會的會期，在總質詢後思考如何與其他局處改進合作。

市政府很大，分析新聞曝光及首長的行程，有些局容易有活動，也常展現成果。例如民政局、教育局、運動局、觀旅局、新聞局，還有我們社會局。另有法制局、研考會、政風處、人事處、秘書處、財政局、主計處等，比較不被注意。市長參加活動的次數，以某些局處較多，社會局始終名列前茅，視情況邀請其他首長。

第三節　最基層

臺中市有二十九個行政區。區公所的組織置區長一名（人口較多的另有副區長一名），主任秘書一名，設民政課、農業課、社會課、公用課、人文課、秘書室、會計室、人事室及政風室。民政課設有調解委員會及里辦公處。社會福利行政的業務主要在社會課。

社會福利行政的對象基層為主，以某人口數超過二十萬的區公所社會課為例，共有十一位工作人員，除了一位課長綜理全課業務，十位同仁各自的職掌如**表9-3**，幾乎都是社會福利方面的。可以明確說，如果沒有社會課，光靠社會局的同仁，完全無法推動福利行政。

表9-3　某區公所社會課的工作人員及職掌

工作人員	職掌
A	1.兒少、婦女生活扶助列冊及各項津貼補助業務。 2.發展遲緩兒早期教育受理補助業務。 3.兩歲以下育兒津貼業務。 4.第六類健保及紓困貸款業務。 5.主辦災害協作中心。
B	1.身心障礙生活扶助列冊及各項津貼補助業務。 2.身心障礙者日間及住宿式照顧費用補助業務。 3.民間團體物資發放業務（食物銀行）。◆ 4.社政業務巡迴訪評及績優社政人員表揚業務。◆ 5.身心障礙照顧者津貼業務。 6.慈善會業務。
C	1.低收入戶生活扶助列冊及各項津貼補助業務（含產婦及嬰幼兒營養補助、就學交通、租屋、傷病醫療、喪葬、三節慰問金、福保業務、兒少發展帳戶及看護補助）。 2.以工代賑人員業務。 3.急難救助業務。 4.金鑽石婚及好人好事代表等表揚活動。◆
D	1.中低收入戶生活扶助列冊業務（含喪葬補助、市民醫療、兒少發展帳戶及輕度加領身障補貼）。 2.急難紓困業務。 3.民間團體救助金發放業務。 4.防疫補償金業務。 5.模範母親表揚活動。◆
E	1.中低老人生活扶助及各項津貼補助業務（含住院看護、醫療、住宅修繕、器具補助等）。 2.獨居老人（失能老人）服務業務。 3.老人牙齒及健保補助業務、敬老愛心卡免費乘車證及愛心手鍊核發。 4.敬老活動業務管理。◆
F	1.課經費推算。 2.敬老禮金發放業務。◆ 3.遊民查報輔導、無名屍收埋相關業務。
G	1.課綜合業務暨勞工行政各項業務（包括公共服務業務）。# 2.社區發展協會業務及社區活動中心管理。 3.公益彩券運用管理推算。 4.關懷據點相關業務。◆ 5.模範父親表揚活動。◆

(續)表9-3　某區公所社會課的工作人員及職掌

工作人員	職掌
H	1.身心障礙鑑定申請、手冊轉發、看護、租屋等補助業務。 2.身心障礙器具補助申請及核發。 3.E關懷社福、比對系統帳號管理、服務e櫃檯及單一櫃檯業務。 4.國民年金業務。
I	1.長青學苑業務。◆ 2.育兒津貼及就學補助業務。 3.天然災害收容處所整備及管理、物資統籌發放、災後救助、安置業務及管理運用業務。 4.協辦災害協作中心。 5.推動性別平等業務。
J	1.育兒津貼及就學補助業務。 2.敬老愛心卡免費乘車證。

說明：◆通常會邀請社會局長參加，筆者會盡可能出席。
　　　#為勞工局主辦。
資料來源：修正自某個臺中市區公所的網站。

　　在工商業不發達、沒有很多賺錢機會的行政區，社會福利與社會工作更為重要。在此從事福利服務的公務員，要多瞭解當地的網絡，最重要的當然是民意代表：現任的和過去的。如果是鄉鎮，有鄉鎮代表會，還有：

1.戶政事務所。

2.衛生所、派出所、地政事務所。

3.里長或村長、里幹事或村幹事（有時在公所也擔任工作）。

4.學校：通常有國中和國小，校長、學務主任一定要認識，家長會長要互動。

5.農會：理事長、常務監事、總幹事等，是地方領袖。

6.市政顧問。

7.調解委員會委員。

8.社會福利團體的工作人員。

第九章　如何瞭解地方？

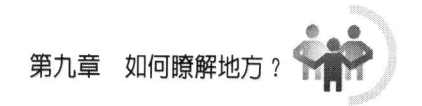

9.宗教界的領導人。

10.一起辦活動的單位。

　　以臺中市的石岡區為例，石岡人口少，不到五千戶，人口約1.4萬。社會局主管的有石岡家庭福利服務中心、石岡親子館、石岡萬安托嬰中心、少女服務中心、多個關懷據點、身心障礙小作所、食物銀行等等。筆者勤跑基層，希望這些社會局的服務點與地方各網絡單位加強合作。

進一步查詢

臺中市政府全球資訊網
臺中市西屯區公所網站

第十章
如何配合議會？

- 與議員互動
- 組織及關鍵人物
- 會議及自治法規

第一節　與議員互動

在公職階段，常想到《人生的操練》這本老書，人生處處是操練，這本書按照一個月三十一天列了三十一個生命的操練，需靠紀律去承擔。擔任政務官的操練特別多也特別嚴格，稍有不慎就淘汰出局。

如果寫《局長的操練》，少不了的甚至排名最前面的應該是「與議員互動的操練」。時間用在議員的最多、承受各種的壓力來自議員的最大、依法行政最常面對的考驗是議員的要求。所有的努力期待議員認可，所期待規劃的預算獲得議員支持，還有不希望議員罵社會局的同仁。

筆者剛到社會局時，正值整局與議員關係的低谷，民意代表出身的市長對此憂心忡忡。馬上要為增加幅度超過百分之四十的社會局龐大預算辯護，希望議員全數同意。筆者深知道考驗非常大，但深信：只要用誠意去溝通，常常互動、聆聽指教，都可以有正面的發展。積極處理議員所關切的問題，陪同議員滿足選民的需求，給足議員面子，將各種社會福利建設的成果歸功於議員的提醒……上任一百天時，所有的議員都拜訪過兩輪，所有的社會福利預算都爭取到了，議員對社會局的批評少了。在幾項媒體對議員的調查中，在各項指標中，筆者都僥倖名列前茅。

六十五位議員，比大學部一班的人數還多。就算是大學的優良導師，也少有人能記得六十五位的姓名及背景，但局長對議員一定要花功夫牢記。筆者剛到市府報到，立即開始鐵人行程，密集拜訪每一位議員。到議員服務處，先送上一封信和自己的著作，希望議員喜歡。筆者也請同仁提供議員的基本資料和上幾個會期有關社會福利方面的質詢問題，強調筆者一樣關心這些問題，請議員進一步說明期待與需求。留下

手機，加Line，歡迎隨時來電。

　　市府為一團隊，市長非常看重民意，除了有一位副市長、一位局長專門負責府會關係，還要求每一位局處長專門服務二至三位議員，代表市府加強聯繫，也將各種訊息提供給其他局處長。負責送各種資料，瞭解議員的關切，陪同議員跑一些行程，蒐集輿情，強化府會的關係。筆者因為酒量在局長之中算是好的，有些酒膽，被分配的議員均為酒量甚佳的。

　　如果約在議員各地的服務處，筆者請家庭福利服務中心的高級社工師及督導陪同，聆聽議員的指教，有些議員和助理會拿出一些需要服務個案的資料，一一希望社會局幫忙。高級社工師也必須與議員的某位負責窗口加Line，以便直接聯繫。

　　到議員服務處時，常常遇到派出所的所長來此泡茶、聊天，有些所長說幾乎每天傍晚就來此問候，並瞭解一些地方的事情。深耕地方，議員服務處是重要的場合，如果高級社工師能參考派出所所長的做法，社會工作在基層，一定會有好的效果。

　　到議員服務處與在場的一一打招呼及感謝，歡迎他們隨時找社會局共同處理民眾的福利需求。經常拜訪議員，只要議員找，筆者總是在最短時間碰面，深入瞭解議員關切交代的事情，並將進度持續回報。社會局主辦的活動，一一邀請議員出席，並請議員先致詞。常常在各種場合碰面，使筆者與議員十分熟悉，議員要求會勘，筆者儘量親自出席。互動多了，即使有些局處長覺得某些議員很難相處，筆者都沒有這樣的感覺。

　　在平日，各人民團體、各社區、公所與慈善團體所辦的活動，頻繁與各議員同框。各議員對社會局的各項指教提醒與建議，各科與家防中心都迅速回應。深信如此用心，以真誠與議員互動，有助於社會局推動各項為民服務的工作。

　　筆者專程拜訪絕非沾醬油式蜻蜓點水，都是深入交談，少則四、

五十分鐘，多場都超過一小時。與社會局有關的議題事先準備三、四個，其他則依議員的興趣，廣泛交換意見。對於議員交代的事項，同行的專委均有紀錄，以便落實。

將自己與議員互動的經驗整理如**表10-1**，區分為：沒什麼用、有一點用、很有用等三類，每一類舉兩個實例。雖然有好些情況看似沒有用或只有一點用，但見面三分情，常相處、多瞭解，更加強關係，共同為民眾多做一些事情。

表10-1 與議員平日互動按照功用程度區分

功用的程度	實例	說明
沒什麼用	出席議員親人的喪事	為了禮貌要到
	議員出面的餐敘	自己吃好一點，認識一些飯局上的人士
有一點用	邀請出席社會局場地的開幕、開工	致詞時感謝議員爭取預算與場地
	出席議員主辦的會勘、視察、研商、志工訓練	讓地方人士知道議員在為他們爭取
很有用	陪議員跑行程出席活動	致詞時說明議員的政績，讓議員有面子，共同加強對地方的服務。
	議員邀約處理民眾陳情	具體解決問題

第二節　組織及關鍵人物

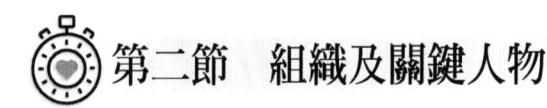

一、議會的組織

政府依法行政，放在社會福利行政領域，包含幾個意義：(1)政府要有法，所以有各種的制度法。(2)政府依法，各種法規、自治事項，必須

經民意機關通過。(3)民意機關也要有法才得以運作。

　　以臺中市為例，市政府有制度法、市議會有制度法。各種行政在此框架中運作，各樣的人際互動，也須尊重法治。臺中市議會有議長、副議長等六十五位委員，議會除了議員還有職員，包括秘書長、副秘書長、專門委員等。其中民政委員會的專門委員就很關鍵，按照重要性整理如**表10-2**。

表10-2　議會成員按照對社會局的重要性區分

	最重要	重要	有空維持關係
議會	議長和議政顧問 民政委員會專門委員	副議長 秘書長 法規委員會專門委員	其他主任和專門委員
民政委員會	召集人和副召集人	非執政黨的議員*	執政黨的議員
法規委員會	召集人和副召集人	非執政黨的議員*	執政黨的議員
其他	政黨黨團的三長	經常質詢社會局的議員	每一位議員

說明：＊表示對市府的批評比較多。

(一)議會的首長

　　筆者經常去議長辦公室或副議長辦公室，如果專程去，有時是為了選民服務，通常為了墊付款。兩人的各自辦公室常常有午餐，筆者有時去用餐，聽議長、副議長講講話、和其他議員聊天，聯絡感情。三年多來，議長、副議長對社會局都非常好，筆者深深感激。

　　筆者面對過兩位秘書長，均為十四職等的簡任官，他們和副秘書長都對社會局的預算方案有些影響力，對某些民眾或團體的陳情也提醒社會局。

　　議長、副議長、秘書長、副秘書長，都是民意體系的領導者，對於民眾的期待更加瞭解，筆者也因此掌握了不同的民意。

(二)議會的專門委員

在職等上沒有這麼高的是專門委員（十職等的簡任官），其中民政委員會的專門委員對社會局非常重要，民政委員會審理社會福利的預算及各種提案，筆者都需與專門委員溝通。掌握重點，就容易推動。民政委員會開會時，專門委員坐在會議主席召集人旁邊，提醒會議主席大大小小的事情，如果某位議員強勢指責某個局處，可能適時協助主席降溫。法規委員會的專門委員也很重要，各種自治事項規程，須與專門委員先溝通，希望在正式會議中能順利通過。

(三)民政委員會

上述是議會裡的，在議員方面，每一個會期的民政委員會召集人等於是筆者最直接的「老闆」，筆者有沒有好日子過，往往看召集人的臉色。因此頻繁去召集人的服務處泡茶，看有沒有可以加強服務之處。若召集人有參加民間團體的行程，筆者主動同框，致詞時感謝召集人的指導與爭取經費。兩位副召集人、其他議員也很重要。筆者主動邀請召集人及民政委員會的委員參觀社會福利的設施，幫忙發新聞稿，使社會局的主管與議員也增加互動。

如果年度預算案、追加減預算，筆者一定拜訪每一位民政委員會的議員，專門去簡報預算的重點及新增的項目，聆聽指教。如此正式審查時，就順利多了。如果社會局提出自治法規，也專程去向法規委員會的每一位議員報告說明，爭取支持。

(四)黨團

議會裡，國民黨有黨團、民進黨有黨團，另有四位議員組成超黨派，這三方面都有總召、副總召、書記長、副書記長、幹事長，筆者保

第十章　如何配合議會？

持聯繫，必要時對方會多給予社會局協助。

六十五位議員，除了議長副議長幾乎不質詢，其餘六十三位，每個會期業務質詢與總質詢大概有四十位會問到社會福利的業務。與議員互動的情況，按照場合，整理如**表10-3**。

表10-3　與議員互動的場合按照重要性區分

互動的場合	最重要	其次重要	不太重要
質詢	民政委員會業務	總質詢	程序委員會
審查預算	民政委員會	總預算	追加預算
市政考察	民政委員會	法規委員會	
正式	議員研究室與服務處	議員有關的人民團體	社會局的活動請議員出席
非正式	議長邀約餐敘	其他議員邀約餐敘	議員家人的白帖、紅帖

第三節　會議及自治法規

第三屆臺中市議會有八個會期，第一個會期筆者還在東海大學服務，然後經歷了七個會期。議會與會議，密不可分。稍微算一下，下列會議都必須準時出席，坐好坐滿：

1. 總質詢：一年二十二天。
2. 民政委員會業務質詢（依規定，各種委員會開會時得就所討論事項，向市政府所屬各局處會及公營事業機構等單位提出質詢，由各有關單位首長就其職掌業務範圍負責答覆）：一年六天。
3. 施政報告與專案報告：一年十二天（上述的都要從早上九點或九點半開到下午甚至傍晚）。
4. 議會的開議、二讀、三讀等會議：一年十二天（通常上午十點

開，有時中午，有時下午兩點多結束）。
5. 議會的臨時會，一年兩至三次，總共九至十二天。
6. 程序委員會列席：一年三至四次（一個多小時）。
以上都是整個議會的，局處長均須出席。
7. 民政委員會的會議：一年三至四天（包括審查預算及議員提案、社會局提案），非常重要，開會時間長短不一，要看議員對社會局是否高抬貴手。
8. 法規委員會（由六個委員會各推選一人暨另由議長遴選五人組成，互選召集人及副召集人）：一年二至四次（半天，社會局須出席的時段，每次一個多小時）。

換言之，有七十多天在議會參加各種會議，又有十天左右的市政考察（民政委員會一年兩次，每次三天。法規委員會一年兩次，每次兩天）。

法規分成：自治條例、自治規則、行政規則，都需議會通過。以民國113年12月6日這個時間點來看，臺中市政府社會類的自治條例有十二個。社會福利行政有關的自治條例，分成幾類：(1)遊民安置輔導、食物銀行、兒童及家庭寄養管理。(2)社工人員人身安全。(3)機構類：仁愛之家、婦女福利機構。(4)中低收入老人照顧津貼。(5)公益彩券盈餘分配等。

另外有如筆者任內通過的《臺中市政府社會福利財團法人誠信經營規範指導原則》屬於實質意義法規命令；自治規則共有五十七個；行政規則一百五十個；公告二十九個。例如：(1)《臺中市政府社會工作師懲戒委員會設置要點》。(2)《臺中市身心障礙者生涯轉銜服務小組設置要點》。(3)《臺中市性別平等委員會設置要點》。(4)《臺中市家庭暴力被害人補助辦法》。(5)《臺中市性騷擾被害人補助要點》。

在110年第三屆第三次定期會的法規委員會送了四項，包括：《仁愛之家院民安置自治條例》、《社會局編制表》、《市民醫療補助辦

法》、《仁愛之家自費安置院民收費標準》。

出席狀況有時是副局長有時是筆者,自治規則之訂定、修正及廢止,應由本府一級機關提案,經法規會討論審議,提經本府市政會議通過後發布之。到議會的法規委員會,主要是報告案,通常由副首長出席即可。自治條例之制定、修正及廢止,則由本府一級機關提案,經法規會討論審議,提經本府市政會議通過後,並送請市議會議決,須由首長出席。

在議會中,筆者是代表社會局的首長。專心聽議員的質詢及局處長的答詢(有時同仁還拿著急迫的公文要筆者決定,有時用手機處理一些局務)。筆者像個在課堂裡的學子,隨時擔心老師要問問題。各局處級首長的表現可以參考。例如某個局的獎狀印錯、某個局的運動服上面印了大陸的廠牌,筆者都立即請相關主管研商,避免我們犯錯,成為箭靶被攻擊。

只要議會開議,深深感覺自己像個功課永遠做不完,上課渴望下課的孩子。上大學後,從沒有一個禮拜上三十五節課的。然而每位議員質詢五十分鐘,恰巧等於一節課,有時因為聯合質詢,時間更長。在議會一周坐三十五節是常有的。每天從上午九點半到十二點,彷彿連上三節課。中午休息一個小時,繼續上議員指教課,若到下午四點二十分,也就是四節課。另外有總質詢,也是每天坐七節課。

政治如拼圖,在不同場合拿到不同的材料,有時要拼湊,才瞭解線索,才約略知道其中的涵義。對議員,平日就要建立、維繫乃至強化關係。但也要把握專業與職權,保持一定的尊嚴。社會局是重要的社會力,社會力應尊重政治力,但與政治力不同。政治,尤其是選舉,往往陷入「贏家全拿」(winner takes all)的思考,為了贏,努力為己方造勢又削弱對方的力量。筆者面對地方的各種力量,每一件都耐心協調,都反覆溝通,當然都沒法順利。然而,知彼解己是原則。

選舉只是一時,行政卻得持續,天天都進行。政治力固然重要,社

會力更可貴。降低以對方的黨派來判斷，廣結善緣基本的原則是「雙贏策略」（win-win strategy），設法互利。

進一步查詢

臺中市議會網站

第十一章
如何建立團隊？

- 控制幅度及CORPS
- 主管的安排
- 會議減少、績效增加

第一節　控制幅度及CORPS

公務員最忌諱獨來獨往、單打獨鬥。臺中市政府的副市長、秘書長、局處長等在市長帶領下，形成目標導向的團隊。到社會局服務，處處降低I am（我是），最常用的主詞是We（我們），我們一起（We are），我們關心民眾（We care），我們分享（We share）。

市長剛接任就透過主辦2020臺灣燈會將各局處凝聚在一起，成效很好。筆者原本計畫透過一起籌辦2020社福考核來凝聚，因為疫情嚴峻該考核延後。筆者就設計各種跨科室的方案，使長青與兒少、婦女與人團、社工與救助等合作，產生相互協助的效果。

團隊的人數不多，用控制幅度來安排，在管理學的研究中，大致歸納一位專任的主管應該管理的部屬是八位，兼任的則是四位。社會局一層有四位核心，全局有八個科、四個室、兩個所屬機關。

不一定都是正好八，加減一些都常見。如8＋1＝9，8－1＝7。對上，市府一層有很多人，記住最核心的七位。七個人又按照對自己的重要性，適當應對。

局內，筆者按照橄欖球隊的隊形分成防守與進攻兩組，各八或九人。防守端主要處理各種與民眾沒有直接關係的，包括法令的執行、內部的運作、空間的處理、工程的推動、人事的規劃、經費的控制、風紀的維持等。既然是防守角色，以穩住穩定為最高原則。局一層的兩位副局長、一位主任秘書、一位專門委員，為簡任官，各自負起相關的職責，另外有秘書、人事、會計、政風等四個室，各自對應府一層的秘書處、人事處、主計處、政風處，均以防守為主。

在進攻端，仰賴九大業務，由家庭暴力及性侵害防治中心主任（簡任官）及科長管理。人民團體科、社會救助科、身心障礙福利科、長青

福利科、婦女福利及性別平等科、兒少福利科（後來又成立兒童托育科）、社會工作科、綜合企劃科等科長，還有所屬機關仁愛之家主任。

上述業務的主管除了直接與筆者溝通，若屬例行的事務，則請兩位副局長各自管四個。對八個科內部的人事安排，儘量有四位核心人物，其中至少有兩位比較有經驗。以社工科來說，科長、督導、兩位股長，共四位。每位股長照顧七個家庭福利服務中心，還可以。每個中心比較小，由一位高級社工師領頭，搭配一至二位約聘督導，一起帶領十幾位社工。

簡任官都是久任的文官，與府一層、與議員、與媒體，尤其是與社會局同仁，都熟悉。筆者算是空降，這些同仁則像是熟悉地面狀況的陸軍。筆者充分尊重每一位的專業與行政經驗，協助他們按照自己熟悉的方式工作並帶領他們的同仁「看好家」，筆者則頻頻出外經營關係。局長的位置偏重空軍，在網路上、在活動中、在對外方面。

司徒達賢《非營利組織的經營管理》（天下文化，1999）的概念性架構「CORPS」提供了一套簡易的管理邏輯思考，幫助管理者清楚掌握環境變動時的關鍵要素及彼此間的關係。

「CORPS」指任何組織須結合人力資源（participant）、財力資源與物力資源（resource），經由有組織的活動（operation），創造有價值的服務（service），以服務社會中的某些人（client）。管理者的主要位置在「O」，是決策、運作的核心，擔負了組織營運的重責大任。對社會福利行政主管來說，不但要扮演管理者的角色、需思考組織運作的方法和方式，同時更要扮演領導者的角色，規劃制訂各科室和所屬機關的目標；最重要的工作莫過於維持業務的順暢與效率，利用相關資源提供有意義的福利服務。

「S」所呈現的是提供了什麼樣的服務，有明確的服務對象、服務內容及清楚的定位，才可以指導同仁的行動。社會局要怎麼樣才可維持高品質的服務？必須依靠優良的行政管理系統。重點包括：宗旨、理念

發展與宣導、各種人員角色職責之擬定、合理的薪資獎勵制度、前瞻性的員工繼續教育制度、落實完善的考核制度、建立各項工作標準、精確的財務管理制度、執行品質管理、定期統計及分析各項資料等。

與「S」息息相關的課題是對「C」的責信問題。管理者要關心所提供的服務重點能掌握社會需求的變化，幫助民眾。

「P」指如何獲得社工、相關專任人員、志工的參與，如何安排人員之間的溝通、協調和分工。此外，人員的招募、訓練與運用也是重要的課題。

「R」表示尋求財力、物力資源。管理者開發和維持現存的有形資源，並創造無形的資源，例如使命和形象。利用無形的資源創造行政服務價值，也是管理者不可忽略的。

簡單看。C：clients指服務對象。O：operations原意是運作，在此指創造價值之行政。R：resources原意是資源，包含財力（經費）與物力資源。P：participants原意是參與者，在此指各類工作人員。S：services原意是服務，在此指所創造或提供之服務內容。

以社會局全局來看，各單位的位置大致如下：

C是各家庭福利服務中心、家防中心、仁愛之家、業務科、人民團體科等服務的人口群。

O是局本部、綜企科。

R是會計室、秘書室。

P是人事室、政風室。

S是各項業務、各種方案，各業務科獨自或委託民間組織來推動。

第二節　主管的安排

筆者到任時，局一層均為男性。無須直接管理眾多部屬，但這幾位主管，負責督導八、九職等的小主管，重點在審閱公文、監督例行業務。

簡任官之外，九職等的位子在社會局很珍貴，有不同的職稱，最重要也最辛苦的是「科長」和「主任」。因為技正、副主任、督導、專員等也是九職等，並非主管，重心是與科長或主任搭配。筆者期待科長或主任改變心態，重心在求有功，創造出明顯的績效。

對科長待人與處事，筆者持續寫信提醒，也用身教示範。在待人方面，科長的任務環境主要面對幾種人：

1. 局內：(1)局一層；(2)局長的幕僚團隊；(3)身邊的督導專員技正；(4)股長；(5)科內的同仁。
2. 局外：所屬科有關的團體、機構、非營利組織；有時回應議員；偶爾與記者互動。

科長必須與每一種面對的人好好相處。要做好這些，一定靠團隊，因此帶領好團隊，最關鍵。

在處事方面，除了執行既定業務，還要創造成果。既定業務須有效運用與該科有關的預算、人力，與該科有關任務的執行，與各科有關的工程進度、所主辦的活動等。顯眼的績效，主要是為民眾增加福利，為市政加分，為社會局贏得光榮。

對九職等的同仁，局長無權決定，但有調動的建議權。這些主管和局長一起執行各項業務，最重要的是要一起創造績效和亮點。例如直播的合作夥伴，局本部與四個直屬室的主管，都未受邀，但業務科的主

管,需要上節目,為自己負責的某項業務充分又有趣的說明。對外的評比、拿好成績,他們有責任爭取榮譽。如果議員交代事情,業務科的主管陪同筆者去說明。到議會爭取及說明預算、到議長室報告墊付案,這些主管與筆者一起去。議會的業務質詢,這些主管必須關注,事前共同研商可能會被問到的題目及準備答案,也要收看轉播提供資訊,以便筆者向議員報告。

第三節　會議減少、績效增加

筆者崇尚自由,在自由的國立大學——臺灣大學得到學士、碩士,又到自由的私立大學——東海大學得到博士。自由成為在職場工作中很高的信念,也希望落實在工作之中。在大學教書已經是諸多職業中自由度最高的,筆者教書一學期只點一次名,為的只是確認學生的人數。帶領的幸福家庭協會同仁從未打卡。深信:自律比他律更可貴。

他律有太多控制,有太多形式主義。各種會議往往淪為形式,會而不議(沒有真正的討論)、議而不決(沒有重要的決定)、決而不行(沒有按照會議的決定去執行)、行而不果(執行也欠缺追蹤結果的機制),只是按照中央的規定、按照過去的習慣,更不堪的:按照主管喜歡找一群人來說說話而非討論的作風。

「開會」應該是凝聚內部共識,將社會工作專業落實到實際助人活動必要的過程。至於非例行性的,以預算、工程、各活動專案、各人事案、各活動的開幕式為多。例如為了預算即將在民政委員會審議,與每一個室及機關開會,瞭解各項預算的事宜,此種具有專案性質。秘書室的多個會議與工程規劃有關。社會局內部有大大小小協調會議,為了每一週都得播出的臉書直播影片,需先事前商討。為了臉書的各項內容,陸續研商。

第十一章 如何建立團隊？

　　內部會議分成三大類，第一種是專案研商：如果是筆者提出構想的，筆者會比較仔細地說。若要完成中央或長官交代的，請業務科長報告，有時請一位副局長出席，幫忙追蹤該專案的進度。

　　第二種是局務會議。由九職等以上的主管參加，機要、新聞負責人，負責人列席。召開前，筆者先與綜企科長商討議案，蒐集相關資料，接著寫封長信把主席致詞的內容寫清楚，不再致詞直接進到議案。結束前請每一位簡任官發言，做相關的指示，每次約一百分鐘。

　　擴大局務會議，勞師動眾，成員還包括：(1)其他九職等的技正、專員、督導、家防中心副主任，十位。(2)十七位股長、十四位高級社工師。(3)兩個附屬機構的中階主管：家庭暴力及性侵害防治中心的五位組長、仁愛之家的三位組長。

　　以前的局長每周二召開局務會議，每個月開擴大局務會議，筆者希望大家多工作少開會，減少交通往返時間。筆者任職四十個月，如果每周開局務會議，要一百六十次，結果按照必要性召開了十幾次。擴大局務會議原本每個月一次，四十次，結果只開了三次。省下的十分之九時間，可以做多少事情啊！

　　會議有了決議，如果需要繼續追蹤，按照性質：副局長→副市長辦公室的參事，白紙黑字確定後，然後局長向副市長報告。有時是主任秘書→副秘書長及秘書長室的參事，然後局長→秘書長。有時機要→首長的機要，有時新聞負責人→市長的新聞窗口。

　　例行的業務必須做，但不容易有亮點，也難以創造能得獎的績效。筆者總是以三個問題來思考，又個以三個答案來努力：

1.各業務能靠文官，井然有序落實嗎？
　答案：(1)與文官密集溝通；(2)公文不耽擱；(3)寫信。
2.能否有一些亮點，幫社會局乃至市府團隊加分？
　答案：(1)工程的動土、上樑、完工；(2)網站、臉書、新聞稿；(3)便民又有溫度的服務。

3.可以爭取到更多的經費去為民謀福嗎？
　　答案：(1)說服議員及市府長官支持；(2)募款；(3)爭取中央補助。

　　為了增加可以**讓民眾有感**、**讓媒體報導**、**讓議員與長官肯定**的機會，上任不久，與簡任官商量成立了幾個專案。最重要的是對議員建立社會局的府會團隊：局長、副局長、專門委員、副召集人（兩位科長兼任）、綜合企劃科負責議會業務的科員。平日連繫議員、服務處主任、助理，在質詢及審查預算階段，頻繁互動。此團隊有如排球隊，議員方面過來的訊息有如排球，三球之內處理掉，避免掉到地上扣分。在會期結束的階段也常走動、餐敘、請益。

　　此外，推動以下專案：

1.場地專案：公托親子館倍增新設、身障拓點場地。
2.活動專案：大型宣傳、各項頒獎活動。
3.社安網專案：針對第一期收尾、第二期執行。
4.平台專案：公益慈善平台、志願服務平台、各種資訊平台。
5.條例專案：自治條例的研擬及推動。
6.空間設備專案：TQM工程小組、廳舍空間改善。

　　每一個專案請一位簡任官負責，每周有進度，每兩周筆者參加討論，檢視進度。

　　加強對外聯繫，多參加活動，說明市府的政績。在對外活動的參與方面，分工如下：

　　若有專門時間發表演講、分享社會局理念、婦女團體、議員擔任理事長的團體：局長出席。身障科、長青科的團體、機構等聯席會議：請副局長全程主持，筆者抽空去參加座談。兒少科的團體，社工科的網絡會議：請另一位副局長主持，筆者抽空聆聽。慈善會、與議員有關聯的團體，專委一定要到，筆者盡量到場。

　　場地佈點、社安網、平台、空間設備等專案，都有很好的成果。後

來陸續增加了疫情專案、復康巴士募集專案等,成效都不錯。

綜合而言,對同仁,希望更多人具備「一專多技」,對主要的任務有所專長,又能配合責任的需求培養多種技能,如主持節目、接受訪問、企劃執行、網絡連結等。總之,運用「持經達權」的架構,帶領社會局的團隊,概念與運作如**表11-1**。

表11-1　按照持經或達權安排社會局團隊

持經	達權	說明
變化小	彈性大	持經多屬法令,為既定的任務,達權則配合環境的變化。
正式會議	專案研商	按照規定召開的為例行會議,專案配合長官及中央及特殊任務迅速研商。
例行	專案	日復一日持續執行的為例行,有時間期限在短時間完成的多屬專案,專案的變化度大。
以文件為主	以案主為主	文字多半有格式與規則,面對案主則須考慮對方的狀況隨時應變。
社會行政	社會工作	行政工作按照準則,社會工作是可能的藝術,變化度高。
人事室、會計室、秘書室	業務科	有嚴謹法令及傳統的人事、會計、秘書等工作,執行流程為主。面對老弱障貧,須有較大的靈活度。
副局長、主任秘書	局長	文官持經,政務官達權。

進一步查詢

1. 請進入臺中市政府社會局的官網,在首頁的左邊數過來第二個區塊「服務團隊」
2. 使用快速鍵查詢臺中市政府社會局官網:

   網站的快速鍵(Accesskey)設定如下:(1)Alt+U:上方網站標題區塊,包括回首頁、網站導覽、網站搜尋等。(2)Alt+C:中央內容區

塊，為本頁主要內容區。(3)Alt+Z：下方頁尾區塊。(4)Alt+S：網站搜尋。

當本網站項目頁籤無法以滑鼠點選時，可利用以下鍵盤操作方式瀏覽資料：(1)Tab：停留於該標籤後，可利用Tab鍵跳至內容瀏覽該筆資料，遇到radio按鈕時請配合使←→or↑↓鍵移動項目順序。(2)Tab + Shift：按Tab + Shift可往回跳至上一筆資料。(3)如果您的瀏覽器是Firefox，快速鍵的使用方法是Shift+Alt+（快速鍵字母），例如Shift+Alt+C會跳至網頁中央區塊，以此類推。

第十二章
如何開委員會？

- 組成DEI
- 會議差異大、先確認角色
- 把握「3→1→3」原則

第一節　組成DEI

　　面對種種社會問題，有些背景的人特別重要。一為「有識之士」，二為「有勢之士」。「有識之士」主要包括直接受該問題影響的人，例如受害者及其家屬、服務受害者的人士、學者專家、媒體工作者等，重點在說明問題（what）及探究原因（why）。「有勢之士」包括行政體系的處理、民意機關的提醒、司法部門的起訴判決，重點在實際解決問題（how）。

　　「有識之士」與「有勢之士」彼此的互動十分關鍵，政府的各委員會提供各種平台，使大家集思廣益，瞭解、分析及處理相關的問題。臺中市政府很龐大，各局處之間透過市政會議與首長會議等研討，形成共識。對各種議題，委員會有所研商，廣納民意。市政府各局處的相關委員會，大約有兩百二十個。其中由社會局為主要承辦單位的，有二十二個。

　　近年來在DEI的浪潮中，強調多元、平等和包容。多元（diversity）指支持成員組成具有多樣性；平等（equity）指成員有公平公正的機會；包容（也稱共融，inclusion）指成員被傾聽、被尊重。不同的會議代表都應享有平等權利和待遇、受到歡迎和包容，不會因處於某個特定群體而陷入劣勢，每個人都根據自身需求獲得與其他委員相同的機會。

　　例如為了落實兒童權利公約推行的四大原則：表意權、生存及發展權、最佳利益、禁止歧視等。筆者剛接任，就請兒少科多安排與兒少代表互動，安排「局長聽你說」等系列活動，這些經過票選的年輕人，個個口才一流，會提案、會做直播、會拍影片。社會局請他/她們主持大小活動，都稱職。還記得有次兒少委員會，許多年輕人包括學生都是委員。有位小學生經過競爭被選為兒少代表參加了會議，他發言後，主持會議的市長說：「我今天原本很累，但聽了這位代表的意見，變得有精

神了,臺灣的民主大有希望。」另一次會議,主持的副市長說:「也許再過幾十年,換今日的兒少代表作市長、副市長,主持會議。」

以社會局負責的性別平等委員會為例,這是臺中市的委員會中最大的一個。規定單一性別比例應不低於委員人數百分之四十。委員多達四十三至四十七人,內部委員為大多數的局處首長或代表,外聘委員包括婦女及相關團體代表、專家、學者十七至二十一人,其中一人須為大專院校年輕女性代表。

另外以救助金專戶委員會為例,該委員會十七人,由副市長兼主任委員,副主任委員由社會局局長兼任;委員組成:主計處、經發局、民政局、財政局等首長或代表四人,學者專家兩人,工商企業代表三人,非營利組織負責人三人,宗教團體代表三人:分別為佛教、天主教、一貫道。

政務官需抱持正面的態度看待會議,欣賞會議中的多元意見,甚至享受會議的過程。因為在民主社會,聆聽各方面的想法,很有意思。

政府的決策,尤其是與眾多民眾有關的,一定要周延討論。公務員如果坐在辦公室的電腦前設計出一個政策,然後與同溫層的公務員討論後就宣布,必然產生許多問題。

"Any gap is great"（差異創造偉大）,如果公共政策希望達成偉大的結果,必然是對許多人有意義的,更要聆聽不同背景者的想法。社會福利的服務都與眾人有關,廣納眾人的想法,透過會議此平台,至為重要。會議的成員具有代表性,所產生的決議具有較高的合法性,推動時容易增加助力、減少阻力。

在新管理主義的浪潮中,納入使用者的聲音是很根本的。政治為眾人之事,經由會議,政府官員與不同的使用者討論,研擬出使服務輸送更有效、更有意義的方案。

然而,管理者的時間用到那裡去了?上班時間最主要的用在議會及會議,還有相關的交通及準備時間。有位學校的同事獲選為院長,就任滿一個月,我問他心得,他說:「得有鐵屁股,會議很多。」筆者也在

學校擔任過一級主管，最顛峰時一周開二十個會，從早餐會報的麵包吃到校務會議散會時的麵包，通常晚上七點多了。

到市政府後，才知道大學的會議只是小兒科，「我不在咖啡店，就在往咖啡店的路上」，這是何等愜意。對局長來說，通常的狀況是「我不在開會，就是在往開會的路上」。

當然花時間，但可以創造更多成果，實現民主價值。

第二節　會議差異大、先確認角色

會議類型有時很類似，甚至容易搞混，例如與社會安全網、家庭暴力及性侵害防治有關的會議。

以2021年10-12月來說明，扣除在議會的31天（10月13天／11月2天／12月16天），正式會議包括：

1. 首長會議：10/12、11/2、11/9、11/16、11/23，共五次。
2. 市政會議：10/5、10/12、10/19、10/26、11/9、11/16、11/23、11/30、12/21、12/28，共十次（11/2因為配合議會市政考察，請副局長出席）。

上述的會議，除了研考會安排社會局報告，筆者通常是配角。若要到議會報告，則需先整理好內容呈報府一層再送交議會。例如筆者應議員決議要報告的有：(1)光復新村未來發展願景及具體工作項目。(2)提升社會福利及安全、防範兒虐精進措施、改善社會工作員（師）勞動處境及待遇暨重大社會事件後續因應策略專案報告。(3)強化社會安全網第二期計畫專案報告。

表12-1　出席會議按照重要性與複雜度區分

日期	會議名稱	主席	重要性	複雜度
10/7	重大家暴案件檢討會議（家防）	副市長	低	低
10/14	早期療育推動會議（兒少）	局長	中	中
10/20	重大工程列管會議（綜企及秘書室）	局長	中	低
10/25	重大兒虐事件檢討會（家防）	副市長	低	低
10/26	公益慈善聯盟聯繫會報（救助）	局長	中	低
10/27	社工科高師督導會議（社工）	社工科長	低	低
11/4	局務會議（綜企）	局長	中	低
11/9	重大家暴及性侵害案件檢討會（家防）	副市長	低	低
11/12	強化社會安全網推動會報（社工）	市長	低	低
11/15	市政顧問座談會（綜企及兒少）	局長	低	低
11/16	兒少委員會（兒少）	市長	中	高
11/19	性平會會前會（婦平）	局長	低	低
11/22	社會救助金專戶會議（救助）	副市長	高	中
11/26	往生互助業務實地查核會議（人團）	局長	低	低
11/29	性騷擾防治委員會（家防）	市長	高	高
11/30	托嬰中心聯繫會議（兒少）	局長	中	中
12/6	托嬰中心研討會（兒少）	局長	低	低
12/7	NPO規劃設計分工討論（秘書室）	局長	中	低
12/8	托育服務管理委員會（兒少）	市長	高	高
12/10	身心障礙者權益促進委員會（身障）	局長	中	高
12/16	NPO規劃設計討論會（秘書室）	局長	中	低
12/17	身心障礙者生涯轉銜會議（身障）	副市長	低	低
12/21	婦女團體聯繫會議（婦平）	局長	低	低
12/24	社會課長座談會（綜企）	局長	低	低
12/27	NPO工程規劃說明會（秘書室）	局長	低	低
12/28	性別平等會委員會（婦平）	市長	高	中
12/29	家庭暴力及性侵害防治委員會（家防）	副市長	中	中
12/30	兒童安全與教育委員會（兒少）	市長	中	中

說明：（　）內為負責的中心或科室。

各委員會中通常半年召開一次，也有規定四個月就要開一次的（如社會安全網），性騷擾防治召開最頻繁，因為案件很多，還得依法持續

處理各種裁罰。

重大社會事件的檢討會也很多，都由副市長主持，社會局承辦。筆者分析了2022年某三個月本局所主辦的各項會議情況，以及各項會議的承辦單位狀況如**表12-1**，將每一個會議的重要性、複雜度，各自以高、中、低呈現。優先處理重要性高的，力求重要性高的會議能有更好的效果，又使複雜度高的能降低複雜性，期待容易達成共識。

稍加整理，十月有六個，十一月有十一個，十二月有十一個。合計二十八個。按照承辦科室大致狀況為：家防中心五個、兒少科五點五個、綜企科二點五個、救助科兩個、社工科兩個、身障科兩個、秘書室四個、人團科一個。

另外其他局處及中央的會議，有四個。此外，筆者以社會局長的身分需要出席的委員會，有十幾個，由衛生局、都市發展局、教育局、文化局等承辦。

第三節　把握「3→1→3」原則

筆者研究團體動力幾十年，擔任各級政府、各種部會裡多種委員會的委員，對於會議有多些心得。按照「80／20」原理，百分之八十的績效來自百分之二十，同樣地，少數會議的重要性超越其他的會議。在各項社會局所承辦的會議，市長主持的、副市長主持的，要充分準備。局外的會議，有關人事及預算的，影響最深遠，要格外重視。

社會局主辦的會議，大致分為四大類：

1. 當市長擔任主席：事前準備長官的致詞稿、提供出席的委員背景資料、議案的可能決議建議。會議召開前十分鐘到門口迎接。若與社會局有關的業務報告，局長說明。市長若另有要公須提前離開，接著主持會議。

2. 當副市長擔任主席：事前準備致詞稿、提供出席的委員背景資料、議案的可能決議建議。會議召開前十分鐘到門口迎接。若與社會局有關的業務報告，由業務科主管報告，局長稍加補充。副市長若另有要公須提前離開，接著主持會議。
3. 當秘書長或參事擔任主席，如性別平等、志願服務等跨局的聯席會議：事前準備致詞稿，會議中筆者通常不發言。
4. 當筆者擔任主席：無須致詞稿，但要與承辦科的科長及同仁先研商議程，瞭解外聘委員出席的狀況，可能的決議方向。此時外來委員通常最積極，相關局處的委員則比較保守；對局內的同仁不宜增加過多負擔但也有所要求。主席要兼顧各方，設法有些進展。

研究每一項會議的重點包括：(1)會議成員的組成：該委員會的法定委員、相關局處的代表、社會局與議題有關的同仁。(2)法源。(3)是否為中央社福考核項目。(4)承辦的科室。(5)出席的科室。(6)召集人（主席）。(7)執行秘書有無。(8)局長的頭銜。(9)副局長是否擔任委員等。

會議畢竟是高成本的，上述會議動輒三、四十人參加，對於外聘委員要給予兩千至兩千五百元的出席費、對參加者提供餐盒或飲料、印製的會議資料、會場的水電設備，都是開銷，更何況與會公務員的時間成本（以每人每小時最少兩百元，為了開會付出至少兩個半小時，就是五百元，三十位參加以一萬五千元起跳），極為可觀。

筆者再三提醒同仁：有些會議可以刪除，經過整理，合併了包括性剝削諮詢委員會等跨局處的委員會。仍由社會局召開或策劃的市府各項會議，設法強化功能。這些會議的召集成本高，效果有待提升，期望進一步呈現專業的理念，也藉此落實改革。

有些會議進行時爭論不休，例如托育管理委員會負責多種費用的審議。通常業者代表希望能漲價，家長代表則反對漲價。早期療育委員會之中，家長抱怨醫院不重視早療的孩子，醫院的代表則各有苦衷。與機

構管理有關的會議，機構代表希望鬆綁，行政部門卻得按照中央衛生福利部的指示嚴格執行。

　　應聘的委員多為該領域具有名聲的學者專家、機構主管、理事長或執行長，或是經由選舉產生的（如兒少代表、青年代表、團體代表），大家群聚一堂，共同商議，使行政官員更能瞭解實際的狀況，避免所提出的議案陳義過高、未能接地氣、無法有效推動。

　　承辦單位除了會議資料的準備外，先和筆者做內部的沙盤推演，預先研擬可能的決議要旨，向會議的主席報告。有些決議可能須事先溝通，探詢委員的態度與意向，設法使會議進行時能順利一些。

　　會議之中，社會局為承辦單位者，要使議案既能集思廣益，又期待形成共識。應及早提供會議資料方便委員閱讀，減少主席致詞及報告的時間，多些開放委員發言。主席設法在幾位發言後稍微聚焦，朝向可以執行的方案進一步討論。開會結束時，筆者通常在議場門口送外聘委員離去，表示感謝。之後，得持續追蹤，將會議的決定經過行政流程加以落實。

　　總之，把握「3→1→3」原則，要開一小時的會，先準備三小時。開完會後，再用三小時落實會議結果。

進一步查詢

上臺中市政府社會局的官網，在首頁的右邊數過來第二欄有「政府公開資訊」，下方有好多項，第六大塊是「委員會會議記錄」，列出十幾個委員會的會議情況。

第三篇

社會福利行政的根基

引言

　　英國電影《倫敦生之慾》描述一位循規蹈矩幾十年的公務員，常年在官僚體系的形式主義中不斷把各式各樣的公文存查或推給其他單位，對部屬愛理不理，對新人冷漠無情⋯⋯。然而三位婦女來陳情，又得知自己罹患絕症，決心不再推事情，積極地將破舊的廢墟改造為兒童遊樂園。他的轉變也感動了身邊的人，有更多公務員願意走出辦公室，到民眾陳情的現場，具體解決民怨。

　　破舊的政府廢墟，社會局要了不少。在后里，老舊荒廢多年的市場改造為大型公托、廢棄的國中教室改造為親子館及長青學苑。在大里，廢棄的市場成為照顧老人的食樂基地；西屯、北屯、梧棲等地的廢棄菜市場改造成公托親子館。新建的社會住宅當然要爭取空間來做福利。每一個社會住宅，都有社會局花大錢的新空間。在各行政區，上百項工程陸續開工完工。孩子的笑聲、身障者的社會參與、老人的活躍⋯⋯讓一切辛苦都變得有意義。

　　福利行政靠人去做，公務體系每一個職缺都要遵循規定，新增每個職位都要經過多重的人事審查。每一年可以增聘幾位永業公務員、幾十位約聘社工、幾十位約僱約用人員。

　　服務民眾、發放補助津貼，得有龐大預算。綜合企劃科統籌各單位的需求，會計室基於種種準則，針對施政計畫及福利方案做了精算。定案後，局長向市府多方爭取，市府定案後送到議會期望支持。除了市庫年度預算，還透過向中央爭取、追加預算、公彩基金、救助金專戶等，設法增加財源，並依照嚴謹的法定流程執行。

　　同仁要上班，空間在哪裡？資訊設備如何到位？為孩子準備的大小親子館、公托，為身障者準備的小作所、日照，為老人準備的活動據點，婦女新住民也要有適合需求的場地，都要找地、找錢、找人興建，

老舊的建築則得耐震補強及修繕。

　　靜態的建築物之外，動態的車子不可少，托育資源車、大中小型的復康巴士、老人文康車等，主要靠各界捐贈。社會局設法廣結善緣，鼓勵捐贈，同時編列預算來聘請司機與營運維修。各項直接服務、專業處遇得靠民間團體的夥伴，每年幾百項各項工程、勞務、財物採購方案須經過採購流程執行，努力加強與專業團體、各大學合作，使福利服務輸送更順利。

第十三章
如何人力管理？

- 魔術方塊般的組合
- 增聘人力的設計
- 考慮搭配

第一節　魔術方塊般的組合

　　社會局能夠好好服務民眾，靠同仁努力。社會福利行政為人力密集的場域，得有大量的人力才可能執行複雜又龐大的業務。筆者寫《多元化人力資源管理》，探究人力運用的選、任、用、留、動。就以書中的概念一一落實，關鍵在好的規劃，符合需求的人力安排。

　　政府體系一個蘿蔔一個坑，先要把坑設計好，這些坑就是職缺。過去社工常以「火坑」來形容社會行政體系。主管要先減少火坑現象，穩住進入坑的同仁。政府的坑通常是固定的，挪動很難，所以筆者用魔術方塊的方法來安排，希望適才適所。

　　你玩過魔術方塊嗎？局長常常在玩這樣的人事遊戲，樂趣不大、考驗很大。魔術方塊有六個面中，每面分成九小格，共有五十四個小格，社會局的主管人數有幾格呢？

　　十一職等（兩人）：兩位副局長。

　　十職等（三人）：主秘、專委、家防中心主任。

　　九職等（四人）：人事主任、政風主任、會計室主任及會計室專員。這四位屬一條鞭，由市府人事處、政風處、主計處調動，有大致任期，四年或六年。

　　九職等（十八位）：秘書室主任、仁愛之家主任、家防中心副主任、八位科長、兩位專員、五位社工督導。

　　八職等兼主管（三十一位）：十七位股長、十四位社工科的高級社工師。

　　八職等兼七職等主管（四位）：家防中心的四位組長。

　　七職等兼主管（四位）：家防中心一位、仁愛之家三位。

超過五十四位，筆者以績效與任務為主要考慮。若績效不太好，設法使其擔任非主管職，但絕非易事。人事的編制很複雜，公務員為永業制，這些文官都得保障，除了四位一條鞭的主管，進了社會局多數待在這裡，出不去，除非退休或調任。所以就像魔術方塊上的一塊，沒法把誰挪出整個方塊，只能在其中挪來挪去。挪動要尊重制度，依法執行人事權。人事制度非常嚴格且複雜，人事主任所專長的就是處理這些挪來挪去或不能挪動的議題。

更複雜的是人性，文官的性格在緩慢的職業社會化過程裡，通常愈來愈相近。公務員因為有功無法重賞，有過難以嚴懲，所以多數都保守，各種績效考核有時淪為形式，各種嘉獎機制欠缺實質且立即的效應。出現各種混的症狀：(1)賴：把事推給別人；(2)懶；(3)拖；(4)逛：經常到辦公室以外去巡視；(5)等：讓申請者苦苦等待；(6)好：常說好，卻沒有持續的動作；(7)是：常說是（yes），卻像也是慢（yes man）；(8)會：去開會了。各公務員在此環境待久了，都知道一些撇步。有些人會吵、會鬧、會動員、會爭取、會走後門，因而得到難以想像的機會。

還有十分複雜的人際關係，派系、師徒等的糾葛，同事經年累月的相處，人人小小的摩擦與恩怨，誰不能和誰在同一個團隊中，誰又只能和誰在一個團隊中，造成首長在安排人事案之時，傷透腦筋。在政府裡的人事案，好像魔術方塊。需挪動許多步驟，才可能有一個比較好的進展。

第二節　增聘人力的設計

政府在動態的環境中運作，環境有重大的改變，政府就得因應。例如疫情，例如少子女化，例如社安網。社會福利行政主管要具備應變的勇氣，瞭解應變的重點。當然先區分該改變的是什麼、不該改變的又是

那些。筆者108年到任,社會局109年的新增業務如下:

1. 提升兒童及少年未來教育與發展帳戶開戶率及脫貧計畫、理財教育(業務新增原因:法規增修)常態性。
2. 微型保險:(自辦計畫)常態性。
3. 疫情防疫補償(法規增修)。
4. 疫情急難紓困方案:階段性。
5. 延長二至三歲托育補助(法規增修)常態性。

換言之,新增業務最主要的是處理與疫情有關的,而且疫情持續到111年。其次是因應少子女化而有的托育補助,這項措施中央持續加碼,不斷變動。但主要是補助金額的增加,複雜度不太高。兒童及少年未來教育與發展帳戶開戶率也是原本有的,只是衛生福利部要求各地方政府更努力,並列為考核重點。臺中市政府在社工科與救助科同仁努力下,成績很好,名列前茅,筆者有幸代表領獎,由衛福部長頒獎。

再看看110年的新增業務如下:

1. 災變社會工作管理與服務推行計畫(自辦計畫)常態性。
2. 遊民中繼住宅—福滿安居服務推動計畫(自辦計畫)常態性。
3. 韌力及自立家庭陪伴計畫(自辦計畫)常態性。
4. 弱勢青年就業自立培植試辦計畫(自辦計畫)常態性。
5. 獨居老人居家環境安全評估及防跌扶手裝置計畫(自辦計畫)常態性。
6. 婦女及新住民培力平台(自辦計畫)常態性。
7. 照顧服務單位受疫情影響之紓困措施:階段性。
8. 托嬰中心照顧優化獎助及居家托育人員提升托育品質獎助(法規增修)常態性。

前六項都有筆者的構想,第一項到第四項均為救助科的業務,第一項源自於從九二一地震開始,災變與社會工作的關係愈來愈密切,應

該有更周延的計畫，更多預防的措施。第二項是街友服務的一環，陸續修繕了幾處空間給街友使用。第三項幫助非低收入但已經有經濟危機的家庭，使其避免掉入低收入戶。第四項協助低收入戶與中低收入戶的子女，一旦畢業能迅速就業並存款，給予存款補貼以提高就業意願。

　　第五項源自於某基金會的捐款，希望幫助長輩。筆者將之規劃為協助獨居長輩的家中安裝扶手，避免跌倒。屬於長青科的業務。

　　第六項是婦平科的業務，筆者拜訪許多新住民團體，發現服務的單位經費很少，欠缺專職人力，功能有限。由於新住民多數是女性，所以規劃與婦女福利服務的單位整合，提供更多經費及較為充裕的人力。執行時當然遇到一些阻力，筆者多次溝通，婦平科長也很努力，成效不錯。

　　第七項因疫情紓解但有待紓困的個人、家庭、機構、團體很多，中央與臺中市政府都允許申請，社會局同仁規劃了多項計畫，分別給予協助。最後一項協助照顧嬰兒的托嬰中心和居家托育人員。

　　加業務容易，要加人力，難上加難。例如疫情一波又一波，社會局並未因此增加一位人力，新增的業務均由原有的同仁承擔。整個社政體系，多年來因為法令的增修、中央的指令、民選首長的政見、主管的創新想法、議會的決議等，新增不少業務，但人力很難增加，甚至會減少。例如與公彩有關的約用人力，逐年降低，即使獲得很高的獎勵金足以聘用更多人力，然而在人力審查中不斷被檢討要減少。

　　在充實社工人力方面，因中央看重，可陸續增補。在正職的部分，106年增加四位，107年四位，108年四位。按照「充實地方政府社工人力配置及進用計畫」，109年起，每年新增三名，多採取考試分發。政府體系要新增每一個人力的名額，都很不容易。像社會局這樣年年都可以穩定增加正職的，實屬罕見。

　　每年三位永業公務員的部分，按照各科的重點工作給予名額。像是公托親子館等托育措施是市長重要政見，每一年都給兒少科一位新增人

力。又像是恢復老人健保與敬老愛心卡業務的經費龐大，剛上路前兩年應該給一名人力。筆者重視性別平等業務，對原本人力單薄的婦平科也較多支持。

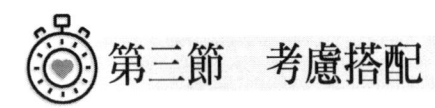

第三節　考慮搭配

招募，牽涉到的任務環境十分複雜，單單就聘人的流程，包括：

1. 市長的態度。
2. 主管全市府人力審查的秘書長。
3. 指導社會局業務的副市長、副秘書長。
4. 人事處、研考會。
5. 要審查預算的財政局、主計處。
6. 局內的人事室、會計室、家防中心、業務科等。

筆者昔日受邀擔任王品之師，王品集團的店長有很大的權力對內部人力安排及控管，此方法值得效法。招募，應增加相關主管的責任，督導要加入甄選的行列。如在人力安排時，增加高級社工師與督導參與的機會。筆者來社會局之後，每一次的股長或高師調動，筆者都請教科長主任的意見，以對方的想法為主進行安排。筆者總是提醒：「是妳／你要和對方朝夕相處，好好想。」

家防中心招募人才較為困難，關鍵在社會工作者對於家暴、兒虐、性侵害等業務較為擔心，也害怕無法獲得好的指導。但聘人單位仍須認真辦認應徵者對此工作的認識程度與熱誠態度，前者需在面試中確認其能力，後者則確認其意願。所以面試與安排工作應多詢問這兩方面的問題。家防中心同仁與社工科或各業務科社工最大的不同是要面對各種難纏的「非自願性案主」，因此申請者應對此類案主的心態有更深入瞭

第十三章　如何人力管理？

解。社工的EQ比IQ更重要，社工為「情緒勞動者」，情緒的穩定度與人際關係的能力最關鍵。

另一個更重要的人力管理議題為：團隊的搭配，組長、高師、督導等須建立小團隊。業務科的人數少則二十幾人，多則近六十人。筆者努力使各業務科都建立「四位核心幹部組成的團隊」，也就是一位科長、一位社工督導或專員、兩位股長，如果四個人相互搭配，截長補短，運作不至於出大問題。

如何決定股長？來社會局服務後，有幾位股長、高師、組長的異動，都參考局一層、人事主任與科長的建議。形式包括：科內代理股長內升、科員內升、社工科的高級社工師轉任等。但筆者也嘗試一種新的甄選方式，邀請具備擔任八職等股長資格的同仁申請，對於已經是股長或社工師，想要一展長才的，也很歡迎。有意願者，直接寄電子信給筆者，說說自己昔日的經驗與預計爭取職位的關聯性，還有對於完成新任務的想法與預計採取的作法。此方法效果很好，找到幾位稱職的股長，對於社會福利行政的運作，加分不少。

股長、高師、組長等為基層管理者，對這些職位（position）須有所定位（positioning），職位頭銜固然固定，定位則是變動的進行式，得配合大環境及主管的要求而有所調整。股長的職位均為八職等，為主管，有主管加給。股長的職位，屬於基層的主管。定位則是瞭解主要的任務，與承辦的同仁在局一層級科室主管的帶領下，完成一個又一個任務。

通常職位愈高，政治性愈濃，政治的考慮比較動態。基層的同仁，專業性為主，清楚明確。政務官來此服務，屬政治任命，但必須崇法務實，尊重文官基於專業的判斷所做的努力。局一層不應該做出超越專業與法規的指示，然而股長、高師、組長的專業要夠、法規要嫻熟、對中央與市府的各項相關辦法，更要深入認識。

股長、高師、組長等的待人，分成對上、對內、對下、對外等。在

各科室之中，上有科長、專員、社工督導，對內有同科室的、同為社會局的科室，對下有單位內的科員及約聘僱用、行政助理等，有些科室還有外館的同仁須兼顧。因為工作的性質，要與各種局外的人員互動，但不宜直接面對議員和媒體。

進一步查詢

社會局的官網，在首頁的左邊第二欄有「服務團隊」，包括首長介紹、組織架構、各單位執掌與聯絡資訊等。

第十四章
如何爭取預算？

- 重要性及概念
- 中央的及地方的
- 編列及審理流程

第一節　重要性及概念

一、重要性

「有錢不是萬能，沒有錢卻萬萬不能。」預算至為重要，與各種行政工作都關聯：

※沒有預算，如何找人力推動工作？
※沒有預算，如何執行工程、購買設備、處理總務等日常事宜？
※沒有預算，如何執行法令、服務民眾？
※沒有充足的預算，如何「證明績效」？擔任主管的績效，絕對與他／她爭取預算的能力直接相關。

社會福利領域家大業大，要發放非常多的津貼補助，要推動各式各樣因應民眾需求的方案，要提供不同的空間場地，要舉辦活動，要補助團體，要挹注機構，要安排同仁的薪資福利……通通都得靠預算。

二、基本概念

有關政府收支各階段，按照預算過程的執行階段：

1. 概算：為各機關依其年度施政計畫、初步估計的收支。
2. 總預算案：由某級政府預算主管機關，審核並彙編各概算而成，尚未經過立法程序。
3. 法定預算：經過立法程序並經公布的預算稱為預算數。在中央，經立法部門審查通過後，並由總統公布。在地方，則需議會通

過。

4. 分配預算：為各機關依照法定預算，依施政計畫進度按月或按期分配。

5. 決算：為每一會計年度財政收支計畫實施的結果，亦即預算執行的最後報告。總決算包括總預算與追加減預算的執行結果，以權責發生基礎編製。若跨越兩個年度以上之特別預算，在非決算年度時，則採收付實現基礎編製。

6. 決算審定：總決算經審計機關審核後，編製最後審定數。一方面解除各機關首長的財務責任，另一方面完成事後監督，並提供往後年度編製預算的參考。

7. 資本門：分成：
   (1) 購置土地（地上物補償、拆遷及整地等費用）及房屋之支出。
   (2) 營建工程之支出（含規劃設計費、工程管理費及電梯空調等附屬設備費）。
   (3) 購置耐用年限兩年以上且金額一萬元以上之機械及設備。

8. 歲出經常門：凡不屬於以上資本支出之各類歲出均屬經常門。

預算案照層次分成五大類：(1)總預算。(2)單位預算。(3)單位預算之分預算。(4)附屬單位預算。(5)附屬單位預算之分預算。

政府每一會計年度，就其歲入與歲出、債務之舉借與以前年度歲計賸餘之移用及債務之償還全部所編之預算，為總預算。

單位預算：公務機關，有法定預算之機關單位預算。在特種基金，應於總預算中編列全部歲入、歲出之基金。

特種基金，應以歲入、歲出之一部編入總預算者，其預算均為附屬單位預算。

第二節　中央的及地方的

　　運用「界、門、綱、目、科、屬、種」的層次概念，依序說明中央的預算。以立法院會三讀通過民國112年度中央政府總預算為例。

1. 界：中央政府總預算歲出原編列新臺幣2兆7191億元。
2. 門：社會福利支出編列7,154億元，占26.3%，居首位（其次是教育科學文化4,962億元，占18.2%；經濟發展4,831億元，占17.8%，居第三位；國防3,974億元，占14.6%，居第四位）。
3. 綱：單以社會福利支出中的少子女化對策來看。112年度總預算編列954億元，較上年度增加181億元，增23.5%。
4. 目：少子女化又分：
    (1) 教育部及衛生福利部發放0至未滿5歲育兒津貼444億元（含托育及就學補助380億元及擴大公共化幼兒園量能33億元）。
    (2) 內政部辦理育有未成年子女者優先享有住宅補貼121億元。
    (3) 勞動部、衛生福利部等提高育嬰留職停薪津貼及擴大不孕症補助等73億元。

　　另外以強化社會安全網第二期計畫經費來看，編列58.2億元（增加11.7億元，增25.3%），主要包括：

(1) 衛生福利部補助地方政府社工人力與協助人力經費。
(2) 社會福利服務中心、社區心理衛生中心及毒品危害防制中心行政經費等51億元。
(3) 法務部辦理精進監護處分相關經費6.3億元。

　　從二級單位，以衛生福利部社會及家庭署來看，113年為44,921,531,000元；114年為46,596,143,000元。114年的最主要項目為「社

第十四章　如何爭取預算？

會福利服務業務」，預算數39,509,170,000元，包括業務費269,891,000元，設備及投資44,153,000元，獎補助費39,195,126,000元。

用「界、門、綱、目、科、屬、種」來分析臺中市政府110年的預算：

1. 界：臺中市政府的全貌。總預算連同附屬單位預算規模為2,195.537億，比109年的2,265.376億，減少了70.18億。
2. 門：有二十四個主管機關一百一十八預算單位（社會局、家防中心、仁愛之家為三個預算單位）：
   (1) 各局的排行順序如下：教育局第一，553.49億，占38.76%；社會局第二，162.19億，占11.36%；警察局第三，104.81億，占7.34%；第四是建設局97.91億，占6.86%；第五位是增加快速的衛生局（110年比109年多了12.51億），63.07億，占4.42%。第六位是交通局，62.76億，占4.39%；第七位是環保局，56.90億，占3.99%。其他超過二十億的有農業局、消防局、水利局，介於十億到二十億的有文化局、民政局、都發局、消防局、地政局、運動局等。
   (2) 民政小組共有十個局處，110年度的預算依序為：社會局162.19億；民政局15.52億（民政局和所轄的生命禮儀處、二十八個戶政事務所。收入遠高於社會局，因為生命禮儀處每年的收入超過4億，110年預計4.23億）；勞工局4.49億；法制局1.60億。
   (3) 其他包括秘書處、人事處、政風處、研考會、客家事務委員會、原住民族事務委員會，按照預算編列都屬於臺中市政府主管。換言之，社會局一局的預算就超過其他九個局處的總和甚多。
   (4) 在計劃型的補助收入方面，衛生局110年編列45.63億，主要是長照十年計畫2.0、住宿式服務機構使用者補助方案、失智照顧服務、護理之家改善公共安全等。社會局為29.46億，主要是

161

衛生福利部補助辦理未滿兩歲育兒津貼、托育管理、各項與低收入戶家庭的補助、建立社區照顧關懷據點並設置巷弄長照站（C據點）等。

(5)若按照政事別，教育科學文化編列581.03億，占40.71%；社會福利支出260.12億，占18.21%；一般政務支出237.44億，占16.63%；經濟發展支出195.59億，占13.70%。第五位是社區發展及環境保護支出，86.96億，占6.09%。

(6)社會福利支出包括衛生局、勞工局所管的，109年原為240.23億，占16.99%；110年比109年新增19.88億，增幅為8.28%。

3. 綱：社會局（156.4億）、仁愛之家（1.04億）、家庭暴力暨性侵害防治中心（4.74億）等三個預算單位。以用途別科目分析110年的預算，和109年相比，在經常支出部分，人事費5.77億（前一年為5.60億），業務費5.81億（前一年為5.61億），獎補助費149.00億（前一年為142.73億），第二預備金0.08億（與前一年相同）；資本支出的投資及設備費1.16億（前一年為1.82億），獎補助0.36億（前一年為0.29億）。

4. 目：各分支計畫，經費的排行：(1)長青48.96億；(2)身障38.72億；(3)兒少30.21億；(4)社會救助21.73億；(5)社會保險8.48億；(6)家防4.74億；(7)婦女3.35億；(8)一般行政2.27億；(9)社工專業1.31億。(10)其餘：建築設備0.41億；人民團體0.32億；社區發展0.31億；綜合社工0.23億。

5. 科：中央支付（收支併列）：(1)兒少19.11億；(2)社會保險4.29億；(3)建築設備3.74億；(4)身障2.66億；(5)老人2.46億。(6)其餘：社工專業0.37億；婦女0.18億。

6. 屬：按照分支計畫再列出子計畫。

7. 種：各項目的計畫。

社會局整體而言，市庫歲出部分，108年為108.62億，109年為

156.16億，110年為162.19億；換言之，109年比108年增加47.23億，110年比109年增加6.03億。至於決算數，107年度為116.42億，108年為129.97億。

就業務費來看，經費的排行依序：(1)兒少1.51億；(2)身障8,841萬；(3)社會救助6,258萬；(4)老人5,446萬；(5)社區發展3,072萬；(6)人民團體2,307萬；(7)社工專業1,786萬；(8)婦女1,781萬；(9)綜合性社會工作1,465萬。

第三節　編列及審理流程

對於會計與預算，筆者深入研究及論述「任務的架構」：用各種方法去瞭解、剖析、解釋，例如從法定與非法定、經常門與資本門、人口群、中央或市庫或基金等。掌握大局，然後檢視細部。歸納可以說服議員的「關鍵論述」，計算「任務的細節」，不斷找出好奇之處，然後請同仁整理新的資料。這些努力一方面可以拆除可能被質疑的地雷，一方面掌握預算變動之處。

「絕不足靠運氣」，面對府　層，面對主計處財政局、面對議會，不能靠運氣、不能靠僥倖。筆者不斷瞭解各種與會計、預算有關的問題，反覆閱讀、自己寫下、歸納整理等，都有助於記住。把各相關的資料對比，然後一筆一筆重點，反覆唸、抽空背。記住數字很難，特別是對已經六十幾歲又忙碌不堪的人。但筆者對會計持續學習、經常從事，在學校做了十幾年的主管、在幸福家庭協會也要處理。雖然如同那句老笑話：會計就是很快忘記、經濟就是經常忘記、統計就是統統忘記，還是要記。

政府用錢，跟著法令走。法令規定要對各種福利人口群協助，社會局就編列相關的預算，而且很早就規劃了。

每一年過完農曆年就開始編預算，以筆者全程參與的111年度來說，財政局二月底提供下一年度可供使用之最大財源額度，主計處訂下應注意事項及基準。

以111年的預算來看，一百八十億按照預算的類型有三大塊：市庫（162.19億）；公彩（14.57億）；救助金專戶（一億多）。

審查的時間多半在五、六月。公彩委員會和救助金專戶委員會也配合召開。

市庫的預算最多，審查的順序最優先。先期作業主要的依據有三：(1)市長政見及臺中市政府十二大施政策略；(2)法定應開辦的福利項目或有中央補助款；(3)配合市議會建議推動的重要政策。有些方案包含了上述兩項或三項。

各機關提報施政計畫項目至各主政機關，包括：重要延續性及新興施政計畫；預算員額計畫、約聘僱人員僱用計畫、因公出國計畫等。接著研考會、人事處、秘書處等安排一般施政計畫的審查。到了六月，重頭戲來了，審查各局處所編列的預算計畫，市政府透過三大塊依序進行：重大先期、基本需求額度、一般先期。重大先期最早處理，基本需求額度其次，一般先期最後。前兩者都嚴加審查，反覆攻防，一般先期是比較小的預算事項。副市長所主持的重大先期審查會，最為重要。邀集財政局、主計處和研考會，對社會局所提的計畫仔細審查，審查的重點簡單說就是要設法減少市庫的支出。

市政會議通過了預算案，送到議會。送出預算案，就表示局長要捍衛此預算，是經過仔細整理送出的，如果被刪除甚至無法審查完成，當然是嚴重的失敗。爭取預算在漫長又複雜的過程中，緩步前進。關鍵人物有議會民政小組的召集人、副召集人、九位該委員會議員，三個黨團的主要領導者。對於關鍵人物，筆者都專程拜訪，頻繁互動。

每一年最重要的日子就是總預算的二讀會。一讀是在各委員會進行，社會局爭取在民政委員會能照案通過，接著議會的大會審查六個委

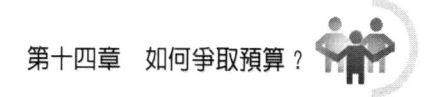

員會審查所通過市府預算,進行二讀。

到了三讀會,反對黨的黨團都會提出一些要刪除的項目,然後議長進行政黨協商。協商的結果通常採「統刪幾億,由市府規劃,其餘照案通過」,但議長唸完此決議後,**繼續說:「社會福利的預算,不可以刪。」**意思是:社會局可以全數拿到市府送給議會的預算。直到議長宣布,敲下議事槌。真是不容易!

進一步搜尋

社會局的官網在首頁的右邊數過來第二欄有「政府公開資訊」,下方有好多項,第三個大區塊為「會計資訊專區」,包含:預算與決算、支付收受補助、會計月報。

第十五章
如何擴大財源？

- 爭取追加預算
- 善用中央補助
- 慎用公益彩券盈餘

社會福利行政實務

⏱ 第一節　爭取追加預算

　　數字是最客觀也常被忽略的，管理者重視理性，應該多檢視數字。社會局對市政府內部的年度預算努力爭取，如有必要，再追加預算。要與中央維持良好關係，獲得來自中央多一點的經費。還要多注意評比成績，在各項考核中拿到好的成果，有時可以增加經費，這是公益彩券盈餘能爭取獎勵金的方法，也是社會安全網計畫執行成效良好獲得更多經費的策略。

　　編預算，表面看簡單得很。拿去年的來抄，絕大多數據照樣畫葫蘆。稍微用心點，把人口變化、通貨膨脹等考慮進去，稍微加一些。但如此做，不夠認真。因為社會變遷速度快、民眾及輿論對社會福利充滿期待，長官有新的指示、中央有新的方案、局長有新構想……尤其是要因應需求推動新計畫、新政策，預算必須妥為因應，還得就去年、前年的預算編列到實際執行所呈現的差距，分析決算的狀況，適度調整，所以很困難、很複雜。

　　「計畫不如變化，變化不如長官一句話」，變化也來自法規命令的修正、社會的議題、政治的動盪、經濟的情勢，乃至疫情、颱風、地震等天災人禍。在通貨膨脹劇烈的時候，萬物皆漲，小到辦活動的誤餐費，大到各種工程的費用，都與原本的估算差距甚大。

　　民意代表、輿論等，紛紛提出各種要加預算的建議。相對地，直屬長官，相關的主管，財政、會計等體系的，常常提出刪減的要求。尤其是長官的想法，一句話可能推翻原本努力許久所規劃出來的計畫。還好有「追加預算」的機制，增加了彈性，提供了應變的機制。

　　處理追加預算是複雜的流程。依照《預算法》第九十六條，有下列情事之一時，地方政府得提出追加預算：

1. 依法律增加業務或事業致增加經費時。
2. 依法律增設新機關時。
3. 所辦事業因重大事故經費超過法定預算時。
4. 依有關法律應補列追加預算者。

因應情勢，追加預算的情況是筆者的工作重點。以下依序說明臺中市政府社會局在民國109年、110年、111年情況：

1. 民國109年：最重要的改變，是增加「資本門」的預算，原本社會局在總預算中編列的只占2.3%（臺北市超過7%）。沒有充裕的資本門費用，如何做建設、添購設備？增加資本門的大項包括：(1)愛心家園的空調更新汰換，990萬。(2)四處舊的服務館舍需耐震補強，5,900萬。(3)公托倍增計畫，7,700萬。(4)協助各社區活動中心充實設施設備與修繕，310萬。這幾筆加起來，將近1.4億，等於是原來資本門增加了六成。當然，離筆者期待的目標仍有一段距離，還希望做更多舊建築的耐震補強，第一次送出的超過1.3億，市府高層只核列了0.59億。不過因為中央的前瞻計畫2.0公布，允許地方送出耐震補強的方案，也趕緊向中央申請。還有社會保險方面追加5,159萬，社會救濟追加3,402萬，社會福利追減9,525萬（主要是2.3億的托育費用已經由中央買單），建築及設備費追加共21,636萬（用來做耐震補強，新設多處公托場地）。
2. 民國110年：議會通過了110年社會局多達一點五億的追加減預算，各科總計有七十幾項的計畫，因此造福不少民眾。
3. 民國111年：因為已經在年度預算中詳細規劃，對追加預算的需求不大，只提出「溫暖助防疫：臺中市低收入戶快篩試劑補助金計畫」等。

第二節　善用中央補助

社會福利行政既是中央的也是地方的，相關的預算，有來自中央的，也有地方政府所編列的。112年中央對地方政府一般性補助款屬社會福利經費共468.8億元（較上年度增加40.8億元）。臺中市的總人口約占全國的12%，也就是說，112年社會福利有大約57億經費來自中央。111年則有51.4億。中央補助的狀況，以收支併列的方式呈現如**表15-1**。

表15-1　臺中市社會局各業務計畫預算及中央補助狀況　　　　單位：元

業務計畫	分支計畫	市庫	中央補助	中央補助占分支計畫比	分支計畫預算金額
社會保險		834,066,000			834,066,000
社會救濟	社會救助	1,746,922,000	383,933,000	18.01%	2,130,855,000
社會福利	一般行政	236,918,000		0.0%	236,918,000
	01婦女福利	461,437,000	18,510,000	3.86%	479,947,000
	03青少年兒童福利	1,204,052,000	2,889,909,000	70.58%	4,094,261,000
	04老人福利	5,002,113,000	359,042,000	6.7%	5,362,132,000
	05社工專業	94,199,000	37,266,000	28.35%	131,465,000
	06綜合社工	20,655,000	3,394,000	14.11%	24,049,000
	07身心障礙	3,644,947,000	303,808,000	7.7%	3,948,755,000
	08人民團體	31,677,000		0.0%	31,677,000
	09社區發展	31,444,000		0.0%	31,444,000
一般建築及設備		16,755,000	46,345,000	71.24%	65,052,000
第一預備金		8,000,000		0.0%	8,000,000
總計			4,042,207,000		17,378,621,000

資料來源：整理自臺中市政府社會局主管預算。

中央補助臺中市政府社會局的金額如下：(1)兒少28.9億；(2)社會救助3.84億；(3)老人3.6億；(4)身障3.04億；(5)其餘：一般建築及設備0.46億；社工專業0.37億；婦女0.19億。所占比例，以一般建築及設備、青少年兒童均超過七成最多，有些業務完全不補助，如社會保險、一般行政、人民團體、社區發展等。

此外，中央針對各弱勢人口群有諸多特定的計畫，如112年對各類族群預算編列了多項計畫如下：

1. 身心障礙者部分（261億）：補助中、重、極重度身心障礙者健保費、辦理國民年金保險之身心障礙者保費補助與基本保證年金核發、補助中低收入身心障礙者生活、日間及住宿式照顧與輔助器具、推展身心障礙者多元服務等。
2. 低收入戶及中低收入戶（125.4億）：補助低收入戶健保費與國民年金保費、低收入戶與中低收入戶醫療及住院看護費用、急難救助紓困等共98.7億元。辦理低收入戶及中低收入戶學生學雜費減免、撥補兒童與少年未來教育及發展帳戶26.7億元。
3. 老人（463億）：辦理國民年金保險之老年年金差額撥補與老年基本保證年金核發、補助70歲以上中低收入戶及65歲以上離島地區老人健保費、中老年預防保健服務等；補助及獎勵各直轄市、縣（市）政府推動高齡教育活動等。
4. 兒童及青少年（1,178億）：辦理零至未滿兩歲育兒津貼補助、公共及準公共化托育服務、兒童及少年醫療補助、補助疫苗基金辦理兒童疫苗採購及接種、補助保護性社工人力及推動兒少服務、兒童預防保健及牙齒塗氟服務等。
5. 婦女（63.4億）：辦理人工生殖技術補助、孕婦產前檢查服務、撥補家庭暴力及性侵害防治基金辦理家庭暴力及性侵害防治與被害人保護扶助工作等。

在**表15-2**整理了中央政府對全國各弱勢人口群的預算類別。

表15-2　中央政府針對各類弱勢族群預算編列情形　　　　　　單位：億元

類別	本年度預算數	上年度預算數	比較 金額	比較 增減%
1.身心障礙者	261.0	245.2	15.8	6.5
2.低收入戶及中低收入戶	125.4	123.4	2.0	1.6
3.老人	463.0	459.0	4.0	0.9
4.兒童及青少年	1,178	1,002	176	17.6
5.婦女	63.4	70.1	-6.7	-9.6

資料來源：衛生福利部網站。

由**表15-2**可知：兒童及青少年最多，其次是老年，再其次是身心障礙者。增加速度最快的，也是兒童及青少年。

第三節　慎用公益彩券盈餘

民國84年立法院通過《公益彩券發行條例》，同年底開始發行公益彩券。發行的目的主要有二：

1. 提供弱勢族群就業機會：遴選經銷商以具有工作能力且能親自在場銷售之身心障礙者、原住民及低收入單親家庭為限，確保彩券的公益目標，為弱勢族群創造就業機會。
2. 提升社會福利：公益彩券盈餘是提升社會福利經費的來源之一。公益彩券之盈餘分配，50%供地方政府補助社會福利支出，5%挹注全民健康保險，45%供政府補助國民年金，用於老人、兒童、婦女、原住民、身障人士以及各縣市政府辦理各項社會救助與福利。

第十五章　如何擴大財源？

依該法，分配予直轄市、縣（市）政府之盈餘，採下列方式：先行撥付，按各直轄市及縣（市）政府當年度預算編列合計數，於二月至十一月份，每一個月平均撥付；其中百分之十五平均分配，百分之二十五依前一年度銷售金額比重分配，其餘百分之六十依最近二年度身心障礙者、兒童、少年、老人四類人口數及低收入戶、特殊境遇家庭二類戶數等六項福利指標各按百分之十權數分配。

財政部設有公益彩券監理委員會，在臺中市，也有公益彩券的委員會。

筆者剛接任就接到議會送來的指正：(1)公益彩券基金使用，請社會局應依基金使用設立宗旨執行。(2)請社會局提供法定及非法定編列比例及細項資料，送議會參考。(3)對於市政府非法定福利支出逐年增加情形，宜檢討排擠其他預算之改善對策。再者，公彩盈餘為不穩定財源，盈餘獲配收入呈現減少趨勢。每年賡續性計畫經費已占用公彩所能負擔之費用，公彩編列數皆超過獲配數收入。

公彩考核給的結果也很糟：未優先辦理社政主管權責業務：依公彩預算規模非社政主管機關權責僅能編列3,100萬餘元，惟109年度卻有七項非屬社政主管機關權責項目編列2億653萬餘元，金額占總預算比率認定超過10%（扣10分）。設算分配指標及非法定現金給付決算數較年度預算增加，扣5分。公益彩券盈餘考核成績為乙等，獎勵金為最低一級，只有2,500萬。如果拿到第一級，可以有6,000萬。差3,500萬，很嚴重，可以補助很多社會福利團體，推動很多照顧翁勢的方案。

筆者對這些過去的缺失，非常痛心，力求改進。首先是強化公益彩券盈餘管理委員會的功能。請委員審查大小額公彩都更仔細，使用須嚴謹，一定要制定規則並且經過層層審查。委員會決議後，嚴格執行，會計、秘書等單位都按照流程監管。

在社會福利領域，很容易就在各種外在壓力之中，不斷增加支出，不斷開新支票，甚至大撒幣。首長答應加碼，討好了施壓的一方，卻因

此開銷愈來愈多，入不敷出，漸漸地，債愈來愈多。由於法定社福現金給付市庫預算編列常常不足，多年來皆仰賴公彩超支併決算補足。筆者才接任，綜合企劃科來簡報，盈餘獲配收入呈現減少趨勢。每年賡續性計畫經費已占用公彩所能負擔費用很高的比例，公彩編列數皆超過獲配數收入，每年預估短差上億元，粗估109年就將不足1.74億元。

另外的缺失包括執行率未達95%：107年度執行率為91%，扣2分。有不符社會福利支出政事別，扣1分。未優先辦理社政主管權責業務，又有13項非屬社政主管機關權責項目，金額占總預算比率認定超過10%，扣5分。

在實支數方面，106年是17.69億，107年是18.13億，108年15.47億，109年15.9億，110年14.78億。預算的減少當然影響人力的運用，在109年度委託案40件941人，補助案14件19人，市政府5件聘用83人，其他無人事費者69件。多達1,245人力與公彩方案有關！

規劃的基本理念：照顧辛苦人，布點近便性，錢要用在刀口上。筆者擔任過多個主管，對於財務基本處理原則：好好編預算，好好用預算，用錢做更多的事。

臺中市的公彩回饋金每個月大約可以獲配1.2至1.5億，還有雜項收入、利息收入全年大約0.5億，共18.5億。所以編列112年預算共1,817,714,000元。概分為三大類：

1. 社會福利支出計畫：1,669,944,000元，主要用在辦理緊急救助、社會救助、各人口群的福利，還有補助社會福利團體（臺中在六都中編列最多）。
2. 一般行政管理計畫：29,684,000元，主要用在社會福利工作專業人力的聘用。
3. 一般建築及設備計畫：118,086,000元。主要用在各項工程的挹注。

更關鍵的原則：避免債留子孫。筆者總是要求自己在任何職位卸任時，單位所擁有的錢比接任時更多。仔細地規劃，研究前一年、前兩年的決算及執行狀況。執行績效不佳的，下一年就少給一些。在社會局這預算龐大的單位，經過三年多的努力，繳出很好的成績。提醒自己：要有拒絕壓力的勇氣，持續叮嚀預算進度的習慣，督促與追蹤。

在**表15-3**中呈現公益彩券盈餘的獲配數及賸餘情形，由表可知，110年較107年賸餘數（帳戶餘額）增加42.79%，111年底比107年底多出百分之五十。換言之，前人給到筆者手上的，經過這幾年的開源節流，筆者交出去的，多了一半。因此卸任前召開了公益彩券盈餘管理委員會本屆最後一次會議，有兩項快樂的消息，一個是中央對臺中市政府考核結果，總分高達96分，另一個是可以獲得最高一級的獎勵金6,000萬元。

表15-3　臺中市公益彩券盈餘107~111年獲配數及年度賸餘情形　　單位：億元

年度	獲配數	編列數	賸餘數
107	16.21	14.96	9.44
108	15.48	14.54	10.42
109	13.13	15.92	9.58
110	17.35	14.73	13.48
111	17.56	17.18	13.86

資料來源：整理自臺中市政府社會局網站、臺中市公益彩券盈餘分配基金附屬單位預算書。

進一步搜尋

社會局的官網在首頁的右邊數過來第二欄有「政府公開資訊」，下方有好多項，第三個大區塊為「會計資訊專區」，包含：預算與決算、支付收受補助、會計月報。

第十六章

如何興建工程？

- 重要性及流程TQM
- 三大類型
- 開工上梁啟用常使用

第一節　重要性與流程TQM

一、重要性

「社會局長也要做工程？」筆者偏偏有些傲骨（也許是小時候鈣片吃多了）。常常往工地跑，每次視察工地都得戴著安全帽，深刻體會：每一個專案，都在頂著鋼盔、忍受批評辱罵，在各種反對的聲浪中，緩步前進。心中的信念是盧市長的名言：「沒開工的要開工，沒完工的要完工。」

社會局，家大業大，業大是指業務多，家大，則是空間廣。空間多又功能分歧，複雜度高，卻因為貼近民眾，可以幫助民眾及社團、社區等使用，在福利行政的管理上，十分重要。

有些公務員努力辦活動，吸引民眾參加，又能在媒體露出。但活動如同放煙火，瞬間熱鬧錢就沒了。做工程，推動各種工程及空間管理，當然很累，特別困難。但好處不少，例如：

1. 確實幫助了使用者。想到後代子孫，想到老障貧婦女新住民青少年青少女孩童，那些沒法開車的。
2. 市長與市府團隊有了政績。
3. 議員有服務地方的具體績效，對社會局更支持。
4. 長長久久的效益。
5. 使同仁有更多的歷練，具備多元的能力。

「人在公門好修行」一個工程的具體努力，彷彿修行。慢慢地，克服許多難關，有了實際的成果，日後無數人可以在此空間中享受。

第十六章 如何興建工程？

先確認需求，需求愈明確，執行愈清楚。需求的提出者與使用者是那些人？如果屬中央或市長政見，當然要優先處理。如果是民意代表或里長等地方領袖，先評估可行性及處理的時機。如果是社會局內部或網絡團體或基層民眾，先找經費的來源。

工程包括新建、改造和修繕等。筆者接任後思考：新建費時費錢，改造與修繕比較快，容易有成效，當然也要四處找經費、找地方新建。但一切以瞭解現況為先，社會局的空間大致分為：

1. 辦公使用：分別在市政大樓、陽明大樓、西屯區公所六樓、英才路婦女館、十四處家庭福利服務中心等。
2. 老人的：長青服務中心、舊市長官邸125號館、舊縣長官邸、東勢長青館。
3. 附設機構：仁愛之家。
4. 身心障礙類的：身心障礙綜合福利服務中心、愛心家園。
5. 身心障礙教養院：德水園、希望家園。
6. 婦女的：女兒館、婦女館（分別在大甲、石岡、烏日）。
7. 兒童青少年的：兒童福利服務中心、青少年兒童福利中心。

其中好些是其他局處不再使用，交給社會局的。這些又老又舊的空間，早已不適合、不安全又不友善，卻可以在寸土寸金的臺中改造使用。

關於工程與空間的計畫，與同仁討論的重點有五：

1. why：重要性。
2. what：方案計畫。
3. how：如何及when何時。
4. who：誰做及whom對象。
5. what's effect：效果。

社會福利服務的空間工程，先確定幾個原則：

1. 近便性：應該多考慮使用者。
2. 原縣區優先：最北的后里，不僅有親子館，也有大公托。最南的烏日，包括親子館、公托、婦女及新住民服務的社會福利綜合館，陸續開始服務。最東的和平與石岡，都新設置親子館。最西的梧棲，設置親子館與公托，還有身心障礙服務的小作所與日照。
3. 多功能：同一個空間可以按照不同時段有多功能使用（局長室先示範，既辦公又接待各界人士，是會議室也做簡報，還做拍攝直播的攝影室）。

二、流程TQM

注意流程與細節的把關，設置TQM（全面品質管理）小組，監督興建中的工程，由主任秘書每個月主持會議，筆者儘量參加，知道有那些關卡須突破，有些自己出面協調。主任秘書非常用心，針對每一項工程都帶領同仁研商。工程的技術層面有一位技正負責，他也很棒。筆者希望工程各自成立QCC（品質管理圈），幾位參與同仁密集且持續討論，直到工程完工且運作。如此更多同仁能瞭解，對實際的議題落實。施工可以培養人才，每個科室都要有人懂工程與修繕。社會局裡就有很多人對工程有基本認識，尤其是兒少科的科長與負責公托親子館的同仁。社會局列管的工程案件一度多達八十四項，單單兒少科就有五十六項。

筆者總是鼓勵夥伴，不要怕麻煩，找錢、找人、找地方都不容易。找地很難，要符合安全，臺中地震帶多，增加難度。不過早做比晚做好。找錢則是筆者擔負主要責任，問中央、問府一層，編預算多爭取。絕大多數工程社會局承辦，上億元的委託建設局或水利局，他們主要做大工程。

可行性確定了，開始找經費。經費來源有著落，就開始進入流程。工程流程TQM表格，有二十八個步驟，順著步驟，持續追蹤檢討進度。行政院公共工程委員會、臺中市政府都有相關的參考手冊。

第二節　三大類型

一、耐震補強

要對大型但老舊建築物加以耐震補強，是高難度的挑戰。社會局原本編列的資本門預算就很有限，不可能有充足的經費做加起來要超過一億的工程。四處爭取，因為工程小組、各相關科室的充分準備，費了不少心思。獲得府一層的支持，也爭取了一些中央的經費，成果相當好。舉個實例：《自由時報》2023年2月24日報導了「臺中女兒館」的新聞，該新聞說明了幾件事：(1)社會局經常將其他局處不要的舊空間拿來使用。(2)女兒館的場地在1976年完工，已經將近五十年，要耐震補強了。(3)經費的籌措，一方面參加中央的評比，獲選為創新示範據點，得到一些補助。一方面向市政府爭取耐震補強的經費。(4)原本沒有電梯，增設電梯。(5)設計時，邀請使用者—女孩，提供意見。(6)增加哺乳空間、攝影棚、錄音間、運動場所、討論區等。

婦幼館、愛心家園等，都大規模翻修、更新冷氣。以潭子身障館為例，這棟已經使用三十年的大樓進行規模最大一次的整理與活化。此處提供了對身心障礙多元的服務，日後會有更多元的服務動能由此中心點推出。期待從潭子到山城各處，成為樞紐。

家庭福利服務中心的社工過去往往在不好的空間日復一日工作，筆者瞭解第一線社工的心聲，親自與各中心的同仁討論，找錢、找室內設

計師等商討，希望給社工及使用者比較好的工作環境。陸續完成耐震補強又改造的有沙鹿、大甲、東區、北區等。

為了街友，興建了「福滿安居」（警察局廢棄的）等九處，修繕的經費感謝市長提供第二預備金。

二、小型工程

如公托、親子館、社區活動中心。

三、大型工程

主要有：

1. 烏日社福館，大肚、南區的大型興建案（每一件都包括公托、親子館，另外加上家庭福利服務中心等），經費都上億。
2. 仁愛之家二期工程。
3. 美村路舊的聯勤基地，歷經三任市長的規劃，在盧市長來視察後，筆者邀請原建築師團隊商討，經過一再修正簡報確定。為了使工程能順利開工，社會局舉辦了公聽會，筆者親自主持並拜訪該區的每一位議員以及附近的每一位里長，爭取支持。

「以和為貴，事緩則圓、兼容並蓄」都是施政的態度，不能急就章。任何工程都靠許多細膩的步驟進行。在推動時，姿態低、設法與人為善，在施政時會多考慮前兩任市長已經努力的，再加碼，以前人的基礎上修正，終於陸續開工。

第三節　開工上梁啟用常使用

盧市長上任後積極布建的公托、親子館、社會住宅都有各項配合的宣傳活動，仁愛之家、烏日社福館、聯勤舊基地改為社福用地等，都辦開工，行銷市政。一些舊的場所重新活化，如大里的食樂基地、舊的縣長官邸、女兒館修繕啟用等，也都辦完工典禮。

在四十個月的服務階段，舉辦了近六十次的開工、上梁、完工等儀式。正式啟用，市長通常都蒞臨，筆者會先視察，瞭解細節也感謝建築師、營建單位、承接的服務團隊。做為主辦局，要處理各種難題與各樣突發的狀況，活動前確認角色、確認流程、確認出席者、確認社會局的人力配置、確認長官出席的時段、確認該如何安排長官貴賓致詞、確認伴手禮、確認文宣品及餐盒、確認開幕式的表演單位、確認媒體的聯繫及報導等等。

原本應該開心的這些活動，總是有些不開心的。例如：有民眾來抗爭，有該選區的議員沒拿到邀請函頻頻抗議，中央官員的接待層級，不同陣營的候選人較勁，市長與議員可能遲到，有媒體記者想要問市長熱門的話題，表演單位不能按預期的演出等等。若親子館請小朋友表演，卻風吹雨淋、天氣太熱、太冷，都讓主辦單位頭痛。

長官們在現場的時間長短，往往不按照預定的計畫，有時長官特別喜歡此場合，待的時間久，其他政治人物也希望多曝光。有時匆匆來去，希望達到的宣傳效果可能大打折扣，與民眾互動的時間太少引發不滿。例如公托開幕，許多年輕的家長帶著子女參加，希望和市長同框，未必都能如願。

社會局的同仁只能不斷調整心情，在差異很大的場合中，轉換與調適；忍受不愉快，有時還要忍受天氣的變化、環境的動線、紊亂的交通

狀況。

俗話說：「長官一張嘴，部屬跑斷腿」常常是：「有選票的動口，公務員動手。」在各項開幕活動前，儘量沙盤推演，預估各種狀況。抽空先來視察，就怕有閃失。但每一次幾乎都發生大大小小問題。筆者總是安慰鼓勵相關同仁：「有狀況，別人不一定會發現；發現了，不一定會抱怨；抱怨了，我們要處理但不一定有用。總之，辦完就好！」有些疏漏，會被長官、民意代表、媒體記者碎念，盡力改進，日後盡量避免缺失。完工啓用了，千萬別變成「蚊子館」，要多多宣傳，歡迎各界使用。

進一步搜尋

關於場館管理借用，社會局建置了資訊管理系統https://sb.taichung.gov.tw/BuildingSpace/OutsideSearch。民眾可以上社會局的官網，在首頁的右邊數過來第四欄有「便民服務」，下方有好多項，第六大塊是「社會局館舍對外借用」，列出四十一處可以借用的館舍名稱、空間、地址、容納人數、使用情況、尚可借用時段等，直接登記，十分方便。

第十七章

如何規劃布點？

- 好成績好方便
- 靜態的服務點
- 動態的車輛

第一節　好成績好方便

　　種種管理要設法「超前部署」，對於每一年、每一個月、每一周乃至每一天，都早些去規劃、去準備、去溝通。尤其是資訊管理與資訊安全，各種新興科技與軟體，考驗著社會福利行政的運作。所幸筆者在到政府服務之前，擔任東海大學圖書館館長，對於資訊領域的日新月異有些瞭解，更知道其運作需綜合規劃，一方面加強「進攻」，提供更快速的服務；一方面「防守」，避免出現資訊安全的問題。

　　卸任局長後，市長聘請筆者為市政顧問，市政顧問有很多組，筆者選擇綜合規劃組。該組的承辦單位為研究發展考核委員會。研究、發展、考核等，對市政非常重要，筆者也持續透過綜合規劃組的市政顧問會議，提出分析和建言。

　　對社會福利行政來說，研究、發展、考核是重要的基礎，有好的規劃是第一步。局長不可能執行細節，重要責任是規劃，不僅規劃人力、經費、工程、空間，更要規劃對民眾方便的服務點，以及行動的車輛。以具體措施提高民眾的滿意度，並藉由民意調查，改進缺失。

　　有了各種計畫，執行狀況如何呢？須管考追蹤人力、經費、工程、方案等等的進度，聆聽各界的建議，考慮1999等話務中心接收到的訊息。每半年舉辦社會組的市政顧問會議，這些顧問都是市長所聘請的社會賢達，對社會問題及社會福利有相當豐富的經驗，在地方深具影響力。

　　筆者再三提醒同仁幾個原則：work hard（辛勞工作）對社會局同仁來說，不是問題。work smart（聰明工作），則是努力的方法。需看重績效，重視管理，希望更多同仁能聰明工作。work hard靠勤快的腳，work smart有賴冷靜的腦。work hard重視過程，work smart重視結果。如

此做，無論是爭取人力或是預算，都有很好的結果。過程中的點點滴滴努力，挺複雜，仔細與耐心固然重要，但想到目標可能達成，就盡力前行。work hard只看單一目標，work smart設法產生多元效應。work hard重視活動，work smart重視行銷。

綜合企劃科分成資訊股、研考組、管考組、公彩組。這四大項，都不是各業務科或社工科能單獨負責，常與各單位都有關，須加以綜合規劃。除了公彩業務已經在第十五章介紹，其他的說明如下：

資訊科的重點包括：資訊系統及週邊設備維護、管理、諮詢，各館舍及中心的網路設備及防火牆管理、社福系統採購及維護管理，開放資料業務等。最重要的是資訊安全，社會局有大量需保密的資料，資訊安全等級在各局處中，非常高。

研考組的重點工作是：辦理衛生福利部對地方社會福利績效考核規劃、督核、執行及分析。辦理補助評鑑績優團體表揚活動、績優社政人員遴選與表揚活動等，因此有各種具體的成績，還有可以報導的亮點人物。

管考組的重點工作是：行政院前瞻計畫專案、各項社會福利指標、競爭力指標規劃，對市政和社政施政成果、重大政績、獲獎紀錄等加以整埋。

總結是兩個好：好成績——在各項評比展現成果；好方便——資訊與服務更便捷。

第二節　靜態的服務點

便利商店人人使用，非常便利。那麼，社會福利行政服務，能否更便利，讓民眾就近使用呢？筆者看最多的圖，是臺中市地圖和社福地圖，看著每一個行政區已經有那些社會局的服務點，因此學習超商，增

加布點。點與點之間要連結,更透過各種車輛,加強對身心障礙者、老人、兒童、早期療育的家庭,實施「行動服務」。

一、與社會安全網有關

大約五十個服務點,與民間專業社會工作機構等多元合作。

1. 家庭處遇服務。
2. 親職教育服務。
3. 自立生活服務,分成:
   (1) 自立宿舍補助方案。
   (2) 自立生活適應協助服務量能方案。
   (3) 個案追蹤輔導及自立生活服務方案。
4. 長期機構安置兒少永續服務,浮萍有依服務方案。
5. 六歲以下兒少保護個案親職賦能計畫。
6. 兒少保護家庭處遇增能與充權計畫,分成:
   (1) 庇護安置服務、寄養服務。
   (2) 收容安置服務。
   (3) 短期居家式托育服務:合法托育人員。
7. 庇護服務,分成:
   (1) 緊短期庇護。
   (2) 長期庇護。
   (3) 九二一庇護住宅。
8. 未成年子女監督會面。
9. 家暴相對人服務。
10. 目睹家暴兒少輔導。
11. 老人暨身心障礙者保護個案後續追蹤及支持服務。

二、服務各弱勢人口群

1. 早期兒童療育服務單位：八區的兒童發展社區資源中心及一個兒童發展啓蒙資源中心，委託團體或有相關科系的大學等辦理。
2. 居家托育服務中心（原來是保母系統），分六區，委託團體或有相關科系的大學辦理。
3. 公設民營托嬰中心或社區公共托育家園：二十九處（到了2024年底，超過四十五處）。
4. 親子館暨托育資源中心（Mini-親子館）：親子館十七處，托育資源中心二十二個。
5. 兒童青少年服務單位：五個中心、十個友善青少年據點。
6. 長青快樂學堂（日托服務）：十四處，另有長青元氣學堂一處。
7. 愛心食物銀行：大里店、豐原店、沙鹿店爲直營（另外有五十幾處自營但與社會局有資源連結的發放點）。
8. 女兒館、婦女福利服務中心、婦女及新住民培力中心：十三個，只有大甲、石岡婦女館是社會局直接負責，其他都委託辦理。提供資源服務、心理諮詢服務、法律講座或法律諮詢、案件管理。另辦理：(1)求助婦女及新住民、單親及弱勢家庭短期租屋津貼案、特殊境遇家庭追蹤輔導條例之個案處遇及追蹤輔導等；(2)特殊境遇家庭總清查—辦理弱勢婦女及特殊境遇家庭追蹤輔導條例之訪視評估作業；通譯服務；婦女成長活動；不利處境婦女培力方案等。
9. 身心障礙者社區資源中心：分七區。服務對象以滿六歲以上之身心障礙者及其家庭爲主，依其居住區由各區之身心障礙者服務中心提供服務。協助領有身心障礙證明，生活上遭遇困難，無力解決，經評估後有多重需求之身心障礙者。也進行疑似身心障礙者

鑑定諮詢。重點包括：提供身心障礙者就近性個案管理服務。提供相關福利服務諮詢。提供身心障礙者及照顧者相關支持服務方案。協助身心障礙者轉銜所需福利服務。

10. 身心障礙者社區日間作業設施：二十五處。
11. 身心障礙者社區日間照顧：十七處。
12. 身心障礙者社區關懷據點：三十八處。
13. 社區式臨時暨短期照顧服務：五處。
14. 身心障礙者需求評估中心：三處，兩處由社會局直接負責，一處委託辦理。
15. 社區培力中心：分兩區。
16. 志願服務推廣中心：一處。

以上加起來，超過兩百五十個，與每一個單位因為服務方案而結合，社會局提供相當的經費。每一年，都要簽約、都要考核、都要督導。各相關業務科的同仁，負起與委託單位合作的責任。

三、挹注經費的單位

社會局挹注部分經費與資源，但不直接管理督導的還有：

1. 委託區公所辦理的長青學苑，每個行政區都有各種班別，已經超過1,100班。
2. 低密度監督的五百一十處社區關懷據點。
3. 新住民社區服務據點：二十八處。
4. 中低收入戶獨居老人營養餐飲服務：五處。
5. 身心障礙者營養餐飲服務：五處。
6. 遊民輔導服務團體：七處。

第十七章 如何規劃布點？

第三節 動態的車輛

社會局要服務這麼多的人、要管理這麼多的機構，必須有各種車輛。盤點汽車的狀況：

1. 公務車：執行社會福利稽查、勘查、輔導等業務，提供同仁出外訪視。十一輛為局本部使用（車輛管理由秘書室負責），另有十輛給家庭福利服務中心使用。
2. 其他各類汽車：
   (1) 復康巴士：二百七十五輛小型、一輛中型、四輛大型。只有大型復康巴士的錢不是募款而來，由市庫編列預算並向中央爭取補助，其他都靠捐贈。
   (2) 老人文康車：十二輛，都是捐贈的。
   (3) 托育資源車、早療服務車：十三輛，都是捐贈的。
   (4) 聽障服務車：一輛，捐贈的。
   (5) 輔具資源車：三輛，捐贈的。
   (6) 送餐車等：三輛，捐贈的。

另外有上百輛的機車，由民間基金會捐贈，提供社工員使用。

車子能跑，絕非易事，各種費用都得考慮：牌照稅、燃料稅、油料費、養護費、保險費、檢驗費等。

在小型復康巴士方面，有二百七十五輛正在營運，另有五十幾輛的備用車。每一輛的維修經費一年平均37,500元，如此就要編列一千多萬的預算。臺中的復康巴士通稱小白，小白平均七歲，有好多都已經超過十年了。因此，要設法爭取各界捐贈新車。

筆者到任後，受贈情況大致是：在復康巴士方面，108年十八輛、

109年十二輛、110年五十四輛、111年五十六輛，還有老人文康車兩輛、托育資源車四輛、聽障服務車1輛、早療服務車一輛、送餐車兩輛。也就是說，受贈的車輛在短短三年之間，約一百五十輛（之前的五年總共受贈僅五十幾輛），使服務民眾的車輛有半數都是這幾年的新車。各司機當然喜歡開新車，民眾喜歡乘坐新車。在管理方面，修繕、汽油等費用，都可以大幅度減少。

　　管理車輛方面，小型復康巴士營運中心共五個。大型復康巴士營運中心一處。老人文康車經營團隊一處，委託靜宜大學的團隊；托育資源車經營團隊，委託亞洲大學的團隊。復康巴士的經營，表現很不錯，榮獲2024年「臺灣永續行動獎」和「亞太永續行動獎」的雙金肯定。

第十八章
如何方案合作？

- 福利服務輸送
- 標案及團體搭配
- 聆聽抱怨、加強連結

第一節　福利服務輸送

眾多的工程一一完工，福利服務的點愈來愈普及。建築物是固定的，加上移動的車輛，使民眾更容易、更方便使用各種福利服務。這麼多建築物和車輛的管理，當然不可能靠有限的公務員人力。所以政府透過標案，與更有經驗、更專業的體系來合作。例如復康巴士就麻煩對身心障礙最熟悉的組織來承接。又如對幼兒的服務，與大學的幼保科系合作，借重老師及專業人士的專長，又提供學生實習的舞台。

單單是公彩，就創造了一千兩百多個就業機會。救助金專戶的十幾項計畫，也提供了許多非營利組織相關的人事與業務經費。如此福利可以就近服務有需求的民眾。

怎麼合作呢？政府引進民間資源及競爭機制，主要的類型和依據的法規有：(1)行政委託：依照《行政程序法》。(2)經費補助：依照《衛生福利部推展社會福利補助作業要點》。(3)政府採購：依照《政府採購法》。(4)促進民間參與公共建設：依照《促進民間參與公共建設法》。社會局負責合作方案的是各業務科，以及秘書室。

近年來，購買式服務契約（purchase of service contracting, POSE）大幅度成長，成為政府和非營利組織間在社會福利服務上最普遍的合作方式。在此種關係下，政府和非營利組織是合夥人；契約的內容包含了正式的規章約定、財務分配與服務達成果，以及相關的行政運作過程。行政除了嚴謹的流程，更應有頻繁的溝通。

多年前讀到一句話：「什麼是行政，就是發生錯誤被發現，別人才知道有你。」筆者在校長室幫忙過，日後長期擔任非營利組織的副秘書長、秘書長，深深體會秘書或政風的隱藏角色及重要性。

同樣地，社會局的業務也存在「80／20法則」現象，某些科室比較

容易引起注意，例如筆者常參加了人團科、兒少科、長青科、身障科的活動，這些科也常有新聞發布。但秘書室的同仁，默默做事使社會局順利運作。以做光做鹽來區分，有些科室容易發光，秘書室、政風室則默默調和，發揮鹽的功效。期許同仁猶如忠心的管家，善用組織內外的資源，使服務輸送得以順利，結合供應通路使流程順暢，如此社會福利的各項專業服務就容易落實了。

大學裡均設有秘書室，政府則還有政風室。政風像人身體上的白血球，幫忙除弊，負責公務機密及機關安全維護、處理人員貪污及違法事項，也對業務興革給予建議。

秘書室負責的業務就多了，與委託方案有關的有：(1)採購發包；(2)公文之承辦與辦理採購人員訓練；(3)各科室發包案件之彙辦；(4)所屬二級機關及其他機關發包案彙辦、採購監辦等。

此外的重點有：(1)出納管理、採購業務管理、文書管理、檔案管理、財產管理、廳舍管理、總務及綜合業務。(2)廳舍規劃作業。(3)辦理檔案應用管理──調卷、登入系統、印簽收單、陪同閱覽、開繳費通知單、至銀行繳費、黏貼回會計室憑證、區分表彙整、檔案清查及銷毀、庫房設施及門禁管理、案件登錄。(4)二級機關檔案考評。(5)總務採購業務。(6)司機駕駛及公務車輛（含油料）管理。(7)文具用品及庶務管理。(8)共同供應契約等等。

有幾個專戶要麻煩秘書室同仁：社會福利補助金；新住民發展基金；中低收入戶補助款；社會福利基金；救助金等的管理、對帳與收據、支票開立。

在筆者服務的階段，除了處理各項例行業務，一方面要面對疫情、購物節等前所未有的考驗，還有對廳舍管理的新措施，以及整體識別的設計等，增加大量的工作。

第二節　標案及團體搭配

　　從事管理須設法發揮「綜效」（synergy），也就是「協同作用」，協助對方，同心協力，產生綜合的效果。一加一，遠大於二。

　　標案的類型非常多元，按照屬性主要分成工務類、勞務類、財物類。以往社會局很少有工務類的標案，到任後努力新設公托親子館，相關的採購案大量增加。在經費方面，最少為一百多萬，最多超過兩億元。

　　各合作案，政府委託，民間承辦。民間團體各有專長，規模差異甚大，也有不同的歷史、人力組合、對社工看重程度等均有差異。老牌的非營利組織有其傳統優勢，新興的團隊則有旺盛的企圖心。以筆者的親身觀察，整理出一些參考線索。

1. 服務老人：老人有食衣住行育樂各種需求，有些因為受限於行動力，特別需要外界的協助。從具體的送餐到終身教育，各有組織擅長，應結合特別能針對方案需求提供服務的團隊，有經驗、有人脈者最好。
2. 服務身心障礙者：支持的方案在各類型中最複雜，互動的團體特別多，也差異甚大，有員工人數上千的伊甸金會等，也有幾位家長組成的小協會；有商業性質濃厚、市場導向的單位，還有剛起步的小團體。有的方案每個合作對象的預算就幾千萬（如復康巴士），有的僅僅幾萬元。
3. 服務婦女：方案經費通常不多，尤其是服務新住民的，需善用志願服務人力搭配，政府也要多提供資源。
4. 服務幼兒：家長看重子女，總是希望給孩子最好的，有些團體以商業化的方式經營，與社會局照顧弱勢的立場，有比較大的差

距，承辦人員須更有耐心地溝通。
5. 貧困者：投入的團體很多，但高度專業的不多，食物銀行為大宗，超過五十個團隊。照顧街友的，規模通常較小。

筆者剛接任，請綜合企劃科安排，與各委託單位的主管座談，連續七場。又持續參加托育機構、身心障礙機構、老人機構等的聯繫會報，聆聽福利服務關鍵人物的心聲。畢竟這些夥伴比起在社會局辦公大樓裡坐辦公室的公務員，更貼近服務的對象。

對各合作團體，筆者互動的狀態大致是：

1. 社會安全網的：超過半數親自拜訪，其餘幾乎都參加過對方舉辦的活動。
2. 服務各弱勢人口群的：有超過三分之一參加過合辦或對方辦理的活動。
3. 挹注經費的單位：幾乎所有舉辦長青學苑的單位都參加過開學典禮或結業典禮，關懷據點去過三、四十處，街友輔導團隊都頻繁互動。
4. 復康巴士團隊：每年至少有兩、三次合辦活動，如消防演習。

第三節　聆聽抱怨、加強連結

昔日社會局與民間的合作有諸多問題，筆者到任後頻頻對話。每一場參加的人數不多，筆者先寫一封信說明自己的想法，然後請每一位發言。這些場次的相聚，期望公私協力（public-private partnerships, PPP），政府與非營利組織共同合作提供服務，為社會福利民營化的主要模式。整合各方資源，以平等、分工、共享互惠的良性態度合作，透過雙向溝通參與的方式，共同分擔責任。

在座談中，合作團體的負責人抱怨不少，筆者和綜企科、秘書室、會計室等商量後，做了一些改進。如團體反映最多的補助作業要點，我們就努力：(1)公務與公彩補助要點齊一，以利團體依循。(2)簡化申請表單：原則上僅需以計畫書提送申請，相關證明文件由社會局自行主動查核或勾稽。(3)就地審計機制：新增受補助單位之組織人員分工明確、檔案保管制度健全經社會局審核通過者，得留存原始憑證。又如對評鑑不滿，加以改進：(1)第三方評鑑機制：團體可自行選擇合適輔導或評鑑委員。(2)多元輔導方式取代單一評鑑：透過輔導、考核之過程評量，進行調整修正，以提升服務品質。

最重要的創新改變是福利主軸提高補助：以政策引導服務方向，發展創新性計畫，最高100%補助，讓福利服務能更加多元。筆者專門錄製節目，說明福利主軸，重點在平權、關懷家人、跨人口群服務等。

社會局相關科室的走廊，擺了各種桌椅，通常是來洽詢的民間組織工作人員和社會局相關業務的承辦人在此商討。有時溝通的時間很長，筆者多次被要求加入。這樣狀況頻頻發生，筆者到場後先觀察，發現承辦人花很多時間在「解釋」，對方最希望的卻是「解決」。

民間組織支持各服務的對象，社會局支持他們。此種關係簡單說為：G─B─C，第一個G是government，政府（社會局處），第二個B（business），提供服務的組織，第三個C為client，需服務的案主。基本上第一條橫線（G─B）的互動為方案，契約的方案。第二條橫線（B─C）為個案，專業的個案協助。

方案的執行有賴緊密的合作，社會局如果不和民間組織建立、維持並強化關係，各種服務一定做不好，民眾的抱怨必定很多。例如一位復康巴士的司機、一位身障機構的保育人員、一位托嬰中心的教保員……讓服務對象投訴，政府都要協助處理改善，否則成為媒體關注的事件，就複雜了。筆者某次在議會被猛烈砲轟，正是一個私立托嬰中心工作人員對幼兒不當管教。即使私托還不是委託單位，而是監督的單位，但

第十八章 如何方案合作？

只要有沒做好的，社會局都被認為有責任，局長都可能被指責甚至被懲處。

在缺水和疫情階段，夥伴單位都承受比平日更大的壓力、更多的不確定性、更困難的考驗，政府應從旁協助。因服務對象減少造成收入銳減，可能需要紓困計畫；要打疫苗、要口罩篩劑和防疫用品，社會局想辦法提供；這些是夥伴，是朋友，是幫政府服務的。

在強化合作方面的具體作法還包括：

1. 多說明：召開說明會，錄製相關節目，解釋清楚。
2. 多幫助：這幾年，社會局對所委託單位的支持，無論是經費、資源、資訊等，都比往年多。筆者主動媒合企業、人民團體及學校，幫助各委託單位。大量的車子、大批的教保材料、更多的捐款、比較寬裕的經費等，增加其收入。
3. 如果有產品可以銷售，主動幫忙促銷，多次邀請市長為代言人，幫忙行銷。

種種努力屬於外圓的部分，圓通，通情達理；圓熟，相互熟悉；圓融，相處融洽。但內在，是方的，守著法規、守著制度、有著秩序。公務員依法行政，法的本質為是非題，需是非分明，不能隨機應變、不該因人而異。

因為是委託，必然有契約，大家都按著契約走最關鍵。被委託的一方常常想有沒有彈性，有哪些可以變通的，但承辦人或主管如果對甲變通，乙、丙、丁都想變通，契約這白紙黑字彷彿是廢紙，怎麼行？

承辦的公務員往往年輕，職級不高。相對地，承辦單位的主管通常社會歷練豐富，見多識廣，人脈豐富。可是公務員執行公權力，扮演國家權力行使者，不能因為對方如何強勢，就降低公務的標準。

筆者來自學校，也長期在非營利組織幫忙，深深體會合作的重要性，「合作不難，只要熱誠就不難。」熱誠，可以創造許多奇蹟，可以

帶來各種快樂，可以使自己成為更好的人。「當家才知柴米貴，管理才知合作難。」不能因為柴米貴就不持家，更不能因為合作難就不從事管理。合作比不合作，其實更難。一個人孤芳自賞，活在自己的世界，絕對無法做更大的事情。

第四篇

對自然人的服務

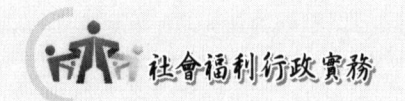

引言

　　日本電影《我的完美日常》簡簡單單描述一位負責打掃東京公廁的中年男子，他的日常任務絕大多數人不喜歡，但他甘之如飴且做到最好。我們偶爾掃廁所，他則持續做，做出生命情懷。

　　社會局的夥伴面對一般民眾不想看到的街友、孤老、多重障礙、婚姻暴力、老人虐待、兒童虐待、性侵害、精神疾病患者……很辛苦。

　　在臺中，多數人願意去七期、去百貨公司、大賣場或科博館，少有人願意去火災現場慰問災民並處理安置事宜，到老舊公寓探望長輩，去充滿異味的房舍間送食物，在天寒地凍的晚上去地下道幫街友送熱食，在深夜接到電話去醫院協助安置受虐、受侵害的民眾……但這些，都是社會行政人員與社工的日常，也都是筆者經歷過的。

　　日復一日，期待做到完美，至少能愈來愈好。至少，掃公廁與公共服務，都對民眾有益。

　　民眾有知的權利，政府有告知的責任。民眾與公務員之間必然存在「資訊不對稱」，前者所知有限，政府有責任充分告知，用各種通路將正確資訊提供。社會福利包山包海，因此應該有一完整又及時的平台，就是官網。設計以愛心為代表的整體識別與各業務的個別辨識。

　　數位時代，人人有手機，如何將各式各樣的資訊加以整理，出版了福利導航和電子書。為了生動、活潑、清楚又完整介紹，創新製作了每週播出多達一百集的直播影片，並配合QR-Code。

　　供給端是社會局，需求端是民眾。民眾的需求多元，公務員先確認資格，有些比較明確例如年齡，有些需要進一步診斷例如身障資格，有些需考慮財務狀況例如低收入戶、特殊境遇家庭。各項審查，依法進行。社會工作者適時訪查，瞭解個別差異並提供進一步的協助。

　　補助津貼，以金錢為主，發放各種津貼補助占了福利預算的大多

數,提供各種現金的補助和多元的減免優惠。天災人禍發生了,救急也要救窮,疫情更打擊無數家庭,還有服務老弱障幼的團隊,需給予紓困。

民眾有難,政府施以援手,大致分為例行的、救助的、紓困的。弱勢者的食衣住行育樂,尤其是醫療的需求都得考慮,社會福利體系發展種種方案,提供全面的支持。

個別化處遇主要要靠專業的社會工作者,防止兒童虐待、家庭暴力或性侵害等俗稱的113由家庭暴力及性侵害防治中心負責。幾十種幫助家庭的方案主要由社工科負責,又在各地設置家庭福利服務中心,強化對不同家庭的差異化服務。

第十九章
如何資訊服務？

- 未告知的嚴重性
- 通路及方法
- 官網及整體識別

第一節　未告知的嚴重性

「預防總是勝過善後」。剛接任，大量時間在拜訪議員和處理不幸事件，一個火災兩位消防員殉職，筆者去了殯儀館四趟；居仁國中才女與阿嬤車禍罹難，去殯儀館三次；一個母親的同居人虐待小雙胞胎幼兒的悲劇，跑了兩趟醫院又開了兩次重大事件檢討會議……每一次引人矚目的意外，首長所做的有限，多麼希望悲劇不要發生！

對社會局長來說，被議員叫到研究室，也可能是悲劇。剛到市府服務，媒體公布市長的施政滿意度僅三十八分，六都倒數第二。正好被大砲型的議員找到議會的研究室處理陳情，該民眾的老父親滿一百歲半年多了，從未領到每個月六千元的百歲人瑞敬老禮金。原來這項福利是要申請的，他們沒申請，等到鄰居告知，他們跑來社會局要求從生日那一個月補發，結果同仁告知要到區公所辦理，而且不能補發。

許多福利措施都牽涉到申請，但民眾不知道有某項措施更不知道如何申請。一旦知悉，抱怨四起，打1999等申訴。社會局上下處理抱怨的成本很高，例如當天筆者被罵一個小時，這寶貴時間原本可以做些有意義的事情。如此的悲劇，可以預防嗎？

回到局裡與主管們討論，甚至有主管說：「民眾不知道，可以節省經費，也節省人力，我們已經很忙了，來更多申請案很麻煩。」但他忘了：被議員罵、被市長念、被媒體轟，更麻煩！也許有的主管被罵，回辦公室罵部屬……難怪許多社會福利行政的公務員脾氣不太好，在辦公室裡發飆或失控。

對做生意的來說，有句至理名言：「顧客的批評是上帝的聲音。」所以絕不能怕批評、怕客訴，因為可能都是幫助改進的關鍵。社會福利行政的客戶就是市民，市民如果不滿，找誰？找里長、找議員、找媒

體、打電話到市民專線⋯⋯甚至想方設法要見市長。還可能找其他人抱怨，其他人又會告訴更多人，社會局乃至市政府的形象變差，市長的施政滿意度偏低。

「民眾的小事，就是政府的大事」，民眾權益損失，看似小事，對政府體系卻可能造成大事。如果沒充分告知民眾的福利，公務體系就該改善。種種津貼補助禮金，已經編列預算，就該執行，公務員哪裡能因為怕麻煩而不宣傳推廣呢？幾千塊上萬津貼補助禮金，對基層民眾的家庭，對苦命人，都是一筆不小的錢。

很可惜也很令人生氣的是，只有少數福利措施，無需申請。大多數的津貼補助按規定要申請，都得填申請表，攜帶各種文件到區公所或某些定點辦理，少了某些文件還要再跑一趟，非常不便民。在戶政、健保、財稅等系統愈來愈進步的時代，便民的措施應該愈來愈多。政府在中央設立的數位發展部，地方陸續成立數位發展局，社會局也有資訊人才，就該大量減少民眾的奔波。

政府端人才濟濟，如果多用心，可以減輕民眾很多麻煩。例如盧市長上任後的重要政策──老人參加全民健康保險保險費自付額補助，幫助三十萬六十五歲以上的老人和五十五歲以上的原住民。如果都要民眾申請，勞師動眾，行政成本極高。還好筆者陪著長青科同仁去與健保署，雙方商討合作事宜。由社會局主動審核補助資格，將符合資格者的資料送到健保署辦理，民眾無需申請。多項育兒的補助，也減少申請流程，與戶政系統勾稽，就可以執行。

重陽禮金的發放，六十五至八十九歲每一位兩千元，九十至九十四歲三千元，九十五至九十九歲五千元，一百歲以上一萬元。如果都要發現金，臺中市有四十幾萬民眾符合資格，多麼複雜？民眾可以選擇請里長發，也可以由郵局轉帳，轉帳對長輩和工作同仁都好。筆者任內大力推動，大多數的老人都選擇轉帳，省去親送或發放的麻煩。若有剛滿百歲的人瑞，了不起，最好有公務員親送，致送一萬元禮金時，詢問是否

同時申請百歲每一個月六千的禮金,不是很方便嗎?當然有些措施,同仁未必熟悉,因此要編印《福利導航》這樣的手冊和各種宣傳。

政府透過法律為人民提供福利,也透過法律對違反者處罰,例如《兒童及少年福利與權益保障法》有七章,第六章為「罰則」,從第八十六條到一百零九條各式各樣的裁罰。這些都應宣導,告知民眾、服務人員、業者等。否則某些人或機構或商家違法,社會局依法裁罰,被罰的如果不服可以提出訴願甚至訴訟,每一個案件都可能造成龐大的人力成本。

有些新措施對民眾有利,有些措施牽涉到處罰,有些措施影響家庭,有些措施可能改變家人的決定,但民眾毫無所悉。有些好事,如福利設施開幕、補助津貼增加、在全國評比得獎等,少了宣傳,十分可惜。誠如長官提醒:「為善不欲人知的時代過了,社會局要會做事,也要懂宣傳。」

不懂得宣傳,就沒有亮點政績。公務員、社工人等,多數不習慣宣傳也不太會行銷。相對地,市長媒體出身,深知行銷的重要性和宣傳的方法。她看著社會局在臉書點閱率吊車尾,社會福利的民怨不少,給予有效的指導及協助。筆者也深入研究民意調查的結果,發現市長在年輕父母人口群的滿意度偏低,因而規劃推動育兒托育親子館等方案。

第二節　通路及方法

在人人有手機、處處談AI的時代,資訊化的重要性愈來愈高。社會福利界以往少有具備資訊背景的人擔任首長,也少有媒體背景的。筆者在東海大學擔任圖書館館長時借調到市政府,因此善用媒體、善用資訊。上任第一年接受幾十次的廣播,電視訪問,頻頻對外說明。如何說明?絕對不能像以往雜亂無章,東一點西一點。筆者將擔任圖書館長增

第十九章 如何資訊服務？

設資訊服務的經驗，整理成幾個原則：

1. 從使用端思考：學校裡的網站分成老師、職員、學生、未來學生等。會看社會局官網的，主要是：社會福利行政人員、民間團體、福利機構、民眾等，所以福利導航的導覽配合不同對象說明。
2. 以影像說明為主：在圖書館長階段設置了數位攝影棚，在社會局，局長辦公室就是攝影棚，製作直播、錄製大量的影片。
3. 盡量做出方便使用的資訊系統：圖書館長的階段，配合不同的感應器監督龐大的空間，也使館外的人可以方便瞭解空間使用的狀況。社會局長任內建置了四十幾個，還對各托嬰中心，建立了雲端監視系統。
4. 加入AI：圖書館長階段大量辦展覽，包括AI藝術展。到了社會局，應用AI去整理、分析、歸納，使服務輸送更精準、豐富、有趣。
5. 多用大數據分析：龐雜的資料讓人眼花撩亂，善用社會科學的統計訓練，設法找出重要線索來制定政策、設計方案、服務目標人口群。

記者有次訪問筆者，問說：你如何將所決定的，向同仁及外界說明？對同仁，主要靠Line與所寫的信。為了對外的說明，方式主要有：致詞、臉書、圖卡、廣播、新聞稿、記者會。最頻繁的是圖卡，最規律的是直播。對各工作人員，則印製完整、正確且方便、每年更新的《福利導航》，還有種種電子書。

筆者長期主持廣播節目，也主持過電視節目，在東海錄製了各種影像教材。透過大眾媒體，還有Podcast說明各項社會福利政策，最為方便。

密集上廣播有幾個時機：首先是剛就任，許多相識的廣播主持人好

奇筆者的心路歷程，詢問對社會福利的看法。其次是配合疫情的變化，媒體想要瞭解政府的政策及多項補助計畫，因此多次戴著口罩受訪。第三是有幾位議員本身主持廣播或參選立委，邀請筆者說明社會福利，吸引更多聽眾。第四是宗教背景相關的行銷計畫，還透過一日志工等計畫，推廣行善的理念。

廣播電視主持人都伶牙俐齒、反應快，上節目有助於增廣見聞、瞭解民意、說明政策，對筆者及社會局都幫助不少。接任一百天，筆者決定資訊服務為工作的重中之重，策略如下：

1. 向標竿學習。民間團體以有限的人力經費，辦理某些受歡迎的活動及服務，趕緊參考。衛生局的局長開直播，幾萬人看。市長的疫情記者會，每天直播，十幾萬人看。社會局，當然要效法。
2. 改善官網，善用圖卡。
3. 多麻煩市長代言。
4. 設計製作精緻文宣品及創意禮物。
5. 多參加各種活動，致詞時簡要宣傳。

「通路」是關鍵，善用既有的通路。行政部門方面，最重要的是「民政體系」，民政、社政一家人，多靠民政局夥伴。民政深入基層，從局本部→區公所→里長、里幹事、鄰長／社區發展協會理事長，建立各種Line群組，有訊息、有政策、有新措施，馬上傳播。謝謝民政局長的安排，得以多次到區長會議報告，請他們幫忙傳播訊息。新聞局非常重要，幫忙社會福利新聞的傳播。還有地方稅務局、地政局等與民眾面對面服務的局處，也是好的通路。另外針對特定族群的原住民委員會、客家事務委員會等，合作行銷。這些，都不用花錢。

事在人為，一個人才比多個人力更重要。2020年5月有媒體出身的夥伴加入，搭配逐漸成熟的社群平台負責人，以多元管道進行。在**表19-1**說明各種管道。

表19-1　行銷管道按照所需經費多寡區分

管道	經費少	經費中等	經費較多
1.文字為主	DM／發信件通知	優先採購產品手冊	《福利導航》手冊
2.影像為主	官網的圖卡	製作直播	三十秒的影片
3.媒體通路	發新聞稿／接受採訪	上廣播或電視節目	電視或廣播的廣告
4.活動為主	致詞時宣傳	跨局合辦	辦理園遊會
5.禮物	摺扇、毛巾、造形氣球等	防疫用品	形象大浴巾；身障團體製作的手工皂、咖啡包

1. 在文字說明方面：DM最便宜，每張幾塊錢簡單明瞭說明，加上一些禮物，配合人口群的屬性透過管道發送，包括：
   (1)長青學苑、關懷據點給老人。
   (2)親子館、公托給家長。
   (3)青少年活動中心、女兒館給青少年。
   (4)婦女館、新住民中心給婦女。
   (5)藉由復康巴士，各日照小作所給身心障礙者。
   (6)優先採購手冊將各身障團體的產品印製，提供各局處、民間團體、企業，希望逢年過節或辦活動能加以考慮。
2. 在影像方面，圖卡最清楚，透過社會局官網、各附屬中心及單位的網站、新聞局的官網來公告。三十秒的影片則需仔細拍攝。
3. 媒體通路：每年有基本的預算，如果高成本的行銷，請新聞局提供部分的經費。
4. 禮物方面，比簡單文宣品精緻一點，希望拿到的民眾會保存，每個成本二、三十元。如敬老愛心卡、老人健保補助等，用扇子，不是大大的而是六個小葉片，共十二面說明，收的時候只有十五公分長、五公分寬，可以放在皮包裡。有幼年子女的家長隨時需要毛巾，就將宣傳的QR-CODE印在角落。
5. 《福利導航》發到議員服務處、區公所、里長辦公室、合作的民

間團體等。

社會局與中部多個廣播電台合作，一個方案做一季十三集經費不多，許多團體的夥伴及社會局同仁陸續受訪說明。有些無須額外的費用，例如手機下載了中廣新聞爆APP，筆者每周有二十分鐘報告社會局所推動的各項業務。

請地方電視台幫忙拍攝了一些影片，每部三十分鐘，在電視台撥出後，又經過精心剪輯成五分鐘的單元，加上筆者的引言及串場，製作了《用愛支持，配飯剛好》。播出後累積不少的觀看次數，許多人藉此獲益。

持續努力，市長的民調逐次上升。《聯合報》公布了對六都市長及市府施政的民調，其中「社會福利資源不足」，只有2.3%的市民如此反映。換言之，多數受試者更認識社會福利，不覺得台中的社會福利資源不足。

第三節　官網及整體識別

在資訊與影像爆炸的時代，如果無法在瞬間抓住人們的注意力，就難以訴求。關鍵在有個好的整體識別。筆者在東海大學擔任各種職位，做行銷、辦活動，都設法連結「路思義教堂」此鮮明標誌。社會局這麼龐大的體系，這麼多的人力，卻沒有一個清楚的識別，眞奇怪！社會局有全球資訊網，但呈現的方式零散又混亂。筆者帶領同仁再三討論，逐步修正設計。

最大的改變是以全新的整體識別（identity system）為核心，簡要呈現整體面貌，讓外界一眼就產生印象（image）。首先是福利服務的內涵，如社會局同仁的內在氣質，屬於心智識別（mind identity）。不過，印象多半是淺的，先要有印象，容易引人深入瞭解。人們多數屬於「外

貿協會」，憑第一印象就決定是否要繼續看下去。因此，印象管理一定要產生鮮明的印象，稱之為外表識別（visual identity）。

社會局以提供福利為主，所提供的福利，應該靠近所服務的對象，因此要多拓點，並將此展現出來。結合臺中市各行政區的形狀，以有趣的活潑的方式呈現近便且多元的福利服務。

一、官網

社會局官網版頭原為純橘色，重新設計，為了搭配整體識別地圖色調，以暖色系及粉色系作為搭配，並融入吉祥物愛家兔，讓頁面更顯活潑和親民。傳達的理念是：社會福利服務遍布臺中的每一處，以愛心結合專業，落實各項法令，溫暖又有活力。重點有三：

1. 圖像：以臺中地圖做為底，利用愛心弧線分割與排列板塊，符號分布於各角落，說明社會局始終提供貼切且近便性的福利服務。
2. 色系：落實「社會有愛、溫暖臺中」的概念，以暖色及活力色調為主，呈現蓬勃朝氣。
3. 核心內容：八大福利類別——兒少、老人、身心障礙、婦女及性別平等、社會救助、人民團體、社會工作、家庭暴力及性侵害防治等。針對服務對象和性質設計專屬的子視覺，處處以「愛心」融入其中，每一個都有愛心圖像，都以愛為核心，依法提供專業服務。這八個識別配合圖像如此簡述：

人民團體結合眾人
身心障礙有愛無礙
社工科協助家庭幸福
救助科提供物資金錢
兒少科全面照顧孩童

重視婦女及性別平權

長青科充實老人福利

動員各界防治家暴性侵

　　整體識別應用的範圍很廣，例如幾十處的場館，數以百計的據點。有些館舍的牆壁直接以此來行銷。在活動方面，各業務科辦活動時的舞台背板，可以挑選自己科室類型圖示為基底，再因應活動性質增加所需圖案或文字。又如各項文宣品、禮品、提袋等，都附上整體識別的圖案。各科配合社會福利資源的實際位置，調整標示在大臺中地圖的愛心點陣位置。

二、官網的區塊調整

　　民眾搜尋社會局官網的主要原因是需求，官網選單文字應以民眾角度設計。依無障礙網頁設計原則建置，原本官網的首頁分成超過十個區，又多又亂。將之簡化為三大區塊：上方功能區塊、中央內容區塊、下方功能區塊。七項功能選單依序是：

1. 各種最新消息、徵才、紓困、新聞等有關民眾關心議題的「熱門訊息」。
2. 以服務人力為主要概念，簡介組織架構及「服務團隊」。
3. 說明各科福利服務項目的「社會福利總覽」，介紹重要服務計畫。
4. 便民服務措施。
5. 影音資訊。
6. 政府公開資訊。
7. 相關連結。

　　在有如跑馬燈的Banner方面，即時公告各種與民眾特別相關的資訊

（在疫情嚴峻之際，各項公告、便民服務、紓困措施等都在此迅速呈現）。在Banner旁邊是觀賞人次眾多的臉書，內容不斷更新，粉絲數持續增加。

最核心的部分以八大福利類別為導覽分類，方便民眾快速辨識及瀏覽。與八大福利類別稍有不同的是：家庭暴力及性侵害防治中心為獨立機關，另有官網，加上必須呈現公益彩券，所以稍加調整。接著說明首要的服務計畫：公托、育兒、敬老愛心卡、恢復老人健保補助、社會安全網等等。

「影音資訊類」整合影片拍攝成果、直播等豐富又多元的內容，配合單元——兒少、老人、身心障礙、婦女及性別平等、社會救助、人民團體、社會工作等，分門別類。瀏覽者若有興趣，按照主題觀看。

七項選單已包含所有資訊類別，簡化並整體規劃網頁資訊設計，因而將原本有的好站推薦、本局所屬機關及外館、活動相簿、網網相連、社群連結等，都放在各功能選單的次欄位目錄之中。

第二十章
如何數位導航？

- 臉書脫胎換骨
- 製作直播一百集
- 電子書及平台

第一節　臉書脫胎換骨

　　台灣網路資訊中心（TWNIC）公布2024年度《臺灣網路報告》，民眾最常使用的社群媒體仍是臉書（Facebook），占比44.44%。臺中市政府社會局當然要好好經營，臉書〈社會有愛 溫暖臺中〉成立於2014/5/30，運作了四年半，粉絲數只有9,661，然後緩慢增加，2020/1/1是11,117，2020/3/8：11,589，2020/3/19：11,693。在各局之中，算是很少的。以社會局的預算之多、接觸民眾之廣，這樣的數字太難看，無法落實社會福利，筆者因此將臉書經營當作重要任務。

　　為什麼要積極經營臉書？另一個關鍵在市長對局處長的要求漸漸增多。新聞局和研考會針對最近的輿情、民調、重大議題等做報告。市長會針對績效不顯著或有負面報導者，提出警告。注意特定議題的宣傳，動員與該議題相關的局處首長密集協商。例如口罩的募集與發放，對燈會志工的回應等，都與社會局有關。

　　市長提醒：需加大行銷的力道，不僅活動要行銷，更考慮以行銷為主，為了能行銷而辦活動。如果無法行銷，該活動可能規模縮小，甚至不辦。

　　臉書有助於與議員關係的強化，不但議員本人，還與議員服務處的同仁、議員有關的團體、議員的樁腳、支持議員的系統等，經營關係。也研究議員的臉書，知道議員參與的重要任務，議員論述的話題，議員可能質詢的問題等。

　　筆者未到任前，臉書欠缺經營，又無章法。與六都的社會局相比或是與教育、警察、法制、水利、勞工等局的臉書相比，社會局的表現都屬於後段班，該改進之處甚多。市長直接提醒：要爭取在網路裡獲得肯定。

第二十章　如何數位導航？

　　社群媒體對市政的正面或負面回應，透過字雲分析、擴散聲量、社群趨勢、聲量分析、情緒屬性（將之細分為正面、負面與中性）等進行，還可以對社群議題、社群熱門文章、標題特別醒目等，加以分析。

　　誰在看社會局的臉書？對年齡分析：超過78%的粉絲集中在二十五至五十四歲，其中三十五至四十四歲人數最多。對性別分析：約69%為女性。

　　筆者因此研擬策略，持續用系列的活動呈現社會局的精采豐富，除了例行的、個別的活動，設法產生「組合性的、人物性的」。愈來愈多民眾藉著一篇又一篇短文、影片、照片，瞭解社會福利。一位又一位充滿故事的社工及社會局服務對象，各自的生命分享都感動人。原則是：宣傳集中打、文字應簡要、民眾記得住、圖卡明確。若有更多說明或資訊，則配合照片呈現。

　　多元宣傳管道，民眾看得到，也檢視效果：

1. 臉書：首發／後續容易搜尋／量化宣傳成效。
2. 官網：次發／跑馬加強宣導。
3. Line群組／line@：次發／加強推播。
4. 實體活動：掃描該則訊息或單位粉絲頁QR-code，增加粉絲黏著度。

　　貼文形式：分成：(1)事前稿：暖場性質。(2)事後稿：立即亮點分享。(3)互動文：增加趣味性，加強活動擴散及熱度。照片絕對優於文字，前三句就要抓住眼球。

第二節　製作直播一百集

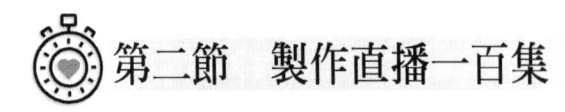

一、製作緣起

筆者是位教育工作者,即使擔任局長還是以教育優先、教育為念。做各類型節目主要目為了教育,而不僅是宣傳。理由主要是:

1. 宣傳通常緊湊,十幾分鐘太長了。若是教育,可以仔細解釋。
2. 宣傳的官方色彩重,直播以主題為主,希望給民眾新資訊、新知識。
3. 宣傳主要是單向的,直播期待更多留言、詢問、分享。
4. 宣傳凸顯特定議題,一百集則廣泛多元。

教育總是緩慢的,在緩慢中逐步培養及帶領。精心製作這些臉書的內容,可以幫忙新進的同仁更快、更全面認識當前主要努力的亮點。可以使來實習的學生、與本局有關的志工、各網絡的民間組織工作者等,加速且多方面認識社會局的相關業務。更希望民眾多瞭解社會福利。

製作節目是內部動員的一種方式,不同科室的同仁陸續上場,產生競爭效應,各科設法動員自己科室的系統,觀看、按讚、留言、分享。筆者特別找各科的主管進行「強化媒體與社群的研討」,用實際的案例示範具體的做法,訓練更多同仁善用媒體將自己所做的有效傳遞給更多人。一百集,有上百位同仁擔任來賓或出外採訪,參與了影片的製作。即時回應觀眾的提問,對每一位都是特別的經驗。

為了吸引民眾持續注意社會局的臉書,每周做直播。從2020年5月28日,到2022年4月20日,播出了一百集的影片。即使過農曆年的階

段，在每個禮拜二，《社會有愛 溫暖臺中》都提供一集精彩的內容，向各界說明臺中市政府推動社會福利的真實情況。

二、三大系列

(一)系列一：《找錢做善事》

自2020年5月起製作，共十集。

1. 形式：說明社會局的多項服務，既然是直播，須加上一些吸睛的有趣安排。先把昔日每年一次公彩盈餘補助民間團體的講習改變形式，以聊天來訴求。既然是直播，加上一些有趣的安排。
2. 時段：前三集都是三十分鐘。從第四集起，改為十五分鐘，播出的時段為周二的12:30-12:45。
3. 主題（請見**表20-1**）。
4. 主持人：都由筆者主持。同仁建議用「社福達人」，評估此稱呼太強烈，改用「彭P」。
5. 來賓的品牌：前三集邀請對公彩非常熟悉，個人充滿魅力的「機智美女」。第四、第五集請社工科科長，以「鋼鐵女王」為品牌。第六集是身心障礙科的督導，用「社會之花」。第七集、第八集是身心障礙科的「秋田二人組」。第九集、第十集為身心障礙科的「最佳業配女士」，因為她積極行銷身心障礙小型作業所的各種產品。

透過直播跨區域和快速的特性，即時回應民眾提問，拉近與民眾距離。系列觸及人數共達172,675人次，平均一集有一萬七千多人次。

(二)系列二：《綻放幸福力》

自109年8月4日起至111年4月12日，共六十三集，每周二播出十五分鐘，片頭搭配趣味性高的小情境、筆者與來賓對談，搭配圖卡、QA問答互動方式，帶領民眾深入且廣泛瞭解社福資訊。以首播影像呈現，讓民眾更快瞭解該集重點。此系列觸及人數共達940,487人次，每一集平均14,928。

(三)系列三：《用愛支持，配飯剛好》

自110年3月9日至111年4月19日，《用愛支持，配飯剛好》系列共二十七集，以臉書首播形式，每隔周的周二播出十五分鐘，每一集有兩至三個單元，筆者播報各類社福亮點服務的影片。此系列觸及人數共達202,219人次，每一集平均7,490。

《找錢做善事》、《綻放幸福力》及《用愛支持，配飯剛好》觸及人次共計1,315,381，每一集平均13,153，一萬多人次。

一百集以類似「百科全書」的方式呈現社會福利的面貌，讓大眾透過影像及討論的內容，瞭解社會局所做的，包括各種政策、計畫、方案、活動。對於各項補助、規範、作法等，清楚解釋。

筆者總是請教來賓為什麼會投入某項與該集主題有關的工作，又有哪些印象深刻的經驗。也試著使某項社會福利服務與承辦同仁做連結，加深閱聽者的印象。如此做很有趣也特別有意義，因此好多同仁都有成百上千甚至上萬人知道他／她們在某些領域的付出。

筆者決定只做一百集，然後轉型，不再每周二提供首播的影片。畢竟，影片固然是珍貴的影像，提供了豐富的內容，但在傳播的方式上還有更多種形式，也應該針對不同的服務對象及差異大的人口群有各類的溝通方式。

這麼辛苦的努力，累積了1,545分鐘的材料，在YT上不斷被點閱，

繼續以不同形式被使用、被推廣。例如社會局網頁的福利導航,例如各類型的福利電子書,例如辦理活動的體裁,例如行銷社會福利服務的素材。製作的主題及內容請見**表20-1**。

表20-1　直播一百集目錄

總集數	範圍及編號	主題	內容
1	補助團體1	公益彩券盈餘補助系列－補助要件篇	補團介紹（計畫類型、補助資格、程序要件、實質要件）
2	補助團體2	公益彩券盈餘補助系列－福利主軸篇	1.介紹110年兒童少年、婦女、老人、身障等福利主軸方向 2.補助規定和標準 3.申請時間
3	補助團體3	公益彩券盈餘補助系列－人事補助篇	1.人事補助案申請規定（厚植能量／專業人力精進） 2.人事費用補助基準 3.介紹輔導取代評鑑
4	社工1	不可不知的社工薪資新制	1.社工薪資新制有哪些重大改變？ 2.社工年終獎金怎麼計算？
5	社工2	家庭福利服務中心哪裡找？	設置順序、吉祥物、服務對象、服務內容等
6	身障1	身心障礙福利主軸特集	1.培力身心障礙者社會參與方案 2.家庭照顧者支持服務創新方案 3.身心障礙平權議題
7	身障2	身障平權系列－什麼是身障社區式日間照顧服務？	日照服務內容、布點、產品
8	身障3	身障平權系列－輔具購買最貼心	1.購買請款服務制度 2.特約廠商哪裡找？
9	身障4	身障平權系列－什麼是小作所？	小作所服務內容、產品
10	身障5	購物節優先採購good專區	1.優先採購定義 2.優先採購產品

(續)表20-1　直播一百集目錄

總集數	範圍及編號	主題	內容
11	兒少1+人團1	公民參與Follow Me	1.兒少代表選拔 2.模範父親母親選拔選拔 3.好人好事代表選拔
12	婦平1	綻放幸福力，性別下午茶	1.性別平等活動 2.綻放性別力影片徵選 3.性平觀念及網站
13	兒少2	綻放兒少力	1.如何成為兒少代表？ 2.兒少代表平常都在做什麼事情呢？ 3.在兒權會開會的經驗。 4.擔任兒少代表前後，有什麼改變？
14	兒少3+長青1	青銀活力秀	1.國際青年行動方案 2.阿公阿嬤活力秀 3.祖父母節
15	長青2	不老健康操，據點心花開	1.社區照顧關懷據點服務 2.據點特色課程－不老肌力班
16	婦平2	百岳女孩，登頂我來	女孩登百岳
17	婦平3	綻放幸福力，五星祐好運	1.性別平等觀念 2.五星好孕
18	人團2	社區趴趴造	聊社區
19	人團3	社區走透透－搶錢衝刺班	社區產品
20	人團4	社區走透透－社區產業GOGO購	社區產業
21	長青3	一起發揮銀響力－銀髮生活達人靜態篇	起源、招募、培訓 銀髮達人靜態活動
22	長青4	一起發揮銀響力－銀髮生活達人動態篇	課程安排和預約 銀髮達人動態活動
23	長青5	社會有愛 以老助老	活躍老化－敬老愛心卡／據點志工服務的小故事 志工服務和志工表揚
24	兒少4	動物派對	2020臺中國際兒童人權系列活動

第二十章 如何數位導航？

（續）表20-1　直播一百集目錄

總集數	範圍及編號	主題	內容
25	兒少5	社會有愛 以少助少	CRC及兒童卡
26	身障6	身障平權特集－身障者日園遊會與手翻服務	CRPD（身心障礙者權利公約） 身障園遊會 國際身障者日
27	人團5	綻放志工力 志工最給力	臺中志工全貌 高齡志工方案 高齡化志工
28	人團6	綻放志工力－志高企昂，一起當志工	國際志工日 企業志工及表揚
29	救助1	食物銀行幸福發放力	食物銀行 愛心捐款 年節活動
30	救助2	街角故事與街友服務	協助街友
31	兒少6	翻轉未來－兒少帳戶	兒少發展帳戶 開戶數全國最高 三冠王（豐原、梧棲、大安） 推動常遇困難及小創意度難關
32	長青6	雙柳出擊，所向無敵	長青學苑 學苑文創
33	綜合1	報告局長（上篇）	局長call out各科科長1
34	綜合2	報告局長（下篇）	局長call out各科科長2
35	長青7	當我們老在一起	獨老服務
36	救助3	脫離貧窮，我的未來不是夢	脫貧（自立生活）
37	社工3	溫馨快遞 愛心關懷您	溫馨快遞
38	人團7	創意表揚 有愛大聲說	模範父親、模範母親、好人好事、金婚鑽石婚感人故事
39	綜合3	綻放幸福力 精彩大回顧	綻放幸福力精彩片段

225

(續)表20-1　直播一百集目錄

總集數	範圍及編號	主題	內容
40	婦平4	性平帶著走，幸福動起來	性平競賽
41	婦平5	性平下午茶，我就是經典	婦女福利 38婦女節表揚故事
42	婦平6	女孩與夢	女孩／女兒館／圓夢
43	兒少7	津貼好給力，育兒我挺你	未滿兩歲育兒福利
44	婦平7	新住民福利與新住民朋友的故事	新住民
45	社工4	社工森友會	社工日宣傳
46	兒少8	友善公托，幸福臺中	親子館 願生樂養公托篇
47	社工5	社工人與社工影展	社工日宣傳＋社工影展
48	婦平8	性別友善，臺中捷運廁所開箱	性平／環境友善／文心森林捷運站開箱
49	社工6	志明與春嬌的社區式家事商談	政府服務品質獎／家事商談／公務人員服務獎
50	婦平9	母親節也要性平，幸福臺中	母親節／性平影片
51	婦平10	母親與她的經典故事	我是經典，母親的角度 1.受獎心得分享 2.母親的角色 3.扶養過程使用社福資源 4.巡迴展
52	兒少9	兒童發展與早期療育	早療／育兒資源網介紹／居家遊戲
53	綜合4	局長室裡的攝影棚大解密	周二系列影片周年慶
54	社工7	社工係瞎密！	社工科影片
55	長青8	老寶貝	關懷長輩
56	婦平11	數位性平大會考，翻轉傳統習俗	1.結婚禮俗（婚禮篇） 2.禮俗中消失的她（喪禮篇）

第二十章　如何數位導航？

(續) 表20-1　直播一百集目錄

總集數	範圍及編號	主題	內容
57	補助團體4	透過公彩和民間攜手推動福利	
58	社工8	社工係蝦米	社工科影片（街訪）
59*	補助團體5	透過預算編列超前部署	
60	身障7	突破限制，走向陽光	身障日照 沙鹿日照
61	兒少10	津貼好給力 育兒我挺你	生育／托育補助
62	兒少11	學得慢，你願意等嗎？	身障日照 蓮心日照
63	綜合5	社福尋寶趣	福利資訊化（社福地圖、復康巴士預約）臺中e指通
64	身障8	工作能力及態度從「小作」起	身障小作
65	身障9	首選優採，讓優採便日常	優採產品
66	身障10	獨立自主 從「小作」起	身障小作 大屯／霧峰 瑪那小作
67*	兒少12	守護家庭小衛星，開學課後照顧好安心	開學後的課後輔導
68	身障11	我的生活我做主－自立生活	身障自立生活
69	身障12	輔具資源布建足，近便使用更快速	輔具服務
70	長青9	長青學苑課程大拼盤	長青學苑終身學習教育
71	長青10	加倍敬老，雙卡加碼	臺中敬老雙卡（敬老愛心卡／健保卡）
72	婦平12	性別角色刻板印象翻轉	CEDAW

(續)表20-1　直播一百集目錄

總集數	範圍及編號	主題	內容
73	救助4	用愛紓困，單親不擔心	單親及弱勢家庭房屋租金補助 特境弱勢補助加碼
74*	救助5	你奮鬥，政府加碼	弱勢補助加碼（以工代賑、自立家庭、韌力家庭）
75*	婦平13	性平會客室	疫情期間，為婦女及性平做的事
76	兒少13	CRC從兒童做起 大人小孩齊努力	1.CRC定義 2.兒少代表成果紀錄 3.疫情下的CRC關注的事項
77*	兒少14	就算疫情來襲，守護兒權在所不惜	疫情期間，為兒少做的服務
78	兒少15	車車總動員：托育資源車	托育資源車的服務
79*	身障13	疫情下的身心障礙服務	疫情期間，為身障者做的事
80	家防1	無「獨」有我，幼兒照顧不疏忽	兒少保護
81*	身障14	車車來囉－復康巴士服務	復康巴士
82	綜合6	館舍舊翻新－食樂好事PLUS	館舍故事1－食樂基地
83	家防2	守護老寶貝 你我一起來	老人保護
84	綜合7	館舍舊翻新－元氣學堂	館舍故事2－元氣學堂
85	社工9	實習生回娘家	實習生
86	綜合8	館舍舊翻新－不老夢想館	館舍故事3－不老夢想館
87*	社工10	疫情下的社會工作	社會工作的服務
88	救助6	食物銀行 集食送暖	食物銀行
89	綜合9	虎年新春 賀歲迎新年	110年精彩回顧影片＋主視覺設計

（續）表20-1　直播一百集目錄

總集數	範圍及編號	主題	內容
90	救助7	看見自我價值，活出自信	自立韌力影片1－就業自立
91	婦平14	臺中婦女大小事	婦團特色服務
92	救助8	自立家庭，一加一儲蓄	自立韌力影片2－資產累積
93	婦平15	女綻女盛 消除偏見	38婦女節及表揚
94	婦平16	婦培中心，陪你一起向前行	婦平科培力影片
95	社工11	社工的工程人生	友善育兒補助： 生育津貼1萬變2萬 平價托育（兒少）、增加私托補助
96	身障15	有我陪你，一同社會參與	自立韌力影片3－社會參與 復康巴士及身障者社會參與
97	兒少16	咱ㄟ囡仔聲 攏愛認真聽	1.兒少三大發聲管道（CRC、兒權會、青諮會） 2.青年節
98	身障16	行動服務車車就在你身	輔具專車 老人文康車動畫
99	兒少17	臺中親子樂園，友善育兒服務	友善育兒服務： 友善育兒介紹（親子館、托資中心、托育資源車）
100	人團8	玩轉生活，享社區產業	社區產業

說明：＊配合疫情變化做說明。

資料來源：黃思瑜初步，作者進一步整理。

　　以往社會局官網每則的訊息，通常幾百人觀看就不錯了。有直播，三千起跳，是原來的好幾倍，許多集都上萬，最多的是三萬多人觀賞「青銀活力秀」。將原本的「阿公阿嬤活力秀」與青年結合，阿公阿嬤邀請孫子女一起來跳舞來表演，有加分。動員長青福利科、兒少福利科一起宣傳，因此大受歡迎。

表20-2 一百集按照範圍屬性分類

範圍	集數	小計
補助團體	1, 2, 3, 57, 59	共5集
社工	4, 5, 37, 45, 47, 49, 54, 58, 85, 87	共11集
身障	6, 7, 8, 9, 10, 26, 60, 64, 65, 66, 68, 69, 79, 81, 96, 98	共16集
兒少	11, 13, 14, 24, 25, 31, 43, 46, 52, 61, 62, 67, 76, 77, 78, 97, 99	共17集
人團	11, 18, 19, 20, 27, 28, 38, 100	共8集
婦平	12, 16, 17, 40, 41, 42, 44, 48, 50, 51, 56, 72, 75, 91, 93, 94	共16集
長青	14, 15, 21, 22, 23, 32, 35, 55, 70, 71	共10集
救助	29, 30, 36, 73, 74, 88, 90, 92	共8集
綜合	33, 34, 39, 53, 63, 82, 84, 86, 89	共9集
家防	80, 83	共2集

資料來源：作者整理。

第三節　電子書及平台

筆者常常接觸各種服務民眾的夥伴，想到彼此之間的「資訊不對稱」，總是想縮短彼此之間的差距。因此努力經營社會局的臉書，用心製作影片及直播。但公務員夥伴面對民眾時，如何更快速又正確地回應呢？

還好，人人有手機。因此做了一些電子書，滑手機既可以提供資訊。這些線上電子書例如：110年出版的：(1)走向社會 愛不止息——社工魂‧人物誌；(2)公私協力，善的循環；(3)《四大社團共出力》。

111年出版的：(1)大台中企業志工日；(2)合作社走續訪談；(3)自立家庭築夢踏實十年成果；(4)志願服務管理工作手冊——以社會局為例。(5)四大社團關懷兒少系列展。

另外，每一年都更新的統計年報。

最重要也最完整的是《福利導航——工作人員服務手冊》。幫助

第二十章　如何數位導航？

第一線同仁更快速掌握各項社會福利資源，尤其各家庭福利服務中心社工、區公所夥伴，能主動嫻熟轄內社福、教育、衛生、勞政系統等資源，提供更貼近在地鄰里的多元服務。同時在服務中納入資通技術以擴展社福服務觸角，提供民眾所需的資訊。在2020-2021年版，有兩大創新：

1. 加入索引，協助同仁可快速掌握各福利別相關資訊概要並因應民眾所需。
2. 增加QR碼，幫助使用者於服務中，能即時掃描各項福利措施。

在2021-2022年版，又有三個創新：

1. 增加常見問題：列出每一單元最常被詢問的題目。
2. 增加優先閱讀建議：針對不同的使用者（如該業務承辦人、社會福利行政夥伴、區公所同仁、這方面服務有需求的市民），各自研擬多項常見的問題及解答，依照詢問頻率加以排列。
3. 增加「福利影音導覽」：將推出直播的單元，透過精心製作的影片及訪談詳加說明，每章都呈現相關的主題，可以掃QR-code觀賞。

在2022-2023年版，對這些工作人員的期許是：我們都可以做社會福利的捍衛戰士。因為2022年全球最夯的電影應該是《捍衛戰士》。社會福利體系的推動者執行各項社會福利業務，彷彿駕著飛機在複雜的情勢之中設法協助各類型的對象。借用電影的劇情，配合《社福導航2022-2023》的新編輯版本，寫些導引。可以上社會局網頁瞭解筆者所寫的內容。

除了電子書，也印製將近二百頁的紙本書，可以放在包包之中，工作人員外出做家庭訪視，隨身攜帶，隨時可翻閱。在辦公室內，也可以方便使用，回答民眾的問題。書的封面是社會局的主視覺，生動有趣。

表20-3　福利導航按照閱讀者屬性的建議及影音導覽（案例）

優先閱讀項目	
如果你是本科同仁	如果您是社會福利行政夥伴
1-1 育有未滿2歲兒童育兒津貼 1-2 未滿2歲兒童托育公共及準公共化補助暨延長2至3歲托育補助 1-4 平價托育費用補助	1-1 育有未滿2歲兒童育兒津貼 1-2 未滿2歲兒童托育公共及準公共化補助暨延長2至3歲托育補助 1-4 平價托育費用補助
如果您是區公所同仁	如果您是想要這方面的服務
1-5 發展遲緩兒童療愈及交通費補助 1-6 低收入戶及弱勢兒童少年醫療補助 1-7 臺中市經濟弱勢兒童及少年生活輔助 1-1 育有未滿2歲兒童育兒津貼	1-1 育有未滿2歲兒童育兒津貼 1-2 未滿2歲兒童托育公共及準公共化補助暨延長2至3歲托育補助 1-3 2至5歲育兒津貼 1-4 平價托育費用補助 1-13 5歲幼兒免學費就學補助

福利影音導覽

41 《綻放幸福力》 津貼好給力 育兒我挺你 part.2	63 《綻放幸福力》 臺中親自樂園 友善育兒服務	44 《綻放幸福力》 守護家庭小衛星 開學課後照顧好安心
04 《用愛支持 配飯剛好》 友善公拖 幸福台中	16 《用愛支持 配飯剛好》 CRC從兒童做起 大人小孩齊努力	

第二十章　如何數位導航？

進一步搜尋

社會局的官網，在首頁的右邊第三欄有「影音資訊」，分成七大類，每一類之中有各種影片。

第二十一章
如何發放補助津貼？

- 先確定資格
- 各人口群的
- 加碼的實例

第一節　先確定資格

一、期望獲得資格者人數多

來自議員及服務處同仁的關切，以低收入戶的資格與身障者的權益居大宗。許多想要得到此資格或身障證明的民眾，打電話到社會局抱怨，甚至直接到社會局要見局長。筆者多次被議員找到研究室，希望能對某某民眾通融。

另一方面，包括議長、議員、里長、民眾也對某些家庭取得低收入戶或身心障礙資格不以為然，認為社會局沒有詳加查核，被騙了，應該改進。

有些福利，跟著年齡走，比較簡單。例如與老人有關的，都以身分證上的為準。有些就複雜多了，民眾需申請，社政人員需確定資格。申請有一定過程，社政人員處理時，當然要遵守法令及中央的種種規定，還得考慮個別差異。

資格的確認，決定了分流。取得資格的，有各種政府提供的福利，食衣住行育樂醫療等乃至津貼補助，林林總總。沒取得資格的，即使生活困窘，也得不到法令的照顧。社會行政人員與社工有時安排聯繫民間資源，但通常是一次性的、小規模的。

關於《社會救助法》、《特殊境遇家庭條例》、《身心障礙者權益保障法》，各界的批評聲四起，期待修正的建議非常多。但公務員只能依照現行的法令執行，永遠無法滿足四面八方的需求。當然也不應該善門大開，讓不符合資格的獲得福利服務，畢竟資源總是有限的。

確定資格，進而補助津貼及支持服務，是社會福利行政的基本流

程，與誰做社會局長沒有關係。社會局長不能做超越法令的指示。

二、申請流程

為了避免申請人在不同縣市重複申請同一福利，造成社會福利資源濫用，所以《社會救助法》明文規定申請戶之戶內人口均應實際居住於戶籍所在地。各項資格都須設籍並在最近一年居住國內超過一百八十三天。

《社會救助法》中的低收入戶、中低收入戶及《特殊境遇家庭扶助條例》中的特殊境遇家庭，是以「戶」、「家庭」的概念所設計的，將家庭整體的需要及資源納入考量，在做資產調查時，也會將家戶成員的資產列入審查。一旦通過審查，核列輔導的家庭成員，同時取得享受相關福利的資格。相對地，有些項目的給付對象僅對通過申請的個人提供，例如中低收入戶老人生活津貼、身心障礙者生活補助等。

先說明請領身心障礙證明。申請對象：疑似身心障礙者可至各區公所申請辦理身心障礙鑑定。申請流程：區公所收案→醫院鑑定→衛生局審核→社會局社政評估專業團隊審查→社會局發文通知申請人至區公所領身心障礙證明。

其次是低收入戶及中低收入戶的流程及審查標準。申請者需準備：(1)申請人印章。(2)全戶最近三個月內戶籍謄本。(3)全戶郵局或銀行存簿封面及內頁影本。(4)填寫授權公所調查家庭總收入及財產同意書。(5)其他相關證明文件（視個別家庭狀況而定）。

家庭應計算人口：(1)申請人及配偶。(2)一親等直系血親（例如：父母、子女）。(3)同一戶籍或共同生活之其他直系血親（例如：祖父母、外祖父母、孫子女、外孫子女）。(4)列綜合所得稅扶養親屬免稅額之納稅義務人。(5)配偶、父母、子女不論是否同住、是否設於同一戶籍，均為家庭應計算人口，其收入、動產、不動產均列入計算。

為了避免申請人隱匿真實狀況，在審查低收入戶資格時，必須派員訪視評估申請戶家庭狀況，有時也會請親戚、鄰居協助提供訊息，以利瞭解申請戶實際生活狀況，進行審查。公所接受民眾提出低收入戶申請後，必須檢視相關文件或證明是否齊全、派員訪視評估申請戶的家庭實際狀況、查調財稅等相關資料、建檔，將有疑義的個案送往縣市政府進行複審，如審核符合資格，相關福利會追溯到資料備齊當月發給。

依《社會救助法》第五條第三項第九款特殊個案處理原則，須檢附社會救助調查表、社會救助排除列計人口訪視評估表及申請特殊個案訪視記錄表等相關資料。因此，家庭福利服務中心社工的訪視就很重要，這也屬於強化社會安全網的措施。其中最後一項，給予了社會福利行政人員裁量的空間，俗稱「539」，特別需要注意，也說明訪視評估的重要性。

受理單位包括戶籍地之聯合里辦公處。開立低收或中低收證明受理單位是社會福利行政部門。在基層是區公所的社會課或社建課。社會福利總清查在每一年十月到十二月，低收入戶及中低收入戶須繳相關文件始能審查，戶籍地里幹事陸續通知，因不同個案須繳交不同文件，申請之民眾洽詢戶籍地里幹事確認案件審查應備文件，以確保審查資料之完整性。通過當年低收或中低收資格審查，需領取低收或中低收證明，於一月二日後再持所需證明人之身分證及印章至公所開立領取。

總清查由行政機關主動辦理，總處理時限：四十二天（含假日，申請人未備齊資料，通知補件限期十五天則另計）。

第三是特殊境遇家庭扶助。補助對象：未獲政府其他項目生活補助或未接受公費收容安置，家庭總收入按全家人口平均分配，每人每月未超過政府當年公布最低生活費2.5倍及臺灣地區平均每人每月消費支出1.5倍，且家庭財產未超過中央主管機關公告之一定金額。

綜合來看，社會救助現金給付項目整理成四個層次：(1)低收入戶的審查標準最為嚴格，進入門檻最高，但福利給付最為全面。(2)中低收入

戶及特殊境遇家庭扶助以家庭為給付範圍，給付項目次之，審查條件相對於低收入戶寬鬆，可作為無法進入低收入戶的次要選擇。(3)當需求為單一個人或家庭式給付無法通過時，可考慮申請以老人、兒童少年、身障者個人為給付對象的福利項目。(4)一次性給付的急難救助，可作為緊急的救急支援。社會工作者若能熟知各項現金給付的特性及原則，能因應服務對象的情形，靈活搭配，提供適切的處遇。

第二節　各人口群的

按照人口群，分成幾大類，又按照食衣住行育樂、醫療及其他，整理如下：

一、兒童青少年

近年來最被看重也變化最大的是育兒和托育，包括：育有未滿兩歲兒童育兒津貼、未滿兩歲兒童托育公共及準公共化補助暨延長二至三歲托育補助、二至未滿五歲兒童津貼、平價托育費用補助等。

第二大類是各種教育的費用補助，包括與食有關的貧困學生午餐補助，以及(1)高級中等學校福利經濟弱勢學生就學費用補助辦法；(2)原住民中低收入戶（含低收入戶）子女課後照顧補助；(3)高級中等學校特殊境遇家庭、孫子女學雜費減免辦法；(4)高級中等學校兒童少年福利低收入戶及中低收入戶學生學雜費減免辦法；(5)國民小學兒童課後照顧服務班低收入戶、身心障礙及原住民學生參加補助；(6)補助國中、國小學生無力繳交代收代辦費；(7)五歲幼兒免學費就學補助／幼兒學前教育補助方案；(8)原住民學生生活津貼補助等。

第三與醫療有關：發展遲緩兒童療育費及交通費補助／低收入戶及

弱勢兒童少年醫療補助／中低收入家庭內未滿十八歲兒童及少年全民健康保險自付保險費補助，還有經濟弱勢兒童及少年生活扶助。

二、婦女

1. 與健康有關：婚後孕前健康檢查補助／懷孕婦女產前檢查補助／特殊群體生育調節補助。
2. 與生育有關：生育津貼。
3. 與住有關：單親及弱勢家庭短期租屋津貼。
4. 與救助有關：設籍前新住民社會救助。

三、身心障礙者

1. 綜合：輔具費用補助／敬老愛心卡及愛心陪伴卡乘車與各項補助／居家身心障礙者使用維生器材及必要生活輔具用電優惠。
2. 與住有關：日間照顧及住宿式照顧費用補助／房屋租金補貼／購屋貸款利息補助／住屋愛心修繕補助。
3. 與行有關：搭乘計程車費用補助／購買停車位貸款利息補貼／承租停車位租金補助／國民教育階段身心障礙學生交通補助。
4. 與育有關：國民教育階段身心障礙學生在家教育補助／身心障礙幼兒學生及身心障礙人士子女學雜費減免補助。
5. 與醫療有關：醫療復建所需醫療費用及醫療輔具補助／傷病住院看護補助／裝置假牙補助。
6. 與補助有關：生活補助費／參加社會保險自付保費補助。
7. 其他：監護輔助宣告鑑定費補助。

四、老人

1. 綜合：敬老愛心卡乘車及各項補助／老人參加全民健康保險保險費自付額補助。
2. 與食有關：關懷據點午餐補助。
3. 與住有關：中低收老人修繕住屋補助／低收入戶孤苦無依老人收容照顧補助。
4. 與育有關：長青學苑學費補助。
5. 與醫療有關：老人傷病住院醫療及看護費用補助／中低收老人裝置假牙補助／六十五歲以上銀髮族假牙裝置補助。
6. 與津貼有關：中低收老人生活津貼／中低收老人特別照顧津貼。
7. 其他：敬老禮金／老人聲請監護輔助宣告補助。

五、貧困者

1. 與住有關：低收入戶房屋租金補助／低收入戶未滿六十五歲生活無法自理者安置補助／補助經濟弱勢原住民建構、修繕住宅。
2. 與行有關：低收入戶就學及交通補助。
3. 與育有關：低收入戶就學及交通補助。
4. 與孕婦及嬰兒有關：低收入戶生育補助／低收入戶產婦營養補助／低收入戶嬰兒營養補助／低收及中低收入戶孕婦母血唐氏症篩檢補助。
5. 與健康有關：低收入及中低收入戶看護費用補助／市民醫療補助／排除就醫障礙計畫弱勢族群就醫補助。
6. 與就業有關：職業災害勞工慰助、生活及子女就業補助／非自願性失業勞工生活補助。

7.與補助有關：低收入戶生活補助／低收入戶及中低收入戶喪葬補助。
8.其他：油症患者三節慰問金、喪葬補助及產婦營養補助／一般廢棄物清除處理費免徵（繳）／勞工權益涉訟補助。

六、特殊境遇家庭

共有七種扶助：

1. 緊急生活扶助。
2. 子女生活津貼。
3. 傷病醫療補助。
4. 兒童托育津貼。
5. 法律訴訟補助。
6. 子女教育補助。
7. 創業貸款補助。

七、補助津貼三大指標

綜合來看，可以按照以下三大指標區分各項福利，行政人員在執行時，多加以把握。

(一)給付時間：緊急vs.短期vs.中長期

例如馬上關懷、急難救助等，訂有同一事由限申請一次的規定，特色是速訪、速審、速核、速發救助金，屬於救急性質，而非救窮，是緊急的一次性現金給付。再者，如特殊境遇家庭緊急生活扶助、弱勢兒童及少年生活補助等，明確訂有三個月、六個月不等的請領期限，是相對

較短期的給付。最後，例如低收入戶、中低收入戶、中低收入戶老人生活津貼、身心障礙者生活補助等，雖未訂有請領期限，但每年仍需要通過年度總清查才可以取得來年資格，屬於較中長期的給付。

(二)審查條件：資產審查門檻vs.列計人口

緊急的一次性給付審查條件以急難事實為主，而非申請者的資產狀況。除此之外，其他項目皆訂有資產調查及列計人口等條件。就資產審查標準，低收入戶的平均每人每月所得、平均每人動產及全戶不動產限額額度最低，進入的門檻最嚴格；中低收入戶及特殊境遇家庭扶助的標準則比較寬鬆，進入的門檻相對較寬。以列計人口來看：低收入戶除申請人外，尚需列計配偶、一親等之直系血親、同一戶籍或共同生活之其他直系血親等，親屬責任的要求，增加進入救助體系的難度；而特殊境遇家庭扶助除申請人、配偶外，僅列計卑親屬，降低因列計父母而被排拒在救助體系之外的風險。

(三)補助項目：全面vs.部分vs.單一

身心障礙者、老人等個人為對象者屬於單一補助項目，以家庭為範圍者的補助項目相對多元。其中，以低收入戶涵蓋的福利項目最廣、補助額度最高，除生活扶助，對長者、孕婦及身障者得加額補助，各縣市另提供特殊項目補助及住宅補貼措施（臺中市就有專門措施）。中低收入戶並沒有每月固定的生活扶助金，只有核列的家庭成員就讀高級中等以上學校者，學雜費減免60%及全民健康保險應自付保險費補助50%。另外亦將中低收入戶納入各縣市得提供的特殊項目補助以及住宅補貼措施對象。特殊境遇家庭扶助的補助期限及額度都相對較低。

第三節　加碼的實例

　　局長任內，直接與筆者的投入而增加的補助有一些項目。印象最深的是利用追加預算，幫助許多不屬於低收入戶但很需要幫助的家庭。

　　二十多年前，筆者輔導一位飽受老公折磨很想走出婚姻的婦女，客家人的她表示會忍到女兒出嫁，因為不希望女兒嫁人時媽媽不在身邊。她的女兒，才國中二年級！筆者問她：「妳有多少錢？」她說：「八千元。」筆者說：「不是妳口袋裡的，而是所有的。」她的答案令人鼻酸，八千就是結婚十幾年她辛苦存錢所有的。那時沒有《特殊境遇家庭扶助條例》，無數女性離開了婚姻，食衣住行立刻出問題。如今，同樣地狀況，她和她的女兒都可以依法得到多種具體的協助。

　　2021年秋天，爭取市長及議會的支持，協助特殊境遇家庭及子女，預算約七千四百萬，其中兩成多是中央的錢，其餘為市庫。議會三讀後可以撥付的是每戶一萬元，幫的是家長、照顧孫子女的祖父母、未婚懷孕即將臨盆或剛生孩子的媽媽……還有對自立家庭、韌力家庭、以工代賑等三百五十個家庭增加協助。

　　另一項是生育津貼來的加碼。已經維持十年的新生兒一胎津貼一萬元的政策應加以改變。

　　公務員的心態基本上是「多一事不如少一事」，增加生育津貼為多一事，因此阻力不少。但是不應拘泥於行政的謹慎。筆者研擬了各種方案，又要考慮原本搭配的雙胞胎、三胞胎、坐月子服務等。最後市長選了最簡單的，每一位新生兒都給兩萬。

　　因此，多編列兩億左右的預算，此方案編入111年的預算之中。第二年元旦，生育補助倍增上路。當天市府升旗典禮結束，筆者與衛生局長陪同市長到中國醫藥大學附設醫院，由醫院的院長等帶領到新生兒

房，原本窗簾拉上看不到裡面。一群大人站定了，窗簾拉開，隔著玻璃窗，看到好些剛出生的臺中市民，大家不約而同拍手，非常開心。這是局長任內最難忘的時刻之一！然後市長等一行人到一樓，送上兩萬塊津貼紅包與一些禮物給當天凌晨兩點剛做爸爸的年輕人，很棒的新年禮物，對這個家庭也對整個城市。

第二十二章
如何救助紓困？

- 處處與救助有關
- 對貧困者多元服務
- 危機事件的實例

第一節　處處與救助有關

近年來,各種天災人禍頻傳,社會局的救助業務愈來愈複雜。筆者多次參加「臺中市動員、戰綜、災防三會報」,萬一遇到戰爭,社會局的窗口也是救助科,筆者因此更瞭解除了災防,社會局都有責任。如果有其他的考驗,社會局絕不能有「事不關己」的心態。

「莫忘世上苦人多」,遇到意外,特別痛苦。人生處處有意外,「意外,明天,哪一個先到?」沒法預料。每個人、每個家庭,都在眾多不可知之中奮鬥。但政府畢竟資源多,在民眾面對意外之際,有各種因應的措施,其中,安慰受難者和家屬,社會局責無旁貸。重大車禍、有死傷的火災、颱風造成的水災……各種意外,市長或局長或區長出面,送上慰問金,希望幫忙受苦受難的家庭度過最艱難的日子,解燃眉之急。慰問與處置的錢從何處來?主要是市庫預算和救助金專戶。

還有疫情肆虐,無數行業關門,工作者失業,家庭生計陷入困難。怎麼辦?救助金專戶能否有些專案給予幫忙?除了救急,有沒有救窮的作法,筆者也研究是否可以善用救助金專戶裡的款項做些有效的方案並加以落實?

救助科的業務很多,除了傳統的救助與濟貧,還有:

1. 低收入戶、中低收入戶業務。
2. 國民年金業務。
3. 以工代賑及短期促進就業。
4. 平價住宅及救濟住宅業務。
5. 弱勢家戶脫貧方案。
6. 街友輔導業務。
7. 督辦災害救助業務。

8.督辦食物銀行業務。

9.社福慈善財團法人業務。

　　《社會救助法》自民國69年通過，多次修正，關於各項救助紓困，均有相關規定。社會福利的救助愈來愈多元，衛生福利部也設計了1957專線及網站，符合資格的民眾可以瞭解自己的權益。除了各項現金的挹注，還有多種計畫。筆者到任後，特別強化救助金專戶委員會及救助體系的功能，一方面濟貧更努力推動脫貧，一方面持續多項服務計畫更設法創新。遇到危機事件，動員市府的力量，結合社會的資源，全面協助。

　　救助金專戶善用各界的捐款等，挹助各項救助業務及推動濟貧脫貧等措施。筆者接任後第一次的農曆新年上班日，在記事本寫下「救助金專戶沒有善用」，該專戶的法源為辦理《社會救助法》第四十四條之一規定事項：希望有效管理及運用民間資源，辦理救助事業，改善貧困民眾生活及因應重大變故或天然災害。其實，不僅救助金專戶沒善用，各種救助紓困，都可以再加強。

　　臺中市設有社會救助金專戶管理運用委員會，審議：(1)經費之捐募事項。(2)經費之年度運用方針及計畫執行報告。(3)經費之保管稽核事項。(4)管理及運用事項。(5)預算、決算事項。(6)經費支用核定權責事項等。

　　支出範圍包括：(1)捐款指定用途事項。(2)災害、重大意外事件慰問金：每案每人最高新臺幣一萬元。(3)災害、急難救助金：每案每人最高新臺幣三萬元。(4)本委員會所通過之其他有關社會救助事業等。

　　救助金專戶111全年度收入計新臺幣138,786,403元，來源主要有：(1)民間捐款。(2)專戶之孳息（筆者認為最好不要有大筆的孳息，顯示未能好好使用，存了一些錢以致有許多利息）。(3)政府補助款。(4)其他收入。收入不能靠政府的補助款，希望運用民間的捐款。臺灣的民力無窮，若有感動人的訴求，可以得到一些捐款。

錢用到哪裡呢？按照專戶的支出作業程序，主要有三：

1. 個案救助：來源包括相關單位通報、轉介或社會局同仁自行發掘，都須加以需求評估，社工人員進而擬定處遇計畫。接著慰問並致贈救助金，還有後續的協助。
2. 個案慰問：個案來源是各級機關通報災害或重大意外事故之案件，經批示慰問之個案。致贈慰問金過程中，若發覺案家因該事件導致生活困難，得轉請社工人員訪視評估，進一步申請救助金，接著給予後續的協助。
3. 專案計畫：針對捐款指定用途事項或相關社會救助事項研擬。

以111年度運用臺中市社會救助金專戶執行計畫成果報告來看，包括：

1. 愛心食物銀行營運體系計畫。
2. 溫馨快遞—愛心關懷您計畫。
3. 街友自立居住服務計畫。
4. 遊依有靠—弱勢失依遊民個案安置服務補助計畫。
5. 辦理重大災害防救重建整備計畫。
6. 兒童及少年未來教育與發展帳戶長期安置兒少補助計畫。
7. 弱勢家庭生活扶助專案實施計畫。
8. 人生扶手—經濟弱勢個案安置服務補助計畫。
9. 弱勢兒童及少年關懷系列活動。
10. 家庭暴力及性侵害防治中心因應COVID-19疫情設備補充計畫。（＊）
11. 「弱勢勞工住屋修繕」補助計畫。
12. 大人讀冊吧—銀向學習計畫。（＊）
13. 中部地區燒燙傷重建中心實施計畫。
14. 「疫起共渡、暖心紓困」計畫。（＊）

15. 弱勢青年就業自立培植試辦計畫。（＊）
16. 西區平價住宅—遊民吾家安居設施設備計畫。（＊）
17. 協助弱勢婦女及家庭消弭月經貧窮計畫。（＊）
18. 中區興中街火災事件民間捐款運用計畫。（＊）

說明：（＊）為筆者任內推出的新計畫。

第二節　對貧困者多元服務

一、食物銀行活動加碼

　　臺中市有五、六十個食物銀行，業務的主責單位是救助科。食物銀行服務對象為實際居住於臺中市之家戶，並符合下列情形之一：(1)主要負擔家計者因急難事由，且有就讀高中職以下子女，生活陷困。(2)領有政府社會福利補助，生活仍陷困。(3)其他因素經社工員評估確實急需食物銀行濟助，經過申請確認資格符合。

　　食物銀行每月平均提供一千兩百戶次物資，於每月最後一個禮拜六發放，一期六個月。物資包括白米和大約四百元的物資。這些對象有些是低收入戶、中低收入戶、邊緣戶，還有些是因疫情領取萬元紓困的民眾，公所社會課發現後請社區的志工去訪視，確認家庭的狀況，然後按照人口數給A、B、C、D不同的食物組合。差異最大的是米按照人口數，例如有位領AD餐，因為家中有十位成員。因應疫情階段，食物銀行緊急食物包擴大辦理，結合居家安心照護方案，針對弱勢族群居家照護者，由區公所向社會局申請緊急食物包，並由區公所人員派送給居家照護者。這方面，筆者爭取了紓困專案1,079萬。

　　食物銀行發放物資，筆者希望配合特殊的日子加碼，從2020年8月

起變得活潑、有趣，又擴大了連結。除了主責的救助科請各科配合節慶來加碼，合辦活動，在發放時多些禮物與贈品。例如三月底青年節，請兒少科參與，青少年與父母一起來。四月底快接近母親節了，婦平科一起辦。八月最後一個周末是祖父母節，請長青科合辦，邀請祖父母與孫子女來場跨世代活動。農曆年快到了，「溫馨快遞」是重頭戲，與社工科一起關心超過四百個家庭。

　　行之有年的食物銀行提供了很好的平台，有需要服務的家戶、有願意提供幫忙的志工，有基本的物資，只要再加碼，既有亮點又充滿趣味。農曆臘月剪頭髮通常加價，有些發放點提供「義剪」，與美髮工會合作，提供義剪與按摩。該區的議員都到場，因此更認識食物銀行等社會局的業務。類似活動沒有花多少經費，就帶給參與者實質的幫助及難忘的回憶。

二、溫馨快遞加碼

　　社工人員每年服務近萬戶弱勢家戶，除公部門資源外，更努力連結民間資源，改善案家困境。比較特別的是「溫馨快遞─愛心關懷您計畫」，源自民國81年，每年歲末，籌措公益團體和善心人士的捐款，由社會局統籌發放。過去發放家戶比較少，前三十年共幫助了七千多戶。筆者服務階段，每年四百戶，每戶八千元慰問金。受到新冠肺炎疫情影響，善款籌措不易，特別感謝多個團體以及熱心民眾支持。此外，除了溫馨快遞活動，有些團體加入公益行列，提供經濟弱勢家庭物資及慰問品。

三、消弭月經貧窮計畫

　　近年來「月經貧窮」的議題漸漸被注意，婦平科先後辦了兩次研

討，想落實為具體的行動。但預算在哪裡？一沒有法源，二沒有前人的經驗。彈性處理，先請婦丕科提出「臺中市協助弱勢婦女及家庭治弭月經貧窮計畫」，為實踐月經平權並擴大友善女性生理期之措施，後來又新增悅月箱內容，並新增經費，修正總經費為2,614,700元整。

四、為街友營建住宿場所

從胡志強還是省轄市臺中市長時，就委託筆者帶領幸福家庭促進協會的團隊從事街友輔導的工作。筆者來社會局，花了很多時間與心血服務街友。不稱他們為乞丐，也不適合用遊民（有點遊手好閒的味道），還有團體稱之為「寒士」（似乎不符合人們對「士」的認知），所以還是統稱街友，指街上的朋友。天冷了，筆者或副局長與夥伴去街上看朋友，送點暖活的食物或衣物。太熱了，安排街友到中繼站來洗澡。疫情階段，趕緊送口罩、篩劑等防疫設施，也安排他們打疫苗。

最重要的，街友沒有家可歸，我們努力結合各界的力量給他們像家的地方。活用閒置空間，改建多處舊的官舍或中繼住宅，提供街友小而美的居住空間，成為最多街友家屋的城市，先後打造九處。

第三節　危機事件的實例

「興中街大火，六死六傷，數十人待安置」這是筆者服務階段死亡人數最多的災難事件。在此之前，大雅火災兩位消防弟兄罹難、龍井氣爆四死、苗栗原住民來臺中探視親人車禍三死……筆者都陪著市長在第一時間進行慰問，也和社會局同仁執行服務計畫。與中街火災，更加複雜、更為動態。

二〇二二年三月六日，星期天，筆者一早就到太平，陸續跑了七

個行程，傍晚回家，非常疲憊。晚上六點多在首長的群組裡得悉興中街有火災，已有一死。接近八點，救助科長來電：死傷慘重。筆者立即駕車出門，八點四十分左右到了火災現場，市長已經到了，陳副市長及消防、警察、民政、新聞等局長也到了。救助科長陪著筆者。此時還在救火，場面混亂。

決策1：要立即準備慰問金，由市長致送嗎？

筆者決定暫緩，但帶著提款卡。這決定是對的，因為當晚場面太亂。

救災現場由陳副市長坐鎮，市長決定先去醫院與安置旅館，進入慰問流程，社會局長、民政局長、新聞局長陪同。先去平等澄清醫院，此時衛生局局長也在場，先探望一位靠水管滑下來逃生的，另一位是傷勢不重的婦女（事後才知道就是屋主，因為堆積回收物堵住逃生通道日後被收押）。然後到中國醫藥大學附設醫院，經過穿著防塵衣等過程，探望了另一位重傷的市民。

決策2：要安排市長去安置旅館探望大樓裡的住戶嗎？

這可能增加災民被曝光的機會，但可以展現市長關心之意，筆者建議要去。

安排災民入住與社會局簽約的安置旅館，市長與筆者慰問了八間的住戶，瞭解各自的需求，規劃明天一早社工就會以「一戶一社工」的方式各自協助。下樓時在大廳，筆者請櫃檯為每一位住戶準備次日的早餐。

晚上十一點多回到家，身上、頭髮都是火災的惡臭，要不要洗頭呢？因為夜深了，筆者決定第二天起得更早。

決策3：要設立捐款專戶嗎？

在周一清晨的會議中，與社會局最直接相關的是救助事宜。筆者說明了慰問金、災難補助、急難救助等機制。市長詢問是否要為此設置捐

款專戶，筆者建議運用原來的社會救助金專戶即可。

　　社工科當天一早就召開了視訊會議，分工協調，四處的家庭福利服務中心，動員了五十幾位同仁，持續忙碌。晚上六點，社工科與中區公所社會課按照災民各自的狀況，一戶一戶處理對接，筆者又去旅館和災民討論。

　　媒體、議員、慈善團體等的電話不少，新聞負責人持續處理。筆者研判還需要多一點資源，因此繼續與各界的資源連結，多個團體、宮廟有捐贈。

　　謝謝這些捐贈，很有幫助。如果有人要借你人頭一用，當然不答應。但如果借你的臉一用，可以考慮。賣了臉，獲得了資源，處理各種善後，多了些籌碼。在災難之中，更顯得社會工作的重要。筆者這個位置，主要面對多重力量：(1)對媒體與社會大眾；(2)對市長與市府團隊；(3)對傷亡者與家屬；(4)對資源提供的力量。災變的處理，以救助科和社工科兩部門最為關鍵，筆者很幸運，這兩個體系的同仁都發揮社工專業的精神，行動力都強。也因此，三月十六日的議會專案報告針對此問題的質詢，獲得肯定

進一步搜尋

福利導航

社會局的官網，在首頁的右邊數過來第二欄有「政府公開資訊」，第九個大區塊為「捐款徵信」，包含：(1)愛心食物銀行接受物資捐贈明細；(2)街友服務接受物資捐贈明細；(3)勸募專案捐款徵信；(4)社會救助金一般捐款徵信等。

第二十三章
如何支持服務？

- 針對不同人口群設計
- 對身障者加強社區自立
- 對老人全方位協助

第一節　針對不同人口群設計

一、人口群的統計

至111年底，臺中市需要補助的人數如下：

1. 救助：
   (1) 低收入戶20,398戶，占全市戶數的1.97%。低收入戶人數44,247人，占全市人口數的1.57%。
   (2) 生活輔助：符合第一款4,192人；符合第二款73,876人次。符合第二及第三款低收入戶兒童及青少年生活輔助137,319人次；符合第二及第三款低收入戶高中生活輔助77,033人次。
   (3) 特殊境遇2,497戶。
2. 身障：
   (1) 領有身心障礙手冊的130,219人，占全市人口數的4.63%。
   (2) 發展遲緩兒通報3,636人。
3. 老人：
   (1) 老人人數，占全市人口數15.08%。
   (1) 獨居老人3,495人。

二、針對不同對象的服務

企業界用「客製化」來服務不同的客戶，社會福利也愈來愈朝向「客製化」，針對不同年齡、不同程度、不同的家庭狀況等，給予差異化、個別化的支持，臺中就提供了近五十種方案。最明顯的是針對身心

障礙者，障別與程度使領有身心障礙手冊的市民有各式各樣的需求。

(一)兒童青少年：主要有八項

1. 與健康有關：兒童預防保健服務、新生兒篩檢服務、兒童牙齒塗氟服務、幼兒預防接種服務、國小六年級以下低收及中低收入戶兒童A型肝炎預防接種服務、國小學童臼齒窩溝封填服務。
2. 與教養有關：育兒指導。
3. 與托育有關：兒童臨時托育服務。

(二)老人：主要有九項

1. 與食有關：中低收入獨居老人營養餐飲服務。
2. 與健康有關：老人健康檢查服務、長者肺炎鏈球菌疫苗接種服務。
3. 與安全有關：獨居老人緊急救援服務、愛心手鍊。
4. 與日托有關：長青快樂學堂、長青元氣學堂。
5. 與機構有關：失能老人長期照顧機構服務、仁愛之家。

(三)社會救助：主要有九項

1. 與食有關：愛心食物銀行、愛心守護站。
2. 與行有關：川資救助。
3. 與健康有關：低收、中低收入戶及原住民新生兒口服輪狀病毒疫苗接種服務。
4. 與急難有關：急難紓困方案、市急難救助、原住民族急難救助、各級學校學生急難慰問金。
5. 與災害有關：災害救助。

(四)婦女：主要有三項

 1.與健康有關：婦女健康服務、生育保健服務－遺傳性疾病檢查。
 2.其他：到宅坐月子服務。

(五)身心障礙者：最多元

 1.與食有關：營養餐食服務。
 2.與住有關：身心障礙者社區居住。
 3.與行有關：身心障礙者專用停車位識別證、小中大型復康巴士交通服務。
 4.與育有關：手語翻譯暨同步聽打服務、聽覺障礙口語教室服務。
 5.以個人重建為主：自立生活支持服務、身心障礙者個人生活重建服務、視覺障礙者生活重建服務。
 6.與就業有關：社區式日間照顧服務、身心障礙者就業服務、社區日間作業設施服務（小作所）、身心障礙者社區資源培力暨支持服務。
 7.與家人有關：臨時暨短期照顧服務、家庭托顧服務、身心障礙者家庭照顧者支持服務。
 8.其他：身心障礙者保護服務、身心障礙者監護宣告及輔助宣告服務、身障信託。

第二節　對身障者加強社區自立

  筆者在107年應臺中市政府勞工局委託，進行「以共生社區概念探討臺中市身心障礙者多元發展之可能性」專案研究，結論是：為降低機構式的服務，強化社區的服務，儘量使身心障礙者生活在社區之中。到

了社會局任職之後，有機會實踐此種理念，因此努力推動。三年之中，社區日間作業設施服務（小作所）及社區式日間照顧服務（日照）均倍增，多數的行政區都有相關的服務。「到處布點」、「近便性」是筆者推動社會福利服務的主要策略，在社區裡、在家的不遠之處，身心障礙者和家人就可以使用社會福利的資源。

身心障礙者多元發展的理念，配合身心障礙者的個別狀況多元安排。屬於社會行政主管的方案，包括「社區日間作業設施服務」、「身心障礙者社區關懷據點」、「社區式日間照顧服務」等。

以小作所來看，對無法進入庇護性就業場所的身心障礙市民，提供以作業活動為主，自立生活及休閒文康為輔之服務。補助對象為經身心障礙需求評估有社區日間作業設施服務需求，十八歲以上（具特殊需求者年齡可降低至十五歲），未安置於社會福利機構、精神復健機構之身心障礙者。受補助單位得向服務對象收取作業材料費、活動等個人所需物品等費用，每人每月收費三千元為原則。

筆者很看重小作所和日照生產的物品，大力幫忙行銷，透過活動、透過臉書、透過製作的直播影片，還有專門的優先採購方案加以協助。各承辦單位更是努力，擴大銷售。不過收入有限，通常無法和所付出的成本相比。

社區資源培力暨支持服務協助身心障礙者及其家屬、家庭。服務內容包括：通報、生涯轉銜、福利諮詢、個案管理、個人與家庭支持、建構服務資源網絡、社會參與及休閒活動、權益倡導等。

社會局積極設置服務點，除幫助身障者，也有多重效益。對於有志從事此領域的社工，有了舞台；對於相關的非營利組織，有了政府資源的挹注，得以發展、擴大、布點，逐步壯大。加上原本在身障領域就深耕的組織，可以吸納更多個各種領域的人才，社工的重要性愈來愈高。

第三節　對老人全方位協助

筆者即將上任時,《聯合報》專訪詢問最主要的任務為何,筆者回答:「全面照顧老人,方法之一是強化敬老愛心卡的功能。」有位不再競選連任的議員在最後一次質詢時,問什麼是社會局未來最重要的考驗,筆者回答:「每一年新增的兩萬多老人。」

身心障礙者與低收入戶都緩慢增加,新生兒一年不超過兩萬。然而在高齡化的大趨勢下,隨著年歲跨過六十五歲的大量增加,加上因為臺中天氣好而移入的每年好幾千戶。配合四、五十萬人的多元需求,勢必要有整體的規劃,仔細執行。

首先按照老人的經濟情況做分流,如果是中低收入老人,給予生活津貼,112年多達2,224,724,000元,是所有長青預算中最多的。如果最弱勢、低收入、無依無靠,應該住進仁愛之家,但床位嚴重不足,努力推動已經四十五年卻未執行的二期工程,設法大量增加床位,從不到兩百床增加到四百多床(112年預算是205,666,000元,其中最大筆是興建多功能大樓工程95,815,000元)。

健康狀況已經得靠專業二十四小時照顧的,以長照機構為主,另外對有意願住進安養機構的,民間機構更有效服務長輩。老人如果需要安置到機構,適度給予入住經費的補助。編列預算改善這些機構的安全設施,112年補助機構辦理住宿式服務機構品質提升卓越計畫獎勵費50,135,000元,獎勵私立小型老人及身心障礙福利機構改善公共安全設施設備費13,900,000元。

按照《老人福利法》第四十二條「老人因無人扶養,致有生命、身體之危難或生活陷於困境者,主管機關應依老人之申請或依職權,予以適當安置。」社工科的社工與里幹事配合,妥善安置。

多數高齡者還是希望住在家裡,因此社區式的服務量能要增加。花

費不多的是「社區關懷據點」，提供電話問安、關懷訪視、健康促進、膳食提供，更是老人服務老人的基地。筆者去多個民政、宗教及社福體系拜訪及演講，呼籲社區、教會、宮廟設置，又設法增加補助設備、餐點等的經費。任內新增數將近一百處，在六都中最多。112年建立社區照顧關懷據點並設置巷弄長照站整合計畫，編了239,691,000元，補助民間團體辦理建立社區照顧關懷據點的配合款36,020,000元，辦理社區照顧關懷據點輔導計畫16,110,000元，也就是說，為了關懷據點，一年的經費將近三億。

為了終身學習，社會局提供經費與區公所等合作的長青學苑大量增班，從107年的六百九十班，卸任時超過一千一百班。補助每一班的經費從不及七百元增加到一千一百元。長青學苑業務推展計畫113,500,000元、長青行動教室（原計畫名稱：樂齡行動教室）19,132,000元，合計一億三千多萬元。

整理場地，使老人有多一些地方可以活動，編列經費修繕原本台中縣縣長官邸和臺中市市長官邸、東勢老人館，整建多處社區活動中心，又將大里破舊菜市場改造為食樂基地。

有了據點，有了長青學苑，既可以舉辦阿公阿嬤活力秀等活動，又推動高齡志工，無數長輩忙得不亦樂乎。最大規模的預算是敬老愛心卡乘車及各項補助，老人參加全民健康保險保險費自付額補助。前者一年編列超過7.6億的預算，後者更超過21億。

依《老人福利法》，中低收入六十五歲至六十九歲健保保費應由社會局編列（112年是52,694,000元）。但盧市長希望擴大照顧，列為重要的競選政見，其目的一是確保老人健保醫療權益；其次希望能減輕老人及家人的經濟負擔。

補助對象須符合下列各項規定：(1)年滿六十五歲以上老人或年滿五十五歲以上原住民，且設籍本市滿一年以上。(2)經稅捐稽徵機關核定之最近一年綜合所得總額合計未達申報標準或綜合所得稅稅率百分之五以下者。補助計畫以第六類保險對象應自付保險費為上限，即每人每月最高

補助上限為826元（原本749元），超過826元者須自付差額，低於826元者核實補助。

在敬老愛心卡方面，補助總額每月一千元福利點數（六都最高），鼓勵長輩及身障者社會參與，提升外出活動頻率。最有成效的是交通方面，可以扣點數的有：(1)多家國道客運多條路線，由臺中出發或返抵臺中，都可全額免費。(2)搭乘計程車每趟次補助五十點（110年1月1日起將每趟車資補助提高至起跳價八十五點，為六都最優）。(3)配合市民限定公車優惠政策，持卡搭乘市區公車享前十公里免費，超過十公里最高扣10點。(4)110年4月25日捷運通車，車資全額補助；(5)112年7月1日起新增臺鐵列車車資補助，在臺中市任一車站從臺鐵設置的「地方社福卡」專用通道進站或出站，無須另行購票。每趟次補助三十元，大約六十公里內免費（114年9月起補助增加至45元）。這五項福利，執行面都有一些難題，筆者到任後配合交通局協助處理，在市長與議會的支持下，一一克服。

此外，配合衛生局，支持中央醫療政策，落實分級雙向轉診，由診所執行折抵看診費用，每次就醫補助健保門診基本部分負擔費用五十元。老人也可以持卡去國民運動中心，少交五十元，這是與運動局合作的。

持續強化敬老愛心卡的功能是筆者積極推動的政策，每一年重陽節到年底都推出用該卡享福利的措施。例如購買各種產品可以持卡優惠，又與農業局合作，去農會購買農產品可以打折，去藥房購買健康食品享有優惠。

進一步搜尋

官網右邊數過來第四欄有「便民服務」，下方有好多項，第四個大區塊為「福利導航服務手冊」。

第二十四章
如何推動社工？

- 個別化社工服務
- 家庭暴力暨性侵害防治中心
- 社工科及家庭福利服務中心

第一節　個別化社工服務

有一年的社工日寫給社工夥伴的信內容如下：

我每天喝咖啡，不加糖不加奶精，如此咖啡有點苦，這彷彿是社會工作的滋味，沒有甜，反而很黑。但吃苦當吃補，苦了就補了。

這行業真苦，別人家的苦往自己身上堆，各種糾纏的關係理不清，社工卻要弄清楚，然後設法使之變好。我們那有這樣的本事，只好硬著頭皮，在奔波之中，日以繼夜，做著這樣辛苦的服務。有時，還要多喝杯咖啡打起精神，一杯苦咖啡。

社會工作，常常在黑社會裡工作，晚上摸黑訪案，面對社會陰暗面、人性陰暗面、人際陰暗面。然後設法理出頭緒，記錄、分析、處理，花了好多時間，在嘆息之中，設法有點進展。

社工夥伴都吃過不少苦，都付出大量的時間，想方設法使服務的對象過得好一點。彷彿蠟燭，點燃自己，使黑暗的環境有一點點光明。一點點的光亮，照進了無數的家庭；一點點溫度，溫暖了無數人的心田。每一位都帶著專業，面對案主，走入陌生又困難的環境，然後，很多服務的對象因為社工的付出，有些許不同了，生活變得沒有那麼苦，生命有了轉折的機會，關係可以重新調整，自我可以重新定位……

社工日，讓我們苦中作樂，因為昔日的辛苦有了今天的歡樂，然後用這份歡樂，鼓舞自己與夥伴，繼續背起重擔，幫助更多家庭、更多民眾。

如果社會局是廣大的樹林，每一位社工所處理的每一個個案就像是樹葉，都很珍貴。「手心手背都是肉」，對於局長來說，社會行政的同仁比較像手心，因為在裡面，常常是藏著。必須奔波的社工像手背，外

第二十四章 如何推動社工？

面看得到，常常風吹雨淋。多數局長重視社會行政同仁，希望各項業務穩穩進行，該發的津貼按時發放、該執行的法令按部就班、該督導機構或社區的按照規定⋯⋯筆者則比較看重社工，理由有以下幾方面：

1. 想到社工四處訪視案家，處理各種棘手的問題，陪著案主與家人面對各種暴力、傷害、貧困、困窘，還要承受司法、警政、衛政等體系的考驗。工作動態而複雜，非常辛苦，必須多支持一些。
2. 筆者大學起唸的是社工，專任教職後教的是社工系，做系主任在社工系，擔任學會秘書長的是社工教育學會⋯⋯社工是筆者畢生的志業，而不是社會行政或社會福利。
3. 社會局的主管⋯⋯副局長、主任秘書都熟悉社會行政，但對社會工作的瞭解比較有限。筆者應該多為社工發聲，多給一些資源和支持。
4. 比起已經上軌道的社會行政，社會工作的發展更為快速、動態、複雜。加上社安網的一期、二期計畫都以社工為主角。在變局中，有更多社工思維，非常重要。
5. 帶領大量社工的主管有半數以上是昔日的學生。師徒之間的情誼維持到工作中的默契，相當順利。

總之，難免有一點偏心，對社工的關心多一些。接著，「愛之深，責之切」，筆者對社工的運作更為看重。從人事的安排、教育訓練獎勵、空間的爭取及改善、參與相關的活動、訪視案家案主⋯⋯都盡可能多做一些。例如十四處的家庭福利服務中心，筆者每隔一陣子就去和各中心同仁吃早飯，聊天打氣，又送一些書鼓勵大家閱讀。每個月的高師會議，筆者必定寫封長信分享，有空就出席。轉任或升任高級社工師的夥伴，筆者都陪同到新的崗位，介紹認識團隊、區長、社會課長等日後密切接觸的公務員。筆者深信每一位高級社工師都能有更好的表現，也期望深具行政經驗又有人脈的高級社工師，能帶給過去重視直接服務的

267

團隊新的刺激。

　　社工有時必須與哀傷的人同行，好像能做的有限，但已經很重要了。陪同某一家的家屬有如社會局的一片樹葉，整個臺中市民的福利服務則有如樹林。社工的工作，一片樹葉。筆者做局長，還要規劃廣大的樹林，各股長、組長、高師，也要多一些寬廣的思考，不能以做好專業的個案為滿足，更不能以社工是專業為理由，對其他人的意見難以接納。還要強化對民間團體、對社區的認識，與各種團體打交道。在家庭福利服務中心的高級社工師都需經營當地的團體。

　　社工師做久了可能謹慎保守，因此要多努力於對外聯繫。筆者也反省社工教育過於強調專業造成的限制，分析如下：

　　首先，社工的教育偏重對「自然人」的瞭解，卻對「法人」的認識不夠。從大一「人類行為與社會環境」的課程開始，接著是個案工作、團體工作等，偏重對各種自然人的處遇。對於組織、協會、基金會、社區發展協會等，所知有限。進入政府體系後與各法人互動，既欠缺學理又摸不著頭緒。

　　其次，社工處遇的對象往往是比自己社會經濟地位弱勢的朋友，相對地，人民團體的理監事、董事監察人則以社會經濟地位高者居多。某些社工因此害怕緊張，無法自信地互動。

　　第三，社政人員或社工習慣低調，被動接受個案，比較不會爭，較少主動。然而人民團體的運作核心少不了「選舉」，獲選為理事、監事，乃至理事長、常務監事，都有難度。選上後多數希望善用自己的頭銜，也許有些高調。兩者的屬性不同，社工在面對人民團體的幹部時，應調整低調作風，主動積極，說話理直氣壯。

　　第四，社工總是希望少些個案，抗拒太多的事情。對於各項變化，持保留態度。對於複雜的人際關係，並不喜歡。但是人民團體往往變動、各種權力競逐所產生的利害糾纏，都屬正常，應多所觀察及因應。

　　筆者去過十四個家庭福利服務中心及家防中心好幾輪，提醒社工

第二十四章　如何推動社工？

「動起來、走出去」，尤其是管理者，別忘了這六個字。配合所服務的案件扮演合適的角色：(1)舉發通報者：如兒童虐待案；(2)調查評估者：如監護權歸屬案；(3)關懷輔導者：如家暴訪視案；(4)溝通協調者：如會面探視案；(5)專家諮詢者：如兒童性侵案；(6)教育啓蒙者：如監護宣告案；(7)倡導遊說者：如性騷擾受害者工作權案。

社會局之中，許多科室都有社工師，各業務科陸續聘請公職社工師，但專門以專業社工處遇為主的，一是家庭暴力暨性侵害防治中心，一是社工科。社工科除了科本部，還有在各地的家庭（社會）福利服務中心。以下依序介紹組織、編制、服務項目。

第二節　家庭暴力暨性侵害防治中心

家庭暴力暨性侵害防治中心（簡稱家防中心）為社會局所轄的獨立機關，設有主任（簡任官，十職等）及副主任（薦任官，九職等）各一人，以針對113（家暴、兒虐、性侵）為大宗，設有三個大組：

1. 家庭暴力：成人保護組。
2. 兒童虐待疏忽：兒童及少年保護組。
3. 性侵害：性侵害保護扶助組。依《兒童及少年性剝削防制條例》規定，防制兒童及少年遭受任何形式之性剝削的業務，也在這一組。

為了使複雜眾多的個案分流，設有專線及調查組，辦理保護專線之受理通報、派案、追蹤連繫、資料庫建檔及個案調查。

第五個是綜合規劃組，任務為辦理社工員教育訓練及督導計畫之發展與規劃。辦理各項業務宣導、研究、資訊管理及綜合管考、文書、總務等。最吃重的任務是性騷擾防治業務。

另外,有三個任務編組:(1)暴力防治組;(2)醫療扶助組;(3)教育輔導組。

111年服務狀況:(1)受理家庭暴力案件22,278件,性侵害1,185件,被害人1,097人。(2)兒童及少年保護通報9,902件,受虐人數2,023人,施虐者1,928人。(3)兒童及少年性剝削225人。(4)性騷擾237件。

第三節　社工科及家庭福利服務中心

社工科設有科長(薦任,九職等)、兩位股長(八職等,主要責任是督導家庭福利服務中心、高師(薦任,八職等)及多位公職社工師。社工科是社會安全網的窗口,承辦市長主持的強化社會安全網推動會報(成員包括:民政局、教育局、社會局、勞工局、警察局、衛生局、原民會等,還有外聘委員:臺中地方法院家事庭庭長、臺中地檢署主任檢察官、和平區公所區長)。會議建立聯繫窗口與溝通管道,促進網絡單位、機關之間的對話溝通。

近年來重中之重為推動社會安全網計畫的家庭支持五大方案:

1. 育兒指導服務方案:針對零至兩歲嬰幼兒家庭,提供育兒指導服務,透過多元育兒服務(育兒諮詢、到宅指導、團體課程、社區及網路宣導),增強新手爸媽照顧量能。

2. 發展遲緩兒童社區療育服務:設有八區兒童發展社區資源中心,提供到宅、到園服務。也結合社區資源單位成立十二處資源站,提供外展社區巡迴服務。

3. 家庭支持資源布建方案:補助民間團體辦理「守護家庭小衛星」及「弱勢兒少課後照顧服務據點」,透過課後照顧陪伴兒少,進而提供關懷兒少及家庭服務。

4. 兒少及家庭社區支持服務方案:委託社福團體針對脆弱家庭及

多元需求家庭辦理個別化家庭服務及特色服務方案，強化親子關係、親職功能。
5. 社區式家事商談方案：對育有未成年子女且面臨離婚、分居或已離婚，有關未成年子女監護權、扶養費、探視、生活照顧與教養等議題需要協商之夫妻，給予協助。由各區家庭福利服務中心與民間團體資源建立社政與戶政機關合作機制，由所轄各區戶政事務所為受理窗口。

社工科承辦及協助以下方案：

1. 人生扶手——經濟弱勢個案安置服務補助計畫。
2. 非兒少安置業務。
3. 非老非障服務對象安置及服務計畫。
4. 攜手照顧寶貝計畫。
5. 逆境少年及家庭支持服務方案。
6. 法院函查未成年監護權及收出養案件調查訪視計畫。
7. 社區式家事商談方案。
8. 弱勢家庭兒童及少年緊急生活扶助。
9. 未滿二十歲懷孕及新手小爸媽輔導服務。
10. 成人藥癮者家庭支持服務。
11. 家庭支持服務資源布建方案。
12. 失依老人業務。
13. 六歲以下弱勢兒童主動關懷方案、隨母入出監業務、兒少行方不明業務。
14. 弱勢家庭生活扶助專案。
15. 弱勢兒少醫療補助及健保補助。
16. 清寒學生就學生活扶助專案。
17. 青春專案。

18.《兒童及少年福利與權益保障法》申請安置業務。
19.中輟及中離業務社政窗口。
20.脆弱家庭服務窗口。
21.社區治安業務及脆弱家庭業務宣導。

　　十四處家庭福利服務中心均為社會局的專職社工，以人口數比（1：20,000）及加計人口密度配置人力。脫貧方案家庭服務每一中心增加一名，轄區人口數超過十四萬之中心再配置一名社工。中心多半採實體整合模式，結合區公所、就業服務站、身障、老人、婦女福利等其他福利服務網絡單位合署辦公。

　　服務項目，在個案工作方面：(1)經濟弱勢家庭關懷處遇服務；(2)脆弱家庭關懷處遇服務；(3)安置服務（兒童及青少年、老人、非老人及非身障者）；(4)重大意外事件及天然災害關懷處遇服務等。在團體工作方面：辦理支持性、成長性及主題性之團體。在社區工作方面：(1)資源連結及轉介；(2)社區資源整合與開發；(3)辦理轄區資源網絡聯繫會議，加強整合衛政、警政、教育、社政、勞政與民間團體合作，在社區內建構緊密合作網，透過公私協力引入民間團體資源；(4)辦理社區預防性服務方案活動。

進一步搜尋

臺中市家庭暴力暨性侵害防治中心官網
社會局的官網，在首頁的左邊第二欄有「服務團隊」，包括首長介紹、組織架構、各單位執掌與聯絡資訊等。各單位執掌有社工科的介紹。

第五篇

對法人等服務

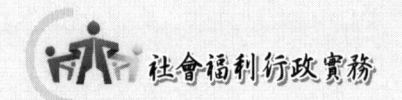

引言

　　David Brooks寫《第二座山》（天下文化，2020），說明職業生涯第一座山為了成就，重點在「征服」。人們努力攀登，克服無數困難，完成社會文化設定的目標：功成名就、獲得敬重、加入合適的社交圈……具體的指標如：漂亮的房子、美滿的家庭、美好的假期等。

　　人生不僅要征服，更要「臣服」，彷彿第二座山。臣服內心對於家庭、志業、信仰、價值的承諾，奉獻於社會，編織親密關係，履行利他主義，實踐人生信念、貢獻人群，如此擁有豐盈的生命與真正的幸福。追求人生深層的滿足，發自內心、滿溢著光的喜樂，因為對「大我」有所付出。

　　社會福利行政同仁不能只看公文只寫報表，應該看得多、接觸廣、到處聊。實際接地氣，認識更多人，參與更多活動。政府的力量有限，民力卻無窮，有志行善的人眾多，「激發愛心、勉勵行善」，鼓舞更多人樂意攀登第二座山。

　　社會福利除了津貼、補助、救助、支持等法定業務，還有更重要的目標：做更多對的事情，例如專案。公托親子館、因應災變、處理疫情等等，這些都沒有嚴謹的法令及固定的流程，甚至沒有足夠的人力。新冠疫情改變世界也改變社會福利服務，為了照顧老人身障兒少貧困者，一方面要避免各機構、各社區成為疫情的破口，一方面使服務輸送繼續，還想到如何紓困，以有限的人力面對眾多考驗。

　　各種來自中央與媒體的評鑑也屬專案，社會局同仁像是可憐的學生，面對考不完的試。各項成績一公布，長官、民眾、其他局處公務員都看得到。平日就準備，針對指標整理無數表格，力求好成績。

　　各行各業、各社區、各團體，都有善心人士，應設法激發更多人攀登第二座山。人民團體負責志願服務、社區、社團、合作社、社創基地

等業務,期待更多人傳遞幸福。

　　社會福利行政處處綻放生命力及幸福力,與聯合國各公約接軌共同綻放3C,不是電腦產品,而是強化兒少權利的CRC、女子力的CEDAW、身障力的CRPD。又以HOPE125為架構,激發志工力。動員民間團體、社區、國際社團,做善事幫助苦命人。用心辦表揚活動、主動感恩,使善的力量滾動,因此又產生更多善行。

　　媒體也可以成為善的一部分,做好事、有好成績、推好政策都希望媒體多報導。如果有缺失,媒體監督有助於改進。

第二十五章
如何執行專案？

- 公托親子館倍倍增
- 因應災變
- 因應疫情──長時間又多方面的考驗

第一節　公托親子館倍倍增

一、將理想落實的困難

在擔任內政部人口政策委員時，少子化的趨勢漸漸明顯，社會學博士的筆者研究人口的變遷及對策，確認「公共托育」為最重要的解方。日後擔任行政院婦女權益委員階段多次參加「普及照顧會議」，更加瞭解公共托育，因此有幸加入市府團隊以此為首要任務。

陳長文律師有個身障的孩子，因此協助心路基金會的創立，經常撰文呼籲反映身障者及其家庭的需求。他說：「每個決策者都應該有個身障的家人，在做決定時就能感同身受。」

筆者常常接外孫女放學，校門外是望穿秋水的家長，又看著數以百計的孩子走出校園，場面盛大又驚人。這樣寶貴的經驗對於筆者思考兒少福利大有幫助，想著家長與孩子，政府可以為他們（也是為我自己）做什麼？

筆者的外孫女2015年出生，女兒女婿都是上班族，娃娃出生後主要由筆者和內人照顧。陪她玩太快樂，各處的公園遊樂場都有爺孫的足跡。那時筆者多次開車半小時去沙鹿親子館，對方便的設施印象深刻。但上任時臺中市只有四處，數量在六都為後段班。

藉由親子館暨Mini親子館之設置，提供零至六歲嬰幼兒（原鄉的擴大服務到十二歲）及其家長友善且適齡的空間、托育諮詢服務、親子活動、親職教育及社區宣導，也提供免費教玩具、圖書借閱服務，讓有育兒需求的家長能兼顧工作及育兒，提升育兒知能、促進親子關係，也在孩子的遊戲中發現一些可能發展遲緩的，早些給予協助。

第二十五章 如何執行專案？

但筆者更看重公托。就任之初，臺中市只有五個公托，比起雙北遙遙落後，在六都排名最後。怎麼辦？

面對任何問題，先想三個最基本的原因。過去公托親子館稀少的關鍵為：

1. 場地難覓，因為照顧幼兒的要求特別高。雙北能普設是因為教育局大力支持，在學校中普設。臺中呢？教育局積極設置公幼，不樂意提供場地給社會局。畢竟公幼可順利銜接到幼兒園乃至小學，公托卻不行。
2. 規模小，建築經費有限。因為預算少，建築師、興建單位對幾百萬工程費的興趣不大。
3. 相關人員多數反對：同仁不看重，有些人主張發錢最簡單，何必做工程？私托業者、保母當然不支持，影響商機。

做任何重要決策，先研判反對與贊成的。反對的人是公務員，你看得到，他們會說發津貼就好，何必做工程？反對的人是私托業者、保母團體的代表，你也遇得到，因為他們會想方設法到你的眼前抱怨抗議。反對的人如學校校長、老師、家長會長等，他們認為學校裡的每一個房間都可貴，都有用途，怎麼可以給社會局做公托？筆者四處拜託，遇到的保守心態匪夷所思。反對的還有經發局管傳統市場的、秘書處管閒置空間的、里長管活動中心，他們寧可放著這些地方養蚊子，也不想活化。

相對地，贊成的是誰呢？是家長，如果有繳費很少服務更好的公托，可以將孩子送去，然後夫妻都工作，多些收入也許可以存錢早日買房子，但他們分散在各處，聲音不大。是學者專家，他們知道專業的托育人員對孩子的身心發展更好，但往往被認為屬書生之見。

還好，市長贊成、議員贊成、少數同仁贊成。中央也有些方案支持。市長尤其關鍵，她瞭解公托的重要性，列為重要政見。她看重年輕

父母的托育需求。筆者加入市府團隊，認同市長的理念。

　　針對問題，不能找理由、找藉口，而是對症下藥，尋求解決之道：

　　針對第一個問題，請秘書長出面召集會議，要求各局處盤點，提供空閒場地。另外拜託議員幫忙注意。

　　針對第二個問題，先爭取中央前瞻計畫的經費，又讓建築師和營造單位知道臺中要蓋很多家，有不錯的商機。

　　針對第三個問題，對內說明，強調此事的重要性。對外提供績優私托業者加入公辦民營的機會。

二、一一化解難題

(一)場地方面

　　為嬰孩、幼兒設置的，在環境的要求遠比大人複雜（例如托嬰中心設置地點離加油站一百公尺以上，離公墓距離不得少於五百公尺）。公托場地的要求特別嚴格，因為必須是公家的地。到哪裡找呢？筆者想到對地方最熟悉的是區長，因此拜託民政局長三度讓筆者在該局的會議中對區長報告，希望大家幫忙。又想到學校，因此拜託教育局長讓筆者在校長會議中報告，曉以利害，但成效都有限。反倒是經發局長很熱心，提供了多處廢棄的傳統市場。

(二)經費方面

　　中央來文允許各縣市送前瞻計畫有關親子館與公托的補助，臺中市一口氣送了一百個（其他五都加起來才一百多案），筆者親自領軍去行政院簡報，總經費4.1億，希望中央核給2.7億，收到公文爭取到2.12億。又以此基礎請市政府也多給一點預算，拿到1.9億。四億多，可以做不少

公托、多處親子館了。接下來規劃幾千萬甚至上億元的大型興建案，回頭又爭取中央和市庫的挹注。

(三)團隊方面

以往中央的政策以托育家園為主，托育家園只能照顧十二個小娃娃，經費少得可憐，從設計的建築師，到施工單位，到經營單位，興趣不大，又因為案件太少，沒法達到經營規模，少有高手投入。盧市長多次宣稱要倍倍增，有更多團隊興趣提高、更多高手加入競爭。

結果呢？原本五家，108年開辦三家，109年開辦六家，110年四家，111年十一家（幾乎每個月都有開幕的）。規劃完成開始施工在112年與113年開辦的多達十六家。如今除了偏遠的和平區，每一區都有家長可以將孩子送到的公托。

113年6月，開始服務的公托有四十五家（原本的九倍）。每個孩子的月費僅八千五百元，補助家長七千元，也就是說，家長只要負擔一千五百元。全國最便宜。

親子館方面，原本四處，108年開幕四處，109年開幕一處，110年開幕三處，開始施工在112年與113年開辦的有五處。另外原名托育資源中心的Mini親子館，補助民間團體、社會福利團體或大專院校辦理。109年開辦三家，110年三家，111年有三家，開始施工在112年與113年開辦的有四家。

筆者在市政府最後一張公開的照片是在市政會議領獎（2022年12月20日）透過跨局處合作，有效尋覓並活化閒置空間以提供更多公托、公幼場所，包括經發局釋出市場大樓閒置空間、學校開放部分教室、里活動中心提供部分閒置區域等，展現成效，因此市長特別頒發執行「公托公幼倍增計畫」成效優異之獲獎單位。

第二節　因應災變

　　天災人禍都考驗救災救命與救窮的單位，有災民、有受害者，可能產生福利服務的需求，就與社會局有關。天太冷、雨太多、風太大等，都需應變。

　　比較特別的是「雨太少」，2020年沒有颱風侵臺，風調的日子卻是嚴重的雨不順。這是臺灣五十二年來降雨最少的一年，再加上降雨分布不均，西部多個縣市陷入缺水危機，乾旱迫在眉睫，臺中市政府決定調配供水。一般家戶比較簡單，儲水備用不複雜。社會局的各機構有住民，還有托嬰中心的娃娃等，該怎麼協助？筆者四處視察，瞭解問題，與同仁商討，設法度過危機。

　　媒體報導災變，往往怵目驚心。首長趕緊到場。每一位首長都有安慰人的責任，如果部屬發生因公受傷或罹患重病，應迅速慰問。如果舉辦活動造成參與者受傷，要當面安慰。絕大多數的局處都有志工隊，某位志工在執勤時發生意外，首長最好到醫院探視。若因公殉職，更需持續協助家人，安慰她／他的同事。

　　一般民眾因為重大車禍或工安意外登上媒體，當地的民意代表通常都主動關心，社會局和民政局的首長如果出面，多少能給予協助。如果因為重大兒童虐待、家庭暴力而住院，媒體關注政府有沒有積極的作為，社會局長就得多跑幾趟醫院的急診室和ICU。

　　一旦知道危機事件，儘量蒐集危急的狀況，按照重要性的高低，立即做角色分析，重點包括：

1. 身為市府團隊的一員，市長如果到場，筆者應該陪同並在市長及其他首長離開後接續關懷。
2. 社會局的責任，如果直接有關，以社工科、救助科、家防中心、

兒少科等較多，囑咐相關科室主管也到場。若屬直接管理的機構出事，必須到場，帶來實質的幫助與心理的安慰。
3. 民意代表出席狀況、媒體關注的程度，還有中央的關切，監察委員會調查嗎？民意代表會在議會質詢嗎？

綜合來說，多跑總是加分，不跑可能有副作用，首長到場，有助於止血，避免新聞事件燒起來。親身看到狀況，比較好判斷下一步。除了持續到場關心，進一步考慮：要募款嗎？要派社工持續關懷嗎？要與那些單位進一步聯繫？在政策上可以做哪些改進？剛到任，失火導致身障機構負責人過世，為避免悲劇再度發生，爭取大筆經費改善各機構的消防設施。還考慮：要再來探視嗎？可以帶來幫助嗎？

有些事項須向長官請示，多數時候，自己要決定。在與同仁討論後，盡速處理，避免災變惡化成危機。天災如果不迅速因應，可能被指責「行政體系螺絲鬆了」，認為是公務員失職的人禍，造成媒體事件，就太嚴重了。

第三節　因應疫情——長時間又多方面的考驗

COVID-19當然是近年來全球最大的災變，對政府的考驗非常巨大。社會局照顧民眾，迎接一波又一波的衝擊。疫情從2020年1月21日中央疫情指揮中心宣布有第一個境外移入個案，到2022年3月20日告一段落，長達兩年兩個月（二十六個月）。筆者在社會局1201天（將近四十個月），面對疫情的日子超過三分之二。

疫情分為幾個階段：第一階段，2021年1月11日升為二級警戒之後；第二階段，該年5月19日至7月26日的三級警戒；第三階段該年7月27日到2022年2月28日二級警戒，直到解除。

這些日子中，筆者寫給同仁的信提到疫情的超過兩百封。參加與疫

情有關的府級會議超過一百場，每周的市政會議及首長會議也必然討論疫情，參加臺中市政府的疫情記者會超過三十場。通常與市長開會後，回到局裡立即邀請相關同仁再開會，討論如何落實，為了疫情在內部召集會議因應的有五、六十場。

這些會議多半沒有議程，參考資料不多，但需立即因應，討論出後續執行的策略。有時上午、下午、晚上分別開會，上午沒法決議的回去整理資料，下午來報告，下午不確定的晚上繼續確認。與疫情尤其是疫苗施打、管理措施的加嚴或放寬等有關的最多。

疫情持續的時間長、狀況多、影響一波又一波。2020燈會正要開始，已經有確診個案，要不要繼續辦？市長決定繼續。負責志工調度的社會局，壓力甚大。

到了2021年春天中央公布了「公費疫苗接種對象」，排出了順序。防疫的首長為第一批，04/12筆者打了AZ疫苗，當晚發燒超過39度，全身發抖，還上了新聞。還好，燒退了，就沒事了。之後兩年多，都沒確診。有健康的身體，因應一波波的考驗，主要分為：

1. 口罩：疫情剛燒起來時，2020臺灣燈會正在舉辦，數以千計的志工需要大量的口罩，遊客也需要。然後各機構的住民與工作人員、社會局與夥伴單位的同仁、關懷據點與長青學苑的長輩等等，都缺口罩。如何找到足夠的口罩並發放，有許多難題。
2. 疫苗：疫苗最大最複雜的問題在僧多粥少，各界望穿秋水的情況下如何施打？老人、身心障礙者、幼兒及照顧的老師保母、街友等，希望盡早施打，但如何執行？要如何使行動比較困難的老人、身心障礙者等施打，更考驗同仁的應變能力。牽涉到排出順序，就有紛擾。若有人走後門偷打，被爆料，社會局就被攻擊。永遠難以做到公平，多次被質疑，只能以高EQ面對了。
3. 快打站：社會局負責山城的多個快打站，派出大批同仁支援。
4. 服務對象與工作人員確診：臺中有六十五個老人福利機構、十九

第二十五章 如何執行專案？

個身心障礙機構，有任何的破口都很嚴重。

5. 同仁確診：持續處理確診及家人、親友、同事的隔離。
6. 人員調度、分署辦公、居家辦公等議題。各科室依規定實施分倉分流，避免同仁進出不同的區域。但空間就這麼大，如何調整，使主任秘書和秘書室的同仁傷透腦筋。
7. 停辦活動及考核：中央宣布三級警戒，不斷宣布三級延長，筆者立即研商做了幾個重要的決定：停辦多個重要的活動、停止對區公所社會課的考核、多項對外服務改為數位化、以正面表列限縮社工必須面訪的情況，徹底實施三分之一同仁居家辦公。直到降為二級，多項措施跟著調整。
8. 會議的舉行停開或採取視訊。
9. 各項措施的限制與解封：如關懷據點、長青學苑、托嬰中心、親子館、社福場館等的加嚴或放鬆，每天都在考驗中（中央的宣布，未必都適合地方的狀況）。社會局需評估各種業務的個別差異，例如課後輔導，孩子的暑假還是繼續悶在家裡嗎？又如關懷據點，長輩還是無法出門參加活動嗎？各項教育訓練，停辦嗎？各校社工系學生的暑期實習，該如何調整呢？
10. 紓困：對各機構的補助、各弱勢團體民眾的挹注，該如何加碼並有效執行。

遇到危機的決策原則必然是Move Fast and Fix Thing！（快速行動，搞定狀況）各項考驗，先分成幾類：(1)長官決策，社會局執行。(2)中央決策，社會局執行。(3)社會局要求機構和服務點配合。

關鍵時刻，局長是社會局裡要拿定主意的人。從疫情惡化，不斷有各種要做決定的考驗，筆者都迅速請教主管，然後做決定，須請示府一層的立即為Line，通常都獲得首肯。決策把握六個重點：

1. 情資：迅速蒐集各相關的資訊（筆者請新聞負責人注意新聞、請

臉書負責人聽市長記者會、請副局長留意中央社政主管群組的訊息等）。
2. 兼聽：與核心同仁討論，節奏快、聚焦議題。
3. 指標：找出關鍵，排出順序。例如優先考慮家長托嬰的需求、再考慮業者；先考慮社工的人身安全，再考慮社福考核；先考慮同仁的健康，再考慮業務的銜接等等。
4. 溝通：決策確定然後說服與決定有關的人。難有一百分的決策，只能以對環境較佳的猜測（better guess），快速反應。
5. 請示主管：簡要說明。
6. 說明：利用官網的圖卡隨時更新資訊，又製作「疫情下的社會福利行政服務」系列，透過直播詳細說明。

決策不是找理由、找藉口，而是找答案，把事情搞定。各種決策須判斷各任務團體的反應，分析可能產生的反彈、質疑、批評，也要有心理準備會被攻擊、歪樓、誤解，但總是要掌握時機（seize the moment）。防疫如同作戰，公文跑不過病毒，情勢瞬息萬變，無法反覆協調。

例如「居家辦公」這議題，從有同仁確診，筆者就仔細研究，找了書、看了專業雜誌、請教科室主管，利用周末寫了一千多字。決策後溝通，規劃了試辦方案。公文出去之後一個小時，筆者關於「居家辦公，遠距管理」的專文，傳到科室主管的Line群組之中，希望有助於落實此決定。試辦的效果不錯，擴大、全面、延長辦理。

對於托嬰、街友、社工安全等可能受矚目議題的決策，筆者也各自做了筆記。應變性高，彈性大，是習慣也是能力。隨著疫情的演變，原本安排好的〈綻放幸福力〉錄影都錄不成。筆者立即準備三個新議題，撰寫劇本大綱，不能讓此系列中斷，筆者坐在辦公室即錄製〈用愛支持　配飯剛好〉來因應。

第二十六章
如何面對考核？

- 中央政府主辦的
- 媒體主辦的
- 準備及反省

第一節　中央政府主辦的

一、行政院

最主要的是「行政院所屬機關推動性別平等業務輔導考核及獎勵計畫評審」。筆者到社會局前，107年成績是81分，剛剛過甲等的門檻，六都第五名。然後特別針對創新計畫、措施、方案之成果及故事，積極努力。這些由評審委員先進行書面評比，各組得分前三分之一，進入評審委員會議進行簡報及確認。筆者親自領軍簡報，效果很好。109年後進步了8分，還是甲等，六都第四。繼續改進，終於在111年以幾乎完美的成績勇奪六都第一名，當然是優等。總成績99.25分，榮獲金馨獎。

二、衛生福利部

中央對地方，有各種考核，說好聽點，目的在「協助、引導各地方政府擬訂其社會福利施政發展方向及重點，提升社會福利補助經費、公益彩券盈餘之使用效能，增進辦理社會福利績效，並促成各地方政府轄內民眾對社會福利服務取得之可及性、便利性」。實際上，就是中央給點錢，看地方有沒有按照中央的意思來執行。

獎懲機制方面，由行政院主計總處依《中央對直轄市與縣（市）政府計畫及預算考核要點》第十點之規定，增加或減少各地方政府當年度或以後年度所獲之一般性補助款。主要執行的單位是衛生福利部、財政部。考核委員，還抱括教育部、內政部等就主管業務指派資深承辦或主管人員以及學者專家擔任。在**表26-1**中呈現社會福利績效考核的類別、執行單位及範圍。

第二十六章 如何面對考核？

表26-1　中央社會福利績效考核類別及執行單位

考核類別	執行單位
公益彩券盈餘分配運用及管理	財政部、社會及家庭署
社會救助業務	社會救助及社工司
兒童及少年福利服務	社會及家庭署
婦女福利及家庭支持服務	社會及家庭署
老人福利服務	社會及家庭署
身心障礙福利服務	社會及家庭署
社區發展工作	社會救助及社工司
志願服務制度	社會救助及社工司
社會工作專業制度	社會救助及社工司
保護服務業務	保護服務司

資料來源：衛生福利部社會及家庭署網站。

　　上述社會福利績效考核，臺中市除了兒少福利為優等，其餘均獲得特優。

　　社會安全網的第一次考核，臺中市的總成績94.17，六都第一。人員進用率92%，也是六都第一。

　　其他比較小規模的考核，成績也不錯，最重要的，持續進步，例如：

1. 衛生福利部老人福利機構實地評鑑的成績，社會局的仁愛之家上一次甲等，此次晉升為優等。
2. 推動兒童及少年未來教育與發展帳戶帳戶績效，成績最優，社會局及多個區公所（大安區、豐原區、梧棲區）社會課均獲獎。
3. 衛生福利部國民健康署「2022臺灣健康城市暨高齡友善城市獎項」，社會局榮獲「健康平等獎」。社會局以「齊發脫貧五箭 匯聚服務十方——看見低收入戶及中低收入戶有工作能力未就業者之希望」成果，榮獲「健康平等獎」，以資產累積、就業促進、教育投資、社會參與及社區產業五大策略，結合民間資源及跨網

絡合作，針對低收入戶和中低收入戶，研擬多元脫貧服務措施，協助弱勢族群擁有平等機會。
4. 保護服務網絡之承諾與行動——菁網獎，特別獎。
5. 社區關懷據點表揚——社區金典獎，特別獎（卓越城市）。
6. 培力地方政府推動婦女創新服務——績效卓越獎。

第二節　媒體主辦的

一、《天下雜誌》的成績

筆者上任的前一天，《天下雜誌》縣市競爭力公告布，在六都之中，臺中市的成績是：文教力第二（總分3.07），經濟力第三（3.20），施政力（2.89）、環境力（2.12）與社福力都是第六。社福力總分僅2.30，五力的總成績在各項指標中為倒數第二。在各縣市，也僅領先七個縣市。

盧市長所領導的團隊總成績並不好，在二十二個縣市首長中排名二十一。林市長四年的成績分別是十七、十八、十六、十六名。2019年盧市長的分數48.65，六都排第五。

經過三年多的努力，到了2023年同一個《天下雜誌》調查，臺中市進步到六都的第二名。社福力由墊底進步到第二名。

二、《遠見雜誌》及其他調查

1. 《遠見雜誌》縣市總體競爭力調查：臺中市在2019年的總成績為六都的第五，全國第八。2020年進步到第四。2022年，六都第

二，全國排名第四，社會福利由2019年的十八名進步到第四名。
2. 天下永續幸福城市調查，社福面項指標，2022年的成績，六都第二。
3. 《遠見雜誌》永續競爭指標，2022年，全國第三，六都第二。
4. 《今周刊》2023年永續城市SDGs調查，社會力特別傑出獎。顯示持續落實永續發展，將聯合國的理念落實到社會福利的各方面。
5. 中時新聞網「有感施政大調查」，社會福利金獎。顯示民眾有感，處處體會到社會福利對自己有幫助。

三、對局長的調查

2020年12月20日《玉山新聞》公布了臺中市政府首長的民意，針對「專業度」、「稱職度」及「互動關係」進行滿意度調查。訪問了議員、媒體、地方意見領袖七十二人，結果筆者在「專業度」（四十七票）得第二名、「稱職度」（三十八票）為第一名、「互動關係」（二十八票）則為第十名。另外當天清晨「未來事件交易所」滿意度成績，滿意請買進，不滿意請賣出。此事件為事實清算，若事件到期，如下台時清算為$0，反之則清算為$100，剛卸任的勞工局長是3.0，環保局前任局長為6.0。社會局長是買進40.0，為各局長最高。比臺南市社會局長的22.0，高出一倍。

《玉山新聞》2022年1月又調查公布2021年滿意度，筆者在臺中市的二十五位首長中，專業排行第一名；互動關係排行第一名；稱職程度排行第二名。

局處首長有好的成績，對市府團隊有加分作用，對局內同仁的士氣也有所幫助。首長的評比成為議員、媒體乃至各局處的話題。

第三節　準備及反省

一、爭取好成績

有次監考畢業班，某位學生交考卷後忍不住說：「太好了，從此不必考試了。」他搞錯了，人生還有太多的考試。如果進政府服務，大考小考從年頭到年尾。行政院考核性別平等做得怎麼樣，衛生福利部各司，尤其是社會及家庭署的各種考核。市政府有個研究發展「考核」委員會，以各種民調考核各局處的績效。

各重要雜誌、報紙，愛辦民調，還有各種評比。媒體一公布，首長的考試成績公諸於世。還有專門針對局處長成績的調查在每年農曆新春前後公布，如果排在後面，日子難過。

對各項考核，日常就把各項福利服務做好，成績不會差。

1. 要看重成績這引人矚目的事：性平考核、老人機構的實地評鑑，乃至首長的滿意度等，都公諸於世，關心的人（尤其是議員、記者、長官）都看得到，是好是壞，影響深遠。
2. 平日就得下功夫：「臨時抱佛腳」有些用，但不如踏實的努力。筆者到政府工作後，發現同仁重視「考核評鑑」的準備，用了大量的時間、金錢與精力去因應考核那短暫的日子。筆者則默默推動改進的計畫，畢竟魔鬼出在細節裡，需從小地方逐步努力。
3. 深入掌握評鑑的指標：「先去瞭解，然後容易被瞭解」。考核有範圍、指標及分數比例，先弄清楚，配合各要項做準備，進而呈現與簡報。對每一個指標所占的比重都正確對應。考試有考卷，各考題有不同形式，所占的分數也不同。被評量者須深入掌握，

進而準備。最好對評量的委員有所認識，考慮對方特別關注的。
4. 懂得廣泛又有趣呈現努力的成果：帶領同仁拍攝大量影片，對於考核來說，製作了多元的材料，成為重要的加分項目。系列的教學訓練課程，讓考核委員印象深刻。
5. 要預演：對於評鑑，一定要模擬，反覆地模擬，或稱之為預評。筆者親自參加各項與社會局有關的評鑑預演，將預演的狀況記錄下來，然後與相關同仁討論如何改進。
6. 學習競爭對手的優點：性平考核，過去總是新北市第一名，因此邀請該市的社會局長來演講，筆者和同仁聆聽，吸收新北市的優點，又請了其他縣市的性平考核委員來演講或初評，更知道該如何調整。
7. 多元展現：以較為輕鬆的方式呈現成果，行銷、臉書、直播、圖卡、展覽等都可以搭配，平日多行銷，考核時大大方方呈現。綜企科、局本部持續研擬及追蹤是重點。
8. 臨場表現：常聽到一些說詞解釋為何沒有考好、為何沒有獲得評鑑的好成績，但任何說詞都不足以改變表現不佳的事實。應考者總是要設法在應考時處於高峰狀態，被評鑑者總是要避免評鑑時有負面的因素干擾。
9. 增加氣勢：在政府的考核機制之中，重視首長的出席狀況。因此性平考核時，設法動員更多的首長出席，幾乎所有的局處長都參加了，對於分數很有幫助。各局處的同仁也要動員，鼓勵大家一起爭取好成績，性別平等、志願服務等絕對不僅是社會局的業務，與各局處都有關。

二、保持反省力

各種民調數據持續發布，到底有多少比例的準確性呢？做民調的單

位、民調的題目與指標、民調進行的方式與時間,都可能呈現不同的結果。因為政治背景與政黨屬性的差異,甚至因為進行民調的政治訴求及廣告預算不同,會出現各種獨特的現象。此外,部屬對主管,即使沒有刻意逢迎討好,難免「報喜不報憂」。主管若都相信漂亮的數字,根據錯誤的資訊做決定,必然導致嚴重的惡果。

　　例如最被看重的社福考核,分成十大類。每一類各科都有各種不同計分的指標,然後有一欄是自評,另一欄是評鑑委員打的分數。每一類,執行業務的科都打九十幾分、甚至有給自己一百分的。實際上這些自評膨風,屬於自我感覺良好。另一個更根本的問題是:評鑑指標細碎,承辦的同仁只是設法使該細碎的分數拿到滿分,忽略了沒有列入指標的部分,只以大量的文書作業取代了真正重要的對人服務。

第二十七章
如何強化人團？

- 類型及屬性
- 社區、國際性社團
- 合作社、社創基地

第一節　類型及屬性

各種方案與服務要設法提供新的機會，讓受助者找到一個新的機會，進入另一個場域，彷彿「結構洞觀點」所形容的節點。基於社會網絡理論，有一種節點稱為結構洞（structural hole），當一個人穿越此節點，會接觸到過去沒有接觸過的社群。結構洞連結兩個原本不會碰到的人，產生互動，產生網路效應的結果。例如甲、乙、丙。乙和甲有連結，丙和甲也有連結，但乙和丙沒有，此時，甲就是結構洞，他如果主動連結乙和丙，就給乙和丙新的機會。

表面上看，被連結的乙和丙獲益，其實將無直接聯繫的兩方連接起來的甲，擁有更多的訊息，也創造了更多的機會。

政府如果有心作，最容易扮演結構洞的角色，尤其是社會局。社工應該喜歡交朋友，也希望朋友彼此也能成為朋友，最好這些朋友能一起做好事。

社會局多數的科室在花錢，只有人團最能找錢。負責社區、社團、志工業務的，也是人團，能大量動員人力挹注各項服務輸送的，正是人團科。

找錢好做善事，那一科最能對外爭取資源，當然是人團科。各種團體，處處是資源，處處要經營。單以對安置機構費用的差額來看，缺口動輒上百萬；社工科、家防的個案服務，中央給的補助也常不夠；身障科要推小作所或日照，有了地方卻是毛胚屋，如何裝潢？復康巴士或各種為了弱勢服務的車子，找誰捐？筆者深深體認：跑不一定有用，但見面三分情，多少能得到一些機會。

在社會局長的辦公室最常來的賓客是與人民團體有關的，有些來捐贈，有些來拜訪，有些來與其他團體合作找局長當見證人，這些都是開

心的時刻。然而，頭痛的時候不少，例如議員陪同某些團體的負責同仁要求化解爭議。團體的運作、改組、調整，難免有大大小小的問題，如果某些人與另一些人的想法差距太大，在選舉或會務推動時發生爭議，找主管的社會局人民團體科處理，比較麻煩的期待局長、副局長做決定。有時還在協調，同一個團體的另一派找另一個議員，該議員直接打電話要局長、副局長都去他的研究室喝茶。

那麼多的恩恩怨怨、那麼久的組織問題、那麼複雜的人際糾葛，筆者有時想：就算包青天在場，恐怕也難以有個好結果，更何況局長的權力非常有限。

檢視筆者的行程，在各科之中，參與最多的是人團科。與議員關係最密切也最常被找去商討的，是人團科。府一層交辦而去報告最多的，是人團科及兒少科。筆者最配合參加露臉或說明社會局業務的，也是人團科。這些都有助於建立更多的結構洞。

社會福利行政，大多數的預算用在老、障、貧、兒少等四大人口群，大多數的人力，在從事社會工作服務。對志願服務團體、基金會等，只是很小的一塊。在中央的衛生福利部，屬於社會救助與社工司的兩個科所主管。在六都，由人民團體科負責。在縣市，有的沒有單獨的科承辦。至於人民團體、合作社，中央是由內政部的人民團體及合作事業司主管。基金會在臺中市政府社會局，由救助科予以協助。

社會福利行政包含了對人民團體、社區發展協會等，這些服務與傳統社會福利慈善不同，有以下特性：

1. 服務的對象：並非弱勢的個人，並非自然人，而是法人，是團體。
2. 對象擁有許多的資源：社會福利工作者可以連結、爭取與善用，以幫助各種弱勢個案，尤其是依法規無法給予補助的個人與家庭。
3. 有清楚且複雜的法規：《人民團體法》及《財團法人法》等。

4. 比較濃厚的政治味：通常政治力高於社會力，有時經濟力高於社會力。
5. 中央有評鑑考核與獎勵，地方政府的社會局配合。

人團科的業務為什麼很困難呢？其他行政針對弱勢，通常有清楚的法令可以遵循，又有相當多的人力去服務，服務的對象為自然人和他們的家屬。然而，協會和基金會都屬於法人，《志願服務法》主要為了獎勵志工行善，《人民團體法》與《財團法人法》基本上採取低密度管理，希望團體自治自律，政府不必嚴格約束。法人呢？核心是董事、理事、監事、監察人，在社會上都有相當的聲望與影響力，加上人多意見多，如果有爭議要主管單位處理，難度特別高。

服務人民團體非常重要、有趣也很困難。人民團體集會結社，彰顯民主價值，推動各項公益，經常挹注人力物力幫助弱勢。基金會結合各界資金與資源，幫助各類民眾。合作社結合人力及經費，共同推動理想。志願服務人員更提供寶貴的時間與智慧，在社會各處行善，又是政府各部門落實服務的重要人力。

臺中市在111年底時人民團體數計4,367個，其中社會團體3,885個（占88.96%）；自由職業團體272個（占6.23%）；工商團體210個（占4.81%）。由101年底的3,623個增加至111年底的4,367個，10年來增加20.54%。單單在111年，人民團體增加90個，成長率2.37%

社會團體以社會服務及慈善團體為最大宗，有1,155個（占29.73%）；其次為學術文化團體，有507個（占13.05%）；再其次為宗教團體，有445個。

以占比來看：增加最多的類別為宗教團體，占比由101年底的4.91%增加至111年底的11.45%，增加6.54個百分點（這些與民政局的業務有關）。其次為同學校友會，占比由101年底的4.00%增加至111年底的4.53%，增加0.53個百分點（這些與教育局有些關係）。此外，學術文化團體、醫療衛生團體、體育團體、社會服務及慈善團體、國際團體、經

濟業務團體、宗親會、同鄉會等，相較101年底所占比重皆有下降，其中又以社會服務及慈善團體下降幅度最大，由101年底的34.89%減少至111年底的29.73%，減少5.16個百分點。

從上述林林總總的團體可瞭解社會局長如果眞的想連結會有多忙，社團周年慶、捐血做公益、捐車捐物資捐款，社會局要到場。幹部有交接，理事長有就職典禮，局長要去頒發當選證書，如果市長要到，社會局長更得陪。

單單以體育團體來看，議長是體育總會的總會長，許多議員都是單項體育會的理事長，體育會召開，運動局長固然要來，主管人民團體的社會局長最好也出席。又如社會服務及慈善團體都以照顧弱勢爲主要任務，常利用各種節慶關懷送暖，這些團體多與議員一起服務地方，議員打個電話給局長邀請出席，局長最好能來。各團體的理事長交接，證書是社會局發的，官印有「彭懷眞」三個字，若邀請局長來頒發當選證書，局長再忙也不能不給面子。

1201天，跑了幾百個社區及人民團體，若以筆者評估的效果來分析，整理如**表27-1**。

表27-1　社團經營的實例及效果評估

	實例	說明
沒什麼用	圍爐、喝春酒、拜年	只能道賀，報告政府的政績、新政策
有一點用	理事長交接	代表政府頒發當選證書
	參加理監事會致詞	感謝該會對社會局的支持
很有用	與捐贈連結	針對有特定公益目的如捐款、捐車
	拜訪總監、總會長	具體協商合作事宜

第二節　社區、國際性社團

臺中市有625里，里、里的守望相助隊、里活動中心由民政局主管。社區發展協會617個、社區守望相助隊243隊、社區活動中心251幢、社區長壽俱樂部395處、社區成長教室752班、社區民俗藝文康樂班隊218隊、社區志願服務團隊372個、區圖書室13處，則與社會局有關。111年社區發展實際使用總預算為1億5,810萬元，其中政府補助款8,997.9萬元、社區自籌款6,812.7萬元。

民政局有專門的科、區公所的民政課都專心強化里。相對地，社區比較被忽視，預算也少。筆者任內用心用力爭取經費興建與修繕社區活動中心，補助經費幫助社區辦理各種活動，落實福利社區化。

人民團體活動超多，吃尾牙、端午、中秋、中元節，社區或區里、民意代表、重要宗教團體、非營利組織，逢年過節、遇到節慶，為某個人口群辦活動，發文來社會局請提供摸彩品，並請局長到場摸彩。

地方經營使社會福利服務更接地氣，在筆者參加的各種活動中，評估其效果如**表27-2**。

表27-2　地方經營的實例及效果評估

	實例	說明
沒什麼用	參加學校校長、家長會會長的交接	
	參加關懷據點等地方活動	
有一點用	模範母親父親表揚、金婚、鑽石婚	代表政府頒獎
	會勘／視察	與議員及其他相關局處首長到場
很有用	幫忙蓋福利設施 小作所等開幕	如公托親子館、社區活動中心

300

在眾多團體中，比較本土的關鍵力量來自地方的慈善會，原本以保庇為主要服務的宗教團體，也因為社會局的號召增加人力、財力、物資的提供。大家比較熟悉的是四大國際社團：同濟會、扶輪社、獅子會、青商會，另有傑人會。在109年底時有392個，社員15,929人。除了青商會因為成員比較年輕，還在事業剛開始的打拼階段，沒有太多力量捐贈，另外三大社團都積極行善。

社會局與四大社團不斷接觸，加強關係，又鼓勵各社團彼此連結。人民團體科先舉辦了邀請市長出席的「四大社團共出力」，又共同辦理「四大社團關懷兒少」的合作，出版電子書。在**表27-3**分析社會局與五大社團的關係。

表27-3　五大國際社團的重要性及與社會局互動的狀況

	重要性	互動
扶輪社	最高	頻繁
獅子會	次高	普通
同濟會	最高	最頻繁
青商會	次高	頻繁
傑人會	普通	普通

扶輪社為各界菁英所組成，熱心公益，長期舉辦扶輪教育獎學金的甄選，鼓勵國內的碩士博士研究生（筆者在1986年榮獲第一屆的博士生獎勵）。每次總監上任，筆者都去拜訪，商討合辦活動或捐贈車輛事宜，如老人文康車、托育資源車。扶輪社在中部分兩區，各自舉辦大型活動和新春團拜，筆者也必定出席。

同濟會的互動就更多了，同濟會的成員財力可能比獅子會遜色，但熱心程度特別高，出錢出力，最熱心做志工。2020臺灣燈會，同濟會提供了大量的勞力。會長交接是每一年各會最重視的，都邀請筆者頒發當選證書，筆者盡可能到場道賀，2022年參加了五十幾個會長交接。

第三節　合作社、社創基地

　　合作社的經營目的是服務社員及貢獻社區，以互助合作的意願與態度為基礎，共同發展相關事業，用以幫助社員、增進經濟利益、關懷社區，屬性上兼顧私利與公益。111年底各業合作社計224個，包含專營合作社211個（占94.20%）及兼營合作社13個（占5.80%）。個人社員126,107人，法人社員35個，股金總額1.82億元。以消費合作社124個最多，占總社數55.36%；股金3,498萬元，占總股金19.22%。

　　近年來為了推動長期照顧而紛紛組成的勞動合作社，與勞工行政、衛生行政等都有關。各類型的合作社，服務及金錢滾動，設在醫院、學校、農場等處，分別與衛生、教育、農業、經濟發展等行政體系密切關聯，要如何有效強化各自的功能以造福民眾呢？考驗著社會局、衛生局、勞工局等主管。

　　筆者非常重視合作社的業務，人團科多次舉辦了各種研討、展覽、頒獎，設法使合作社成為民間重要的體系。又與內政部、逢甲大學等，合辦研討。筆者也多次參加快速發展的勞動合作社負責人的研討。

　　社會創新實驗基地（簡稱「社創基地」）成立於107年，為臺灣第一個由地方政府跨局處（社會局、勞工局、文化局）合作推動在地社會創新的平台。弱勢關懷、智慧城市、銀髮長照、環境保育、食農創新及聯合國永續發展目標為服務核心，採取實驗、孵化的方式，建構可能的實驗模式或路徑，基地以「非營利組織、志工、社會企業、青年創業」為培力主體，藉由系統化的課程規劃、人才培育、資訊交流與共同工作空間的互相激盪下，公私協力，發展社會創新的方式與解決社會問題的能力。

　　「廣泛連結」、「實際互動」非常重要。筆者剛上任就邀請市長到

社創基地與許多斜槓青年座談，經過媒體報導，對市長、社會局、創業青年等，都加分不少。

　　社創基地提供了許多年輕人投入社會企業的空間，並聘請相關專家來指導年輕人。市政府裡的勞工局、經發局等單位也提供青年創業的計畫。社會局的特色在兩方面：一是以弱勢的青年為主，可以優先進駐；一是為弱勢謀福，所做的產品或服務要能幫助弱勢者，例如為早期療育的孩子作教材、為身心障礙者設計輔具、為老年人的健康需求作設計等。

第二十八章
如何綻放幸福？

- CRC及CEDAW
- CRPD
- HOPE125

第一節　CRC及CEDAW

綻放原本表示觀賞性的花朵正在盛開（blossom），是美好的詞，充滿行動的色彩。筆者希望社會局處處傳播幸福，因此用「綻放幸福力」為主題做了六十三集的直播。公務員可以成為改變的媒介（change agent），社會局有責任使更多人、更多團體、更多組織，都綻放生命力。例如：

1. 綻放年輕人的生命力，如選拔兒少代表、青諮會代表、模擬聯合國代表，還有多場「局長聽我說」的活動。
2. 綻放女性與新住民的生命力，如連續多年婦女節的表揚。
3. 綻放身心障礙者的生命力，如多元的園遊會活動。
4. 綻放長輩的生命力，如阿公阿嬤活力秀、銀髮達人。
5. 綻放貧困者的生命力，如自立家庭方案與韌力家庭計畫。
6. 綻放空間的生命力，如利用「翻桌率」的概念，在既有的空間中，設法產生更多功能。例如局長室是攝影棚，又是同仁腦力激盪的處所，還是簡報室，籌備各種評鑑。對於各外館，規劃為展覽場所。
7. 綻放組織、機構的生命力。
8. 綻放據點的生命力，如長輩的社區關懷據點、身障的社區關懷據點蓬勃發展。
9. 綻放服務點的生命力：新增公托、親子館、日照、小作所、各種中心。
10. 綻放聯盟的生命力：在人民團體方面，擴展異業結盟，使四大國際社團共出力；在社會救助領域組成了公益慈善聯盟；在身障服務領域組成了優先採購聯盟等。

第二十八章　如何綻放幸福？

最重要的，是綻放了3C。CRPD、CRC和CEDAW三項公約，均得到絕大部分聯合國成員國承認，我國也遵循，並且經立法院通過國內的施行法，並按時執行成效報告，筆者希望不僅有大量文件，更成為社會福利行政推動的重點訴求。

1. 《兒童權利公約》（CRC）：聯合國在1989年11月20日的會議上通過該議案。
2. 《身心障礙者權利公約施行法》：聯合國大會在2006年通過《身心障礙者權利公約》（Convention on the Rights of Persons with Disabilities, CRPD），是二十一世紀第一部人權公約，採用以權利為基礎的人權模式（human rights approach）。
3. 《消除對婦女一切形式歧視公約》（The Convention on the Elimination of All Forms of Discrimination against Women，簡稱CEDAW）：聯合國大會1979年通過。

綻放幸福力，在CRC方面，推動兒少代表等措施。比較有特色的是執行CEDAW的表揚與月經貧窮計畫、CRPD等平權。

筆者長期擔任行政院婦女權益與性別平等的委員，到市政府後特別想針對婦女多做些專案，表揚一些特別辛苦奮鬥的女性。加上盧市長是六都唯一的女市長，非常能瞭解女性須身兼工作和家庭照顧的難處，她重視婦女權益及性別平等業務工作，都親自召開性平會議。連續三年，在三八婦女節之際，舉辦「綻放女子力」的表揚，是社會局近來跨單位又有亮點、又能結合各方力量的精采活動。

2020年第一次辦、2021年擴大、2022年更豐富。此系列有效連結社會局的各科，使身障、家暴受害者、貧民、老年等的奮鬥故事被看見，也將近年在新住民、原住民、特殊境遇家庭所做的服務呈現。每一位朋友所展現的韌力，必定能鼓舞更多人。除了市長出席的頒獎典禮，還有惠中樓一樓中庭展出「百女圖」，及三十八位受獎女性的故事。首次探

取「公關整合行銷」，包括好些位朋友進入錄音室，敘說自己的生命歷程，還製作了小手冊。邀請得獎者也在八場的座談會中分享，麻煩臺中市八個行政區的女性區長主持，非常精彩，又透過臉書等感動更多人。

2021年舉辦「我，就是經典－我們（women）綻出來」記者會，表揚從十九歲到一百零一歲橫跨三個世代、各行各業令人敬佩的一百位經典的女性。市長有精彩的致詞、親自送致玫瑰與麵包，「玫瑰代表綻放美麗人生，麵包代表追求生活權利！」

此次還有獲獎者走秀，在合照時，各區區長及親友團同框，生動又感人。由於區公所推薦的有不少獲選，公所來的同仁不少，單單是區長就有超過十位參與。許多公所都發布該區獲選經典女性的新聞，使相關報導顯著增多，又製作小手冊，還拍攝了直播影片。

2022年舉辦「女綻女盛－女力故事分享記者會」，邀請性別政策綱領六大面向中勇於突破框架、表現傑出的三十八位女力代表，筆者頒贈感謝狀。同時舉辦「女力故事」和「臺中婦女培力特色服務」等系列活動，性別平權意識的種子茁壯發芽。2022年國際婦女節的主題為「消除偏見（Break The Bias）」，結合六大核心議題－「權力、決策與影響力」、「就業、經濟與福利」、「教育、文化與媒體」、「人身安全與司法」、「健康、醫療與照顧」及「環境、能源與科技」。

第二節　CRPD

記者會或市政會議等有手語翻譯在臺中上軌道是2020年的事情，研考會希望有此服務，但經費與服務團隊都請社會局幫忙。筆者透過公益彩券的專案，落實了此政策。隨著疫情嚴峻，臺中市政府天天召開防疫記者會，也需要經費，每一次都沒有中斷。社會局製作的〈綻放幸福力〉各集也有手語翻譯服務。

第二十八章　如何綻放幸福？

12月3日為國際身障日，每一年從十月起有比其他月份更多的身障活動，2022年因為疫情趨緩，許多團體更積極舉辦，社會局本身也辦理。加上復康巴士的捐贈愈來愈受到重視也愈來愈普遍，相關的儀式增加了。當多數局處長忙著與地方選舉有關的行程，筆者在10月1日到11月19日的五十天之中，參加了：(1)與捐贈復康巴士有關的四場；(2)與身障團體所辦的活動六場；(3)社會局主辦與身障有關的十一場。還利用空檔，為了一位自閉症年輕人與他母親合寫的書寫了序言，又為一個身障基金會的十周年特刊寫祝賀序言，忙碌中希望為身障朋友多做點事。

筆者總是認為「選舉是一時的，服務則須持續」。在選舉的季節，筆者不去為議員候選人加油打氣，不去議員的競選總部，密集投入身障的關懷及服務，因為更有意義。「感同身受」至為重要，對於身障朋友的世界，從事社會工作的人應更多互動。

身障的類型多、又有輕度、中度、重度、極重度之別，在各社會福利人口群之中相關的服務方案最多。筆者頻繁參加各種活動，發自內心樂於互動。對自己而言，持續學習。又因為在局長的位置上，或許能激發一些人對身障議題有些注意，對身障朋友多所認識，對身障機構多些幫忙。

筆者在學校服務時就呼籲各種「平權」，帶領幸福家庭促進協會的團隊協助各種平權。到任後第一次負責公彩預算，筆者就提出「公彩預算與福利主軸」，具體說明補助民間團體的重點。綜合而言，有兩大目的，第一是「支持照顧者」，第二是「推動平權」，配合五大業務單位：長青、身障、兒少、婦平、救助，共有十大區塊。

在「支持照顧者」方面，各類型的苦命人在政府的社會福利法規逐漸綿密之時，多半能得到福利資源。政府依照法令，規劃並執行福利津貼及福利服務，與苦命人的家人一起幫助服務的對象。但法令並沒有規範如何協助或充權這些家人。比較能將家人放在服務考慮之中是早期療育，其他在老人、新住民、身障服務、救助等方面，擔任照顧者的家

人得到的政府協助都非常有限，社會局都還有很大的努力空間。但受制於法令、人力能量及專業角色，也應該多鼓勵民間團體去支持這些照顧者。

設法鼓舞不同類型人口群仿效已經行之有年的方案，例如社區關懷據點對長輩服務的電話問安、關懷訪視，早已累積成果。在補助團體方案方面，也可以由某些民間團體對早療的家長、對脆弱家庭的家長、身障者的家長進行。

在「推動平權」方面，平權包括支持團體更有能量，為某些特定的人口群服務。例如臉部平權、LGBTQ平權等。補團的經費通常核定幾十萬，並非對廣大的民眾，不可能幫助太多人，所以在議題、在實質服務上，都應集中火力，有明確的定位。這些議題往往來自某些精彩人物的奮鬥，透過影片的拍攝是好方法。例如0517世界臉部平權日、0402為世界關懷自閉症日，有助於人們瞭解及接納。各民間團體配合特殊日子來訴求。

筆者特別希望多一些草根性、地方性的民間團體能透過這項補助，更有能量。就像是不少社區發展協會經由設置社區關懷據點，或加入大小旗艦計畫，成為曝光率高、重要性上升的協會。筆者與同仁在每一年五月都錄製相關節目，說明「公彩預算與福利主軸」，具體說明補助民間團體的重點。

第三節　HOPE125

九二一大地震，無數人投入志工的行列，所以發生地震的1999年被稱為「志工元年」，2001年《志願服務法》公布，那一年聯合國也宣布為國際志工年。

假如沒有志工，多數的非營利組織都將亂成一團，各種關懷、行

第二十八章 如何綻放幸福？

政、募款、整理，都難以進行。專職的社工疲憊不堪也做不完各種工作，各項案主參加的活動也辦不了。倘若沒有志工，很多機構都無法辦暑期或課後輔導活動。

假如沒有志工制度，退休的長輩要去那裡服務？家庭主婦要到那裡去表達關懷？上班族下班後如何扮演另一種社會角色？年輕人如何學習對社會的關懷？學生如何累積對人群的瞭解，又如何探索自己的興趣呢？學生寒暑假無法投入志工行列，變得更「宅」。無數人因此無法與社會連結，無法表現對其他人的關懷。

環保、交通、文化、教育等局都有大批志工。但為什麼縣市政府裡負責志工的統籌在社會局？因為社會局最有同理心，也最需要志工。對社會局來說：

1. 長青科：關懷據點、長青學苑靠志工。
2. 兒少科：兒青館、親子館靠志工。
3. 婦平科：婦女館、新住民中心靠志工。
4. 救助科：街友服務靠志工。
5. 身障科：小作所、日間照顧都有志工。
6. 家防中心：防暴規劃師是志工。

這麼多服務點靠志工。因此，「一定要有志工，最好是好志工；對志工，一定要有好的管理，否則副作用很大。」

臺中以前的市長喊出「志工首都」的口號，筆者並不認同，首都的用詞太強烈，志工踏實服務，無須強調臺中市為中心點。但總要有個淺顯易懂的識別，志工票選志願服務宣導標語「臺中志工，幸福傳遞中」，期待志工在從事志願服務時，能實踐公民參與的價值，傳遞幸福提升的感覺。志工的確是傳遞、綻放幸福力的關鍵。

筆者曾撰寫《志願服務與志工管理》，深入研究臺灣的各種志願服務，也在學校開授此課程。到社會局之後說明對志願服務的構想主要

有：

- 資訊化，包含公益慈善平台。
- 因應疫情，成為重要的人力資源（如準備口罩、篩劑）。
- 擴大參與的來源。
- 使被服務者成為服務者。
- 與各團體／協會／基金會連結。
- 自然人與法人的搭配。

社會局的角色為建立平台，設計了「HOPE125」為志願服務願景，意思是：

1. 強調希望（hope）：融入幸福（happiness）、機會（opportunity）、參與（participation）與熱忱（enthusiasm）四大理念。
2. 期待每一位市民皆為志工，每位市民每月服務兩小時，如此能創造五倍公民社會產值，協助臺中成為一座「幸福宜居城」。
3. 有二十七個目的事業主管局處共同推動志願服務業務。

做法是：志工服務大眾，同仁支援志工，鼓舞志工並處理各種難題，建立管理系統建立並持續運作。志願服務推廣中心則負責：(1)紀錄冊、榮譽卡；(2)衛福部志願服務資訊系統課程；(3)志願服務宣導活動；(4)志願服務表揚；(5)志工團隊聯繫會議；(6)志工保險等。在例行的志工管理之外，設法規劃亮點，善用亮點來行銷及連結。媒體報導、社群媒體的經營，非常重要，多加以強化。舉辦研討會、訓練（有多場筆者親自主講），又出版專刊，製作綻放幸福力影片。

臺中市志工人數為全國最多，截至2023年底，志工人數共計136,718人。臺中市每一年志工的服務時數都超過一千萬個小時，也是全國最高。在婦女志工方面的成績，接受婦女福利服務人次占女性人口比率，108年起持續全國第一。

第二十八章　如何綻放幸福？

　　2019年剛到市府報到，立刻有龐大又複雜的志工專案等著處理。「2020臺灣燈會在臺中」以「璀璨臺中」為主軸，根據場地特色規劃主、副展區，主展區以「森林秘境」及「藝想世界」為主題（展期2020/02/08-2020/02/23），副展區則以「童趣樂園」為主題（展期2019/12/21-2020/02/23）。

　　《聖經》上提醒要做光做鹽，此次許多局處展現各種燈與光，社會局無須提供會閃耀的燈，負責的是「志工服務組」，承擔使燈會順利運作的志工體系，有如做鹽，默默調和。「燈美」的臺中，因為有「心美」，負責編組、動員、聯繫、服務的同仁。

　　此次燈會為期六十五天，史上最長，又分成文心森林公園、森林園區、馬場園區等處，面積最大。所需要的志工人力眾多，社會局也得派出大批同仁支援督導及管理，順利完成日復一日的任務。

　　活動整體而言相當成功，各界的反應絕大多數是正面的。在疫情的嚴峻考驗之中，帶給1,182萬觀眾難忘的生命饗宴，如盧市長在閉幕時所說的：「Mission impossible，但我們做到了！」市長在閉幕致詞時特別提到感謝志工，強調身上所穿的就是志工的制服，在與首長合影後，特別走到志工代表與社會局同仁面前，一一致謝合影。人團科所製作的「燈美、心美，志工使臺中更美」的亮麗影像，成為貴賓台上最吸睛的畫面。

第二十九章
如何共同行善？

- 表揚要誠意
- 感恩要主動
- 效果要滾動

第一節　表揚要誠意

《論語・季氏篇》孔子說：「見善如不及，見不善如探湯。」意思是：「看到善的行為，就好像追不上；看到不好的行為，就像伸手碰到滾燙的水。」公務員應期待自己常常是善的力量，透過行動，產生更多正面的事情。劉備的名言：「莫以惡小而為之，莫以善小而不為。」社會局的公務員大多謹慎，知道「莫以惡小而為之」，循規蹈矩，按著以前的做法小心做事，避免犯錯。深怕有些改革與創新，觸犯了「圖利」等罪。但忘記了「莫以善小而不為」，很多可以做的小善事、可以推動的便民措施、可以捐募給民眾的物資、可以幫助各機構和團體的方法，在擔心害怕之中，不見了。

其實帶給別人快樂，自己也快樂。行善，是好事！

表揚是對被表揚者過去的善，一種公開的肯定。

感恩是對捐贈者的直接感謝。

最重要的，效果要滾動。表揚激發更多善行，感恩鼓勵更多好事。經由報導與宣導，刺激人們效法，使更多個人、家庭、團體、企業、社區都樂意加入造福的行列。

各式各樣，大大小小，按照參加人數的多寡、表揚對象的主體，整理為**表29-1**。

表29-1　表揚類型按照對象主體、參加人數及特殊性區分

	人數多	人數中等	特殊性
以家庭為主，與民政合辦	模範母親	模範父親 金婚、鑽石婚	社政與民政結合
以工作人員為主，與衛政合辦	長照金照獎	防疫英雄	衛政與社政結合
以志工為主	模範志工	社會福利志工	社政為主，各局處都有志工
以社會福利人員為主		績優社政人員	

第二十九章 如何共同行善？

一、與民政結合的

先考各位一個數學題：臺中市有六百二十五個里，每個里選出一位模範母親，另外有區公所等選出的，共六百九十八位。市長為了表揚她們，邀請合照。假定有七成，約五百位母親出席，每位有五位家人（老伴、兒子、女兒、媳婦、女婿、孫子女等）陪同。該區的區長、里長及選出的議員三位出席，加上市長、民政局長、社會局長，共十二人。請問大約要花多少時間照相？

答案是每一組連同換場約五十秒，乘上五百組，就是兩萬五千秒，每小時三千六百秒，也就是大約七小時。

這七小時，非常動態、混亂，雖然是開心的場合，市長、民政局長和筆者要坐下、站起來五百次，膝蓋與腰必然疼痛。臉也笑僵了，手也握酸了。模範母親要合照及表揚，模範父親也要，出席的比例低一些，來的家人少一點，每組大約十人合照，速度也快一些，通常一個下午可以搞定。

每年五月，有「模範母親」的表揚，約七百位。每年八月，「模範父親」的表揚登場，又是四、五百位。這兩項除了各區分別舉行，還在市府有與市長合影的盛大活動。九月，「好人好事代表」頒贈，約六十位得獎。接著，金婚、鑽石婚等夫妻表揚。

結婚紀念日，二十五周年銀婚，三十周年珍珠婚，三十五周年珊瑚婚，四十周年紅寶石婚，四十五周年藍寶石婚，自家的事自己慶祝，與政府無關。五十周年金婚，各地辦表揚，五十五周年祖母綠婚，自己慶祝，六十周年鑽石婚乃至結婚七十周年的白金婚，政府致贈獎牌，夫妻雙方均健在者，於重陽節時期由區公所致贈獎牌、旗幟及禮券，多數公所會盛大慶祝，舉辦表揚。

筆者固定參加石岡的，其他行政區也多次出席。通常在重陽節的前後，找一個周日的上午舉行，中午用餐。結婚五十年以上，一定超

過六十五歲，多數都兒孫滿堂，照起相，場面更可觀。當地的區長、里長、民意代表、農會的領袖等，一同合影。筆者參加過結婚七十年的，真不簡單，兩位老人家合計一百八十歲以上，還都可以走進會場，令人羨慕。

二、志工類

在臺中有十三萬志工，有各種感謝志工的表揚。最主要的有：(1)全市包含各局處的；(2)社會福利類的；(3)祥和小隊獎勵—績優志願服務人員及團體；(4)社區關懷據點的；(5)企業志工；(6)志工家庭等。

以各局處的志工表揚來說明，有時市長或副市長會來致詞頒幾個獎，筆者接棒從早上九點到中午，連續站三小時；某些局處長在該局志工領獎時，也會參加合照。要頒獎給超過一千位志工，體力負擔不小。筆者邀請議員、區長、主秘與課長都幫忙頒獎。有一次，上午六百九十位獲獎者，有服務超過一萬四千小時的，有八十八歲的，有三十幾歲已經服務十五年的。下午繼續頒給社會福利類的志工，三百八十一位，這些是從三萬六千多位之中獲選者，新增了績優的團隊，筆者先請這些團隊的代表致詞。

三、與衛政有關

防疫人員的表揚，筆者和多位同仁接受防疫勳章，這些同仁固然居功厥偉，全社會局同仁都為了各項防疫做出種種努力，有太多太多大大小小可以記錄的，值得表揚的眾多，在筆者的心中：大家都是防疫英雄。

為表揚長照服務領域優秀團體及個人，增進長照員的榮譽感，衛生局自107年起辦理盛大的金照獎活動。獎項分為「團體類」及「個人

類」,表揚服務單位及個人;另外有專為男性長照服務員設計的「長照男神獎」;為外籍長照服務人員量身打造的「長照國際巨星獎」;也有為不同長照身分別(照顧服務員、醫事人員、社會工作人員、教保員及個案管理員),設置「長照英雄獎」。

四、以社政為主的

社會局自己主辦的,如績優社政團體的表揚、績優社政人員表揚、績優社工表揚、績優社區,各自要幾個小時。

場面大,狀況難免,例如區公所社會課某一位同仁獲獎,區長與社會課長當然出席,有些議員也共襄盛舉,問題是大家的時間湊得準嗎?如果每天有無數個行程的議員在該區的社政人員領獎時遲到,要重新照嗎?又如某些單位慶祝該同仁領獎,做了很多道具、來了很多人,照相的時間勢必拖延。

筆者在民間時,每一年與幸福家庭促進協會的同仁領取績優社會團體獎,通常每次領好幾個獎。對於社會局舉辦這些活動的狀況及缺失有些概念,因此筆者到任後,設法改進。

首先把場地改到戶外,在后里的信望愛小作所辦了溫馨的社會團體表揚,之前搭配去太平育賢社宅及小作所的參訪。頒獎過程請得獎者分享,同時也介紹了各機構的特性。整體活動過程中,氣氛很好。

每一年四月二日是社工日,都表揚績優社工。筆者請幾位重要得獎者都分享,累積了豐富的素材,為臉書增添不少材料。錄製多個以社工為主角的直播,與多位社工夥伴有更好的互動,做成電子書,持續行銷。

五、民間主辦

至於服務老人、身心障礙者、兒童、少年、婦女、新住民、貧困者等等，又有各種機構、組織、團體，也各有頒獎、表揚、合照。有時老人或身障或兒少等機構聯繫會議，同時辦表揚活動。另外，民間團體為了獎勵優良或資深的人員辦各種表揚大會，如表揚托育人員、身障機構工作者、老人機構工作人員，熱情邀請局長出席頒獎。筆者也到處罰站陪笑臉。

第二節　感恩要主動

在募集車輛方面，有四分之一左右是筆者親自接洽拜訪的成果。市長、副市長、秘書長、其他局處長等提供線索，筆者就立即聯繫。在募集的一百多輛復康巴士中，議員牽線的超過三十輛，有二十幾位議員都幫過忙，非常感謝在地方深耕的市府首長及民意代表一起照顧身心障礙者。

筆者整理捐贈管道的實例及效果如**表29-2**。

表29-2　捐贈管道的實例及效果評估

效果程度	實例說明
沒什麼用	官網上宣傳
有一點用	參加社團活動 頒發感謝狀 請市長、副市長出面
很有用	先針對特定需求去簡報，舉辦記者會或發布新聞稿 與昔日捐贈者維持良好關係 與身障團體常互動
最有用	有重要的利害關係人（如市長等首長、議員、董事長）介紹再去拜訪

雖然有的活動看來效果不大，不過可能無心插柳柳成蔭。剛到任時機要經常拿著各界的邀請函詢問是否出席，筆者曾經因為害怕被議論、被黑、被貼標籤，請相關科室評估。不過時間緊湊，往往得迅速決定，而且科室的評估有時強調負面的訊息：該團體有不好的紀錄、該社區是某某政黨的票倉、某位負責人是誰誰誰的樁腳等。可是與其聽這些訊息，不如去參加，親自看一看。後來筆者對機要指示：「儘量安排。」多跑總是好的，自己累一點，可是「我如果這樣做能夠帶給邀請單位一點快樂，就很值得了！」參加了，多數都有好的結果。

「我這樣做，能帶給一個人快樂嗎？」如果可以，為什麼不做呢！一個小動作，一個溫暖的表情，一聲感謝，都可以帶來好的刺激，進而產生更多好的反應。

疫情趨緩，請同仁安排多辦感恩茶會，例如「逐疫迎春，福虎生豐」感恩茶會暨成果發表會，邀請去年捐助「社會救助金專戶」及「公益慈善平台計畫」的企業、單位及個人參加，致贈獎座。又舉辦愛心食物銀行「流奶與蜜，流向全地」愛臺灣蜂蜜禮盒等捐贈活動。

111年因為要舉行地方選舉，議會提早結束，筆者請救助科聯繫，展開密集致謝的行程，去了幾十個公司、廟宇、企業⋯⋯除了社會局的感謝狀，常帶去的禮物有：

1. 復康巴士的模型：對各復康巴士的捐贈準備小的復康巴士模型回贈，當作紀念。
2. 漆器：救助科購買臺中監獄受刑人所做的漆器，上面有金箔以社會局的主視覺為底，附上許多顆愛心，寫著：臺中有您真好。
3. 所寫的書：筆者私人買了幾百本自己所寫的著作，以《比人生更真實的是電影》送出去的最多。

第三節　效果要滾動

一、檢討與改進

　　辦表揚很累、辦捐贈感謝也很累。累了，總要從其中檢討改進。表揚場合多數是可以預料的：開幕表演，官員及主辦單位致詞，評選團代表說明，獲獎者一一上台接受長官的獎盃、獎狀、紀念品等等。相對地，有些活動因為有了新的想像，讓人印象深刻。

　　俗話說：「你的偶然是我的必然。」對首長來說，頒獎合影是常常發生的，是必然的責任。但對領獎的一方來說則屬偶然，是難得的經驗與榮耀，因此要格外尊重受獎者。

　　一個好的表揚活動，有幾個指標：(1)被表揚者及其家人的感受，他們快樂嗎？覺得光榮嗎？(2)府一層的出席及滿意度。(3)議員的出席及參與狀況。(4)媒體報導的狀況。(5)留下了那些文宣材料。(6)是否有創新？(7)經費的應用，是否以小錢辦大事？

　　成果不好的表揚活動：(1)無助於增加收入的；(2)沒有正面新聞價值的；(3)沒法呈現市政府為民服務的；(4)當選者有爭議。這些都應謹慎，縮小規模甚至停辦。對好人好事代表重新評估後，社會局不再主辦。

　　最重要的是避免出錯。有回模範父親與市長合照出事了，委託照相的單位對其中二十幾位的合照沒法存檔洗出。怎麼辦？筆者和副局長趕緊去每一戶的家中送禮道歉，然後安排市長時間重照。可以預料的，公務繁忙的市長不開心，來此重照的得獎者與家人也耗費時間，當然不開心，承辦的人民團體科同仁嚇壞了。還好，重照順利，再一一將照片送到各模範父親的手上。深深體認：「收拾善後的時間，遠多於一次可以

搞定的，但都得概括承受。」

　　捐贈活動呢？若舉辦公開儀式，有幾個考慮的要項：(1)捐贈方；(2)受贈方；(3)捐贈物及數量，大約的價格；(4)社會局的角色，參與的科室；(5)主要參與貴賓：關鍵為市長是否出席，大家都喜歡市長，市長出席的效果大。(6)各方人士來支持：如民意代表、政黨主席候選人、不同政黨的人物想要和市長、局長等同框。當照片廣傳，眼尖的人會注意到其中的奧妙。

　　捐贈是觀察研判人脈、社會網絡的最佳場合。任何捐贈活動還可以從幾方面分析：活動是否順利、貴賓出席的狀況、募集到的資源、媒體報導的程度等。有些還搭配後續的活動，例如與捐贈者一起去訪視受贈的對象。社會局承辦這些活動，當然有些辛苦，有些麻煩，甚至有些風險（例如被不同政治立場者做文章）。但是想到許多人能因此受益，許多團體因此得到幫助，這些算不了什麼！

　　將受贈者的義行及優良事蹟出書、出電子書、展覽、製作影集都可以持續分享。

第三十章
如何連結媒體？

- 類型及記者
- 說明訊息
- 正面看待

第一節　類型及記者

政務官與文官最大不同之處，就是得更多面對媒體。曼德拉，諾貝爾獎得主，南非最了不起的人物說：「有好事發生時，我最好站在後面，讓別人站在前面。但碰到危險，我必須站在前面。如此，人們才會欣賞你的領導力。」所以頒獎、表揚、辦活動，筆者設法讓領獎的人被看見。但面對公務員普遍認為最危險的來源——議員、記者，筆者就得坦然面對。

社會福利是專業，也要尊重各種專業。行政體系看重記者的專業，新聞工作者俗稱「無冕王」，媒體稱為除了行政、立法、司法以外的「第四權」，公務員當然應給予尊重。

在推動社會福利服務時，工作人員在做好事。但在記者的角度，這些是應該的。當沒做好時，可能讓記者「撿到槍」，認定「螺絲鬆了」，猛轟一陣。

先瞭解媒體的多元性，盤點各媒體的名單。在**表30-1**列出與臺中市社會局有關的媒體。

表30-1　臺中市有關的媒體

	全國性	全市	區域性
電視	無線電視 有線電視	地方台 群健／豐盟／大臺中 大屯／佳光	海線／山線／屯區的有線電視
報紙	《聯合報》／《中國時報》／《自由時報》／《臺灣時報》／《中華日報》	《臺中時報》／《臺中晚報》	《新華報導》等府會為主的
廣播	中廣／漢聲／正聲／飛碟／教育／警察／復興	天天／臺中／好家庭／真善美／中臺灣／大千	
自媒體	網軍		爆料公社 各地方的社群媒體

資料來源：作者整理。

上述的電子媒體，筆者在就任半年內，幾乎都上節目說明社會局的政策，也密集接受平面媒體記者的訪問。見面三分情，快速回應記者的詢問，漸漸獲得信任。針對媒體的特性，處理的原則是：(1)有新政策，盡可能跑電台；(2)落成啟用，有畫面，爭取電視台播出；(3)感人事蹟，提供給報紙及電台；(4)業務配合：各媒體需要廣告，廣告需要預算，社會局有一些宣導及辦活動的預算，可以和媒體搭配，透過整合公關行銷的方式進行；(5)與非營利組織合作，一起透過媒體宣傳，有的公關能量很強，還有些人脈廣，可以請到藝人明星，增加曝光度。

市府是團隊，局長與新聞局長密切合作，新聞負責人與新聞局緊密聯繫。筆者經常和新聞負責人到新聞局走走，互相打氣。新聞局有新聞行政及流行音樂科、行銷企劃科、新聞聯繫科、影視發展科等科，最有關的是新聞聯繫科。業務執掌：市政新聞發布與媒體服務。主要工作有：(1)市政新聞採訪暨發布。(2)市府官方Line訊息發布。(3)市長重要施政記者會。(4)新聞媒體輿情蒐集與因應。(5)媒體公關活動。(6)市政行程發布等。上述的各種業務都需各局處配合，社會局一定是配合度高的。其次是行銷企劃科，他們負責運用電視、廣播、平面、網路媒體等，宣導市政及城市行銷和宣導業務。

公關加私關，關係的線拉得緊、拉得密，比較安全。記者的個性急、工作壓力大，要配合對方的習慣及步調。社會局的新聞負責人和筆者都與媒體記者加Line，記者找筆者，直接聯繫。如果筆者在忙別的要務，新聞負責人會立即接手。即使晚上、周末，筆者的手機也不會關。

社會局與各媒體之間建立公共關係，媒體有不同的特派員（最關鍵）、主管、記者、編輯、攝影記者等，局長、新聞負責人與這些從業人員也有些私人關係。

筆者剛到市政府時，社會局和多數媒體的關係很差。原因很多，筆者無意追究，關鍵在改善。如何做呢？原來的新聞負責人在某位記者生日時會提醒要打電話祝賀，筆者打過幾次，對方的反應多半冷淡。有

些記者不喜歡早上被打擾，十點以後常常在跑新聞或寫稿，接到電話未必高興。筆者就不再如此做，也不在Line上發早安圖。下午，尤其是傍晚，可多加聯繫。經常到市府內的記者室走動（下午四點多在的記者最多）。

在議會開議期間，中午休息時間去記者區走走聊聊。盡可能出席新聞局主辦的記者聯誼餐敘，通常記者節（九月一日）前後、尾牙或春酒一定去。其他如記者發來的紅白帖也配合出席。利用市政考察，與記者們多聊聊，逢年過節，購買身心障礙機構製作的產品當小禮物。

邀請記者參加與社會局有關，尤其是比較有趣的活動，如體驗身心障礙者、體驗老人；周末請記者帶著子女出席各種兒童青少年的活動。任何活動，筆者早些到場，與記者互動。晚到的記者也請新聞負責人發相關訊息、照片。

筆者在東海，和校友聯絡室聯繫，得到「臺中東海人相關媒體的通訊錄」，知道某些記者為校友。另外，許多記者都是筆者或哥哥、姐姐、妹妹的同學或學生，互動時，多了些親切感。

第二節　說明訊息

筆者早期在《中國時報》體系服務三年，主持廣播節目多年，也經常上電視，為報紙寫稿、接受記者訪問都很頻繁。因此對媒體，主動出擊，不論是新聞稿或臉書、被動接受訪問乃至主動聯繫媒體，都積極進行。

剛接任十天，就遇到九二一大地震二十周年，參加多項活動。有一項是教會系統舉辦的，到會場時，有兩個麥克風遞上來，要筆者發表談話。筆者講了九十秒。然後在教堂中，輪到筆者致詞，先帶大家禱告。

這一天很多行程，但在這個時段，筆者十分快樂，因為做了兩個自

己最喜歡的事——禱告和接受訪問。在電視訪問中，九十秒很長了。在廣播，就太短了。為了說明社會局各種政策，不斷上廣播節目，接受各種訪問。短則三、五分鐘，長的達一小時。筆者享受這些時光，畢竟這是很棒的溝通平台，而且記者所問的，有助於筆者思考該議題。

但麥克風如果超過三個，通常並非好事，八成社會局出事了。記者針對負面事件，想要多追一些線索，進而大肆報導。例如同仁的私德、113案件、性騷擾案件、兒童受虐或被疏忽等。如果是管理的議題，筆者不逃避，直接簡要答覆。如果是113案件，通常由深入瞭解的家庭暴力暨性侵害中心主任說明。

社會福利的活動非常多，新聞量相當大。針對媒體，各活動都主動提供。對臉書的粉絲，持續發布新的訊息。對大眾，在臺中市政府社會局官網的最左側有一欄「熱門訊息」，以下包括：(1)最新消息；(2)活動訊息；(3)新聞稿；(4)活動相簿等。尤其是市長、副市長出席的有新聞稿，還可能有活動照片。如果表揚等，有首長與受表揚者的合照，提供下載。

新聞稿的類型多元，量很大，平均每一天有一則。內容包羅萬象，有社會局的工程（公托）、活動（表揚社工、親子館劇團表演）、擴大服務（身障日照與社區資源中心）、服務強化（兒童福利服務中心重新開館）、捐贈（復康巴士、愛心物資）、跨局合作（與運動局的身障運動會、與地方稅務局的易讀版節稅短片）、內部控管等等。

這些新聞稿，新聞負責人與筆者不可能都深入瞭解，媒體記者也不可能都有興趣。筆者要求每一個服務民眾的科，除了科長之外的社工督導或專員要先陪同承辦人撰寫初稿，給科長確認後，送交新聞負責人修改，再向上承核。筆者白天常常在局外，傍晚來得及回局內，會檢視後發出去，重要的再麻煩新聞局同仁檢視。

新聞稿是一種正式的書面聲明，用於向媒體發布重要信息。它通常包含：標題、引言（核心訊息）、主體（細節和背景），重點在說明：

發生了什麼（what）、何時（when）、何地（where），尤其是關鍵人物（key person），而不是為什麼（why）。新聞稿有基本的要求，文字在五百到一千字為宜，方法包括：(1)標題清楚、吸引人注目；(2)在開頭段落概括核心信息；(3)提供必要的背景資訊；(4)加入相關引述；(5)附上聯絡窗口。

如果是活動，列出重要的出席人員，也會將這些訊息發給這些首長、議員、立委、社團負責人等等，請他們也透過自己的通路發出去。尤其是議員，一起做善事，多方曝光。

在假訊息充斥的時代，有時外界對於社會福利行政有不實的訊息，就要加以說明，發澄清稿。澄清稿有「222原則」：標題二十字、內容二百字、圖片兩張。把重點放前面，用跟好朋友說話的語法。儘量理性少一些、感性多一點，多用同理心。訴求明確簡單，一次一訴求（閱聽者注意的事情愈多，記得的事情就愈少）。

具體技巧包括：列出澄清重點，以民眾立場設想，使民眾看懂為原則，用簡單的話解釋專業，複雜部分用圖呈現。台中市政府官網的熱門公告，其中有「謠言澄清」。大致的架構是：(1)背景：假訊息的內容；(2)查核：真正的狀況；(3)圖卡：正確的簡明訊息。

還有一種公關稿，和新聞稿相似。公關稿主要用於形象塑造，新聞稿則聚焦於特定新聞事件。公關稿具有推廣性質，新聞稿陳述事實。公關稿可直接發布，新聞稿通常發送給媒體。

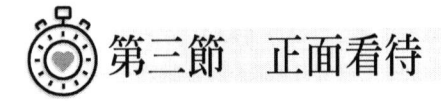

第三節　正面看待

很少公務員喜歡媒體，首長們的內心多半抗拒，但因應不佳，就等著被罵、被處分，甚至丟官。筆者在社會局的服務有如去餐廳「吃全餐」，所有套餐的東西都到眼前，喜歡的、不喜歡的、美味的、苦澀

的……都得吃下去。筆者不能挑三揀四、不可以挑食,都要欣賞、接受。

　　筆者是在飽受幾個媒體批評的情況下接任,各種負面的新聞考驗著自己和社會局。承受著質疑,就努力改進。在心態上,把記者當成「益友」。益者三友,友直、友諒、友多聞,記者通常多聞,幫忙公務員看到很多民怨,直接提醒,有所報導。等於是幫首長多了好些眼睛、好多耳朵,被提醒,就可以努力,避免發生更大的問題。

　　總是要以正面態度看待媒體事件,先假定記者是善意的。公務員的心態決定了對外界刺激的看法,如果正面看待,容易往好的地方想。例如筆者還沒上任就有記者說筆者兼職過多,昔日的確到處幫忙,趕緊一一辭職,專心做局長。例如筆者照顧外孫女多年,習慣帶她外出,記者來電詢問,筆者就留意改進,不讓她上公務車。例如媒體報導某部屬有辦公室內的婚外情,上班遛班,就進行人事處理。例如發生不幸事件,記者來電詢問,筆者體認該事件的嚴重性,多關懷受害者和家屬。

　　媒體常以「螺絲鬆了」批評政府,確實社會福利行政與社會工作處遇有時服務輸送的環節鬆了,同仁沒有依規定做到澈底,發生漏接。藉著被攻擊指責,檢討流程,加緊防範。主管盯緊一點,而不是找藉口。

　　在社會局的新聞方面,前八個月非常辛苦,半面媒體與社群媒體對社會局的正面報導很少,新聞稿的品質不理想。長官、自己、局內同仁甚至閱聽大眾,都知道問題很多。還好,府一層看到這種狀況,一方面加強監督的力道,又辦了幾次講習,還安排專業的人才以約聘的身分加入團隊。另一方面,筆者也邀請了對社群媒體有興趣又瞭解社會福利行政的同仁負責社群媒體。逐漸順利,走上平穩之路。

　　合適的新聞負責同仁到任後,有經驗又瞭解狀況,認真負起主要責任。因為市長昔日是媒體人,對媒體熟悉,給予的指導與建議,正確可行又有效。社會福利的各種宣傳,市長都花時間親自參與,幫助非常大。

站在政府的立場，希望媒體多報導正面的訊息。但站在媒體的立場，希望多追蹤有話題性的新聞。「好事不出門，壞事傳千里」，社會福利服務做各種好事，記者的興趣不大，在媒體的篇幅很小甚至沒有。但負面事件，可能在很短時間就人盡皆知，各界撻伐。

　　社會局主管的業務很多，如果是直接的責任，壓力比較大。例如托嬰中心為社會局主管，有虐嬰事件超級嚴重。假如是幼兒園發生虐待事件，教育局主管幼兒園，但是裁罰社會局有責任。只要與社會局有關，就面對、處理。每一次事件，都是改進的機會。

　　媒體眾多，或大或小，或偏綠或偏藍，電視、廣播、報紙乃至自媒體，有些平日就對社會局或市政府比較嚴格，有些較為友善。如果連友善的媒體都指責，就很嚴重了。即使長期不友善的媒體，筆者也保持熱情去互動，用誠懇態度讓對方知道社會福利行政很重要，公務員會努力做好。

　　感謝媒體的督促、提醒和給予改進的機會。

第六篇

更好的服務者

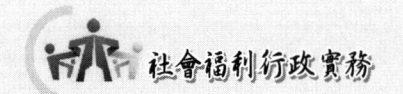

引言

《這一生，你想留下什麼？》（天下文化，2018）是史丹佛大學前校長，被稱為矽谷教父的約翰‧丹尼斯（John L. Hennessy）述說親身經驗的好書。他呼籲：「做比生命更長久的志業。職涯早期，應該努力培養技能、累積經驗、學習獨立作業與團隊合作。太在意最後的成就，就可能不願冒險。真正該做的，是思考如何善用有限的時間、精力、資源以及地位，聚焦在最重要的事情上。」書中有一章的主題：勇氣：為了機構與社群挺身而出。

莎士比亞《凱撒大帝》提醒：「人們要是能夠趁著高潮一直勇往直前，一定可以功成名就。要是不能把握時機，就終身蹉跎。」「永遠不能志得意滿，就算不要跟別人比，也要跟自己比。」

如何成為有更多強烈服務意願又具備卓越能力的公務員？首先懂得「向外服務」，以好的形象與服務對象互動，從外觀到行為到內在，表裡一致，喜歡從事助人工作。其次是「向內溝通」，知道如何與上司、與同事、與部屬有效溝通，透過公文、會議、協商，落實好的政策。每個職位上的同仁都站對位置，扮演該職位應有的角色，又能和夥伴們好來好去，完成各項任務。

第三，管理時間。時間是最稀有的資源，除非善加管理，難有績效。不僅要懂得管理自己的時間，也要管理部屬與團隊的。服務最怕出狀況，平日預防問題（社會局可能碰到的非常多），問題出現了，冷靜處理。第四，管理壓力，面對各種的「刁」，有做不完的工作、填不完的報表、開不完的會議，千萬別累垮、病倒、抓狂，靠更好的態度和健康處理化解。在逆境中保持心平氣和，從裡到外保持鎮靜。

對工作與任務「忠」，把公事放在心的正中間，盡力做好。對相處的人「恕」，將心比心。在與上司互動時，多用些「智」，瞭解上司

的期待,並就可行的部分迅速進行。在領導部屬時,以「仁」為本,體諒與鼓舞。對其他政府單位,盡力「和」,避免過於堅持立場,人和為貴。好來好去,使服務輸送順利。

天下沒有不散的宴席,政府沒有不離開的公務員。平日持續對自己檢視、評估、整理。有朝一日結束公職角色,更得全面評量。做了很多好事,創造了不少的績效,為自己打個總評。

最後,在政府體系裡工作,總是有些冒險,總是遇到大小難題,一一化解,成為更好的自己。服務這麼多人,有沒有好好服務自己呢?有沒有成為更好的自己呢?只希望能:更好的生活(living)、更有效的學習(learn)、更懂得愛(love)、更大的貢獻(legacy)、擁有更棒的生命(life)。

第三十一章
如何形象定位？

- 外觀：百變及人設
- 行為：勤跑的暖男
- 被質詢：眾目睽睽簡介政策

第一節　外觀：百變及人設

服務業，所服務的人與所提供的服務連在一起，公務員本人就是服務的一環。民眾看到社會局的人員，藉此認定政府是否確實在為民服務；社會局是一體的，個別成員所作所為被看做是整個社會局形象的一環。愈是與外界互動的人，愈被期待有正面的表現，局長，當然是最顯眼的人物。

基層公務員中，民眾接觸最頻繁的包括派出所、衛生所、戶政事務所、區公所等的公務員，近年來，也常遇到社工。民眾到了市政府洽公，社會局是重要的單位。市民參加政府所辦的活動，社會局主辦的很多。因此，社會福利行政人員該如何扮演服務者，已經是福利服務重要的議題。

公務員需要有好形象，形象由三大要素構成：外觀、行為與內在。在市政府的主管中，市長當然是民眾最常看到的首長，社會局長出現的機會也很多。在與市政府有關的新聞中，市長最頻繁，與社會局有關的也不少。局長的一舉一動，該加以注意，如何在公眾場合露臉是重要的議題。更關鍵也更難的是在議會中被質詢，現場轉播給每一位想看的人，包括上司、同事、民眾、媒體工作者和其他民意代表，眾目睽睽下高壓力，但筆者認為這是說明福利政策的好時機，也是社會福利服務輸送重要的一環。

「百變彭P」可以總結外在形象。在活動中，在工作中，在各種會議中，筆者扮演角色之時，配合場景來變化。為了行銷社會局，在直播中，筆者經常大膽變裝，希望吸引觀眾留意，多聽、多瞭解政府的政策。

人設指個人形象的規劃設計，透過外在的衣著穿戴、行為舉止，展現形象。最好能「表裡如一」，局長內在的專業能力、學術氣質、知

識智慧等，自然流露於外。筆者期待自己有諸葛孔明的瀟灑，歷史人物諸葛亮的形象世人皆知，他自信，談吐得宜，說話不疾不徐，處處展現智慧，手上總是拿著羽毛扇，在輕輕揮動之中，使歷史按照他的意思轉動，太令人羨慕了！

內在的氣質需與外在的裝扮相配合，如果總是穿著局長的背心，不適合錄製各種主題的節目。同樣地，即使穿上首長的背心，內在的氣質如果不夠好，也難以產生說服力。

在外觀方面，由於局長經常陪同市長出席公開場合，市長給外界的視覺明確，服裝幾乎都是白襯衫、牛仔褲，穿輕便的鞋子而非高跟鞋，髮型短髮。局長為配角，不宜與市長出現違和感，所以多數時候白襯衫配牛仔褲、穿球鞋，頭髮自然，不染不燙。比較大的不同是人人都認得市長，她通常無須穿繡著名字與頭銜的背心，而局長要穿。背心另有紅色的，不繡名字，在專門與救災有關的場合穿。

社會局的中階主管：科長、股長、高師等，有些人注重穿著打扮，買名牌鞋，燙頭髮，還美甲一番。那是個人的自由，在辦公室裡怎麼穿，都沒問題。但出外參加活動，尤其是探望案家、在機構裡訪視，以單純為宜。更何況漂亮的洋裝外頭要加上一致又單調的背心，反而有些違和感。

第二節　行為：勤跑的暖男

筆者喜歡被稱呼為「暖男」，臺中是溫暖的，社會局更溫暖，應推動有溫度的服務。媽媽市長出席活動時總是笑臉迎人，社會局長尤其要溫暖。與人互動時溫暖，參加活動時溫暖，致詞時有感而發又簡短溫暖。筆者練習了包括「心花開」（李千娜的招牌歌）等手語，上臺時陪著老人、小孩跳舞比手語，真有趣。

社會福利行政，先要處理好「社會」，找到各種資源來推動「福利」，落實「行政」的任務。社會工作專業，同樣要先處理「社會」關係，才容易「工作」，進而推動「專業」。

社會局處，在地方，與各種人民、團體、社區等緊密連帶。本質上，屬於「人」的，都與社會局有關。從小嬰兒到百歲老人，從閩南、客家、外省、原住民到新住民，各種性別取向、不同的宗教信仰，只要是「人民」，都與社會局的某些業務關聯。不同人口群各有節日，例如新住民來自的國家有國慶或特殊節慶，這些人也跟著辦活動慶祝，筆者經常受邀參加。

筆者儘量跑行程。服務的對象廣泛，人有生老病死，處處都可能與政府有關。滿六十五歲要領敬老愛心卡及重陽禮金，九十歲、九十五歲、一百歲各自加碼，政治人物紛紛來祝壽。身體若有障礙要領身障手冊及敬老愛心卡，家庭有人結婚、有夫妻金婚、鑽石婚。社團周年慶、捐血做公益、捐車、捐物資、捐款，邀社會局長到場見證。

絕大多數人都不喜歡醫院及殯儀館，政治人物即使很不喜歡，還是得常常去慰問。在行政體系，殯儀館有如民政局長的第二辦公室，殯儀館也為其主管的業務，地方關係綿密，追悼少不了。社會局長也常去，人際連帶眾多是原因，同仁的家人往生，過去的社會局同仁往生，昔日捐贈者辭世，重要人物或他的親人往生，新聞事件的主角發生意外過世，重大不幸事件有人罹難，社會局協助，局長代表去捻香或參加公祭。若發生重大社會事件，有可憐的受害者家屬需急難救助，社會局同仁在場。筆者在各種場合與受難市民的家人談話，想到他們的親人遇到意外罹難，希望能給予一點安慰。

醫院，原本是衛生局長的工作，社會局也頻繁出現。有時是快樂的，例如去醫院探望新生兒，同仁生孩子、議員生孩子、記者生孩子……送禮之外最好能親自道賀。多數不快樂，意外事件發生上了媒體或辦活動有參與者受傷，去醫院慰問。與托育有關的家暴事件，兒童受

傷住院，去急診室甚至進加護病房探望，除了慰問有時還幫忙聯繫。

1201天，筆者跑了十二萬公里，參加了數以千計的行程。在奔波的車上，筆者也沒閒著。到了會場要合照時，筆者絕對不搶C位。例如衛生福利部辦理社政衛政首長會議，先合照，筆者都站在最後一兩排靠中間的位置。

服務需向外，動起來、走出去。不斷調整心情，在差異很大的場合中，**轉換與調適**；忍受不愉快，風吹雨淋，火災，天氣太熱、太冷，下雨，空氣中的異味，髒亂的環境……都是一時的。離開後，擦擦汗換個衣服，鼻子抹上萬金油就過去了。

筆者認同工作，認同同事與上司，對服務對象高度同理。進入案家、進入社區、進入社團，隨時活在當下，隨時抱著陪同的心情。對方送上茶就喝茶，送上調製的飲料就喝，甚至對方送上酒就乾一杯。萍水相逢，若能賓主盡歡，已經很棒了。

人們不斷觀察首長的言談舉止，例如常見的致詞。致詞以簡明扼要為宜，避免說大道理或講理論。尤其要簡短，該謝的謝了，該報告政績的報告了，就趕緊結束。以前有位首長喜歡在致詞時高歌幾曲，讓民眾覺得太愛現了，更何況如此一定占用太多時間。

第三節　被質詢：眾目睽睽簡介政策

首長與文官最大的不同是必須在議會接受各種考驗，例如專案報告、審查自治條例、處理議員提案、爭取預算，以及實況轉播的被質詢，最後一項的難度最高，卻也是全面展現服務績效與形象的時候。在高張力、一問一答的言詞互動中，使各種努力被更多人知道，但也可能被**轟得滿頭包**。任何缺失，都可能因為議員的質詢及在場媒體的立即報導而放大，甚至無法收拾。曾經有一位局長在被質詢時當場氣到走出議

場,辭職不幹了!他個人固然瀟灑,卻對邀請他的市長、市府團隊、該局處,都造成傷害。局處長即使在議場中疲憊打瞌睡,經過轉播到眾人面前,也很丟臉。

到底該如何答覆議員的質詢呢?有些老練的首長實問虛答,避免提供更多的線索讓議員問下去。有些官員講學理或數據或詳述已經努力的成果。有些官員客氣但簡短,避免多說。筆者總是以誠懇的態度說明,但難免有些議題臨時被問未能掌握、有些數據不夠正確、有些議員找到的資料以偏概全,因此被追問甚至成為媒體的標題。不過,筆者總是樂觀,並未因此太難受,或許這也是一種「80/20原理」,百分之八十答得很好,只有百分之二十的效果。百分之二十答覆不盡理想,卻引發百分之八十的注意。

被質詢像是接受考試,就用考試的幾個要項來分析:

1. 誰(who?)出題:表面上看是議員,其實不然。議員普遍忙碌,某些助理對議題的研究下了不少功夫。許多議員都聘請與社會福利相關背景的助理,一方面加強選民服務,一方面累積各種書面與口頭質詢的議題。筆者與同仁整理各議員所下的質詢條,可以判斷未必是議員有興趣的,反倒與這些助理密切相關,或許是他們關注的,也或許是他們與某些民間團體的密切關聯,代表其發聲。

2. 問什麼(what?):在民政小組的質詢,社會局與民政局的題目明顯超過其他八個單位,社會局的又多於民政局。在質詢的題目中,兒童的議題,包括生育率、公托、虐兒等,占了多數;又以公托倍增、親子館倍增,最受注意。還常提出增加老人福利的訴求。比起兒少福利的議題,社會局的身障業務、婦女福利等,都變得很小,甚至微不足道。

3. 為什麼(why?):經由議員詢問,媒體會找話題、找議題,然後發酵。須以正面心態看待此重頭戲,同仁可以藉此更瞭解民意,

也藉著議員的質詢注意到一些被疏忽的問題。
4. 問多久（how long?）：每位議員五十分鐘，有時幾位議員聯合質詢，所以可能連續被問一百分鐘、一百五十分鐘。

社會局過去所做的，欠缺鮮明的亮點與重點，議員的質詢難以聚焦。近年來少子化與高齡化，公托親子館、老人健保、敬老愛心卡等議題，比較能吸引議員的目光。當然可能在此領域被質疑成效不彰，因此需更加努力。

每次會期最辛苦的首推民政委員會的三天，壓力居次的是長達十天的總質詢。總質詢階段，議員的目標當然是市長，但有些局處還是會反覆被問，社會局必定名列前茅。局處長在市長、局處首長前答覆，更得準備充分、回答得體。針對市長的施政總報告，議員可能關心議題及預擬答覆內容，必須持續準備。

業務質詢與總質詢均現場轉播，局長的表現好壞在眾人的眼光之中。如果首長被議員斥責修理、說錯話、讓局處同仁受羞辱等，都有不好的影響。為了避免憾事，分多軌進行：

1. 事前蒐集資訊：包括府層級及新聞局來的訊息、負責議員關係的專門委員連繫得知的、新聞負責人閱讀輿情提供的、高級社工師蒐集地方輿情的等等，還有議員之前質詢的，做成上百頁的題庫。質詢前夕，請相關主管研判後商討，像是考生做考前猜題。開議當天早上九點之前，再補充最新的議題。大致說來，筆者到議會時已經掌握九成的題目，完全搞不清楚狀況的很少。
2. 多聽、仔細聽，慢慢答、簡要回答，避免公開承諾。筆者在大學教書久了，習慣長篇大論，這種行為在議會絕對是扣分。議員花多少競選經費與力氣才選上，質詢是最能展現權力與績效的時刻，如果局處長多講就占用了議員的時間、減少議員施展魅力的機會。所以要忍住少說，即使自己很瞭解該議題也要低姿態。議

員的質詢可能牽涉到各種要求，不宜公開答應，回市府研商後再書面答覆，或到議員研究室報告。有位長官對筆者說：「如果議員要你做什麼你就做，三倍的預算也不夠。」

3. 答詢的技巧：和顏悅色，避免有不好的態度，表情盡可能誠懇，議員所詢問的處處是地雷，須冷靜拆彈，有幾個重點：(1)不要把責任往上推，不說已經上簽府一層，以免議員繼續問市長。(2)不要過度承諾，府方沒有確認的，不能說出口。(3)不要答應議員所提出的想法，盡可能以正在研究、會研討協商等說詞答覆。(4)不要把功勞過度歸功於特定議員，需考慮同選區議員也在聽，以免順了姑意、逆了嫂意。

4. 不動氣，不當面辯解：議員自認代表民意，在議場質詢時，姿態不可能低。議員讓官員難堪，可能被媒體報導，增加曝光的機會。如果羞辱官員能爭取特定民眾的支持，也許就說出難聽的話。筆者多次被罵、被羞辱，甚至被斥責不准筆者講話（還好沒被趕出議場），都忍住，不動氣，絕不回嘴。

分析總質詢的操練，主要有以下幾方面：

1. 體力的考驗：每次質詢日，從九點或九點半坐到下午三點多，甚至到五點，必須有好體力。在疫情階段，天氣有點熱，設置隔板更熱，戴著口罩，坐著坐著衣褲有點潮濕，悶著不大舒服。筆者通常上午、下午各自抽空去廁所一下。

2. 變胖的操練：議場服務人員到了十一點四十幾分送來便當，十二點休會可以吃。主菜只有三種：雞腿或排骨或幾片白肉。便當難吃，通常吃四分之三。每天會有一份甜湯或水果，十天就胖了一公斤多。

3. 人際social的操練：有時候中午去跑攤，拿著便當出外打游擊。議長室、副議長室、超黨派議員辦公室或個別議員研究室。

第三十一章 如何形象定位？

4. 加強互動的操練：常去國民黨團辦公室，也去了民進黨團辦公室，利用各種時機加強與議員的互動。有時一大早，當天上午要質詢的議員早到，先去問候；當天下午質詢後，有些議員相約，筆者又去議員研究室聊聊。把握各種機會，當面請益或解釋。再加上透過Line、簡訊、電話，乃至局裡的專委、府會聯絡人等的綿密互動，減少了一些壓力。

5. 專注的操練：一個會期總質詢時間超過三千分鐘，也就是五十個小時，當然不能閉目養神、不可以打瞌睡。需「眼觀四面，耳聽八方，全神貫注」，一方面看質詢的議員，一方面看手機和平板裡的各種資訊，還有各種書面的資料要閱讀。咖啡、雞精、口香糖、小餅乾、白花油等，各自發揮了一些作用。

6. 被罵及文官尊嚴的操練：首長被質詢為常態，文官備詢就少見。議會有多場要求文官到議場內接受質詢，有些言詞近乎羞辱，看在公務員的眼裡，膽戰心驚。如此做法，目的也在警告局處長，指責局處長領導無方。有位局長在下台前一天對筆者說：「議員的請託，你答應了九件，第十件沒按照他的意思，照樣利用質詢，要你難堪。」這位來自學術圈的好老師在某次議會結束後立刻辭職回學校了，不想忍氣吞聲。還好，筆者從未讓社會局的同仁到議場備詢，盡量讓問題停在筆者這裡，Problem stop here！避免文官的士氣被打擊。

第三十二章
如何內部溝通？

- 與市府裡的
- 與局內的
- 運用多元媒介

第一節　與市府裡的

在官場裡互動的雙方，總是注意地位的高低、職級的差異、權力的大小、核心或邊陲……看著一個人的時候，優先從對方穿的背心來做判斷。但這未必是最佳的選擇！

比職位更關鍵的是判斷對方與自己的距離，管理者的時間有限，對人要區分親疏、近遠，判斷互動的深淺、濃淡。因為即使位高權重的，對自己執行公務的影響未必大，反而是身邊的幕僚、局內的主管，更加關鍵。俗話說：「安內而後攘外。」內部穩了，才好齊心努力外面的。

士大夫無私交。筆者有好些昔日指導論文的研究生、給過成績的學生、同事、朋友等私人交情，都只能公事公辦。否則顧念舊情、看重私誼，必然惹出爭議。筆者總是提醒自己也告知安排行程的機要：人際互動花很多時間，講情不如講理，私人間的情都費心、費神、花時間，還是回到制度來處理。

跨局處須協調的事情，筆者幾乎都主動拜訪，到其他局處長辦公室請教。按照業務狀況，若與龐大預算有關，得跑的是副市長室、主計處、財政局。若與大型工程有關，去副秘書長室、建設局。與社會福利行政最有關的民政、衛生、勞工、研考等首長辦公室，也喝過幾次咖啡，商討業務。衛生與福利該協調的事情最多，隔一陣子開正式的協調會。與首長相處，雙方都忙，不談私事。

去其他局處長辦公室之前，先與主辦的科長商量以確定立場。若與經費有關，則請會計主任陪同；若與人事有關，則請人事主任一同前往；若與工程有關，則麻煩主任秘書同往。當面溝通，大致討論，可以使事情往前推動。

這一類的都很順利，從未發生不愉快的事情。

「長官擁抱輝煌，部屬累積滄桑」、「長官一句話，部屬跑斷

腿」、「錯誤的決策，比貪汙更可怕」、「將帥無能，累死三軍」等都在政府體系裡常常發生，讓無數公務員累翻累垮，甚至過勞死。在社會福利行政體系裡，大量加班的普遍現象、比其他體系更高的離職率、花了龐大預算卻成效有限的政策，往往源自上層的某些決策。

為何這些現象經常發生，在不同政府部門都出現呢？誰是上層？誰是長官？比較容易瞭解的是特任官與簡任官，也就是十職等以上的。九職等以下的公務員習慣服從。能夠做到十職等以上，主要有兩種背景：(1)從薦任逐級升遷的文官。(2)因為政治任命的政務官。

九職等以上的任命均為最高首長的職權。政治運作的基本原理是「誰任命自己，就服從誰」。對於這些簡任官來說，自己的職位是更高首長任命的，也可能隨時被同一個首長更換掉。所以，為了保住自己的職位，當然要聽從。

簡任官的政治性濃厚，與政黨的關係更密切。為了落實政黨的訴求，為了爭取選舉的勝利，為了與選舉產生的民意代表維持良好的關係，所做出的決策有時「政治考慮高於一切」，卻忽略行政面的可行性。

政治領袖在乎輿論、民意代表等聲音，一旦發生負面新聞，輿論批評了，民意代表質詢了，首長們的處理原則當然要趕快使事情過去，要求所屬拿出一些補貼、補助、挹注的方案。然而要執行計畫得有預算，預算從何而來？符合法定程序嗎？行政的本質是持續性的，一個政策、一項計畫、一種補助，推動了，很難短期就看出成效，更難以只執行一小段時間。

政治的本質希望立竿見影，迅速產生成果，提高首長的民眾滿意度、墊高首長的權力基礎。簡任官為了實現首長的心願，按照首長和他們身邊幕僚的指令，所做的方案未必周延，實施之後可能弊多於利，增加了債務卻未必能照顧弱勢。

在台灣，民選首長通常只能連選連任一次。所以第一任最在乎的，必然為「連任」，因此第一個任期通常會努力推出能爭取選票的政策。

他們精算各選區、不同人口群對自己的支持度，進而對原本支持度低的地方或人口群有一些加碼。如此政治考量在行政上，必定有些問題，會惹出麻煩。但簡任官未必有勇氣說出真話，不敢忤逆民選的首長，而將首長的想法要求薦任、委任的公務員去落實，使基層敢怒不敢言。

筆者夾在長官與部屬之間，處理原則是：(1)區分政治與行政，政務官優先考慮政治層面，文官確實推動行政；(2)若與政黨人物、民意代表打交道，政務官的身分為主；(3)與常任文官充分溝通，尤其是主管。優先考慮的是：可行性、有沒有預算、利弊的比較。長官的創新構想不能違反法令與中央的規定，以組織再造來看，有四個R：reengineering（流程改造）、re-system（重新設計系統）、re-organization（重建組織）、re-vitalizing（使組織重新獲得生命力）。但對於穩定的社會行政體系來說，改造並非迫切的事情。筆者不積極爭取組織體系的改變，這太複雜又曠日廢時，以現有的狀況先做出績效再爭取，成效較明顯。

上司常有新構想，但應該小心此構想的傷害。"*Becoming a Manager*" 的作者，哈佛大學的教授Linda A. Hill和同仁在〈輝瑞經驗談：正確決策，加速創新〉的結論是：「領導人請退一步，因為在需要創新的時候，領導人必須打造讓員工自行找出答案的環境，要退後一步，讓部屬決定。你的團隊自然而然打算上交決策權時，領導人要能夠拒絕這種權力的誘惑。」（《哈佛商業評論》第183期）

基於退一步是如此重要，筆者在臉書、在活動、在拓點等方面運作順利後，愈來愈放手，希望同仁負起責任，少把決策權交回。

第二節　與局內的

「文官，帶得動嗎？」所有被邀請擔任政務官的人，都應該好好想想。政務官，高薪、權力大、露臉的機會多，好處看似不少，其實風險極高。可是如果沒有認真的政務官，文官打混的情形，勢必更加嚴重。

第三十二章　如何內部溝通？

「做事，而非做官，即使是個官，也是為了做事」，為自己從始至終的信念。對事情，更要以有限的時間處理龐大的事情。先按照重要性、複雜性、緊急性來區分。緊急的固然要優先，但不一定都自己出面，判斷身邊的人誰適合跟著一起處理，不可能獨自完成。重要的事情，更得靠團隊。當團隊同仁積極處理時，自己還可以有些時間思考、規劃。複雜度高的，例如預算案、人事案，分成幾個小事情、小方案，一一化解。

政府裡有大量的公文。若需局長決行的內部公文，專門委員、主任秘書、副局長都看過了，筆者多數直接決行。若有疑義，通常先詢問副局長，瞭解討論之後再決定。某些問題比較大，需進一步釐清，會請科長、主簽的同仁來說明。最頭痛的是局內不同科室的意見不一，或是附屬機關與科室之間的爭議，或是同仁因為疏失而需懲罰，請副局長、主任秘書、人事主任等先來協商再批公文。

畢竟局長對內部的事務有最主要的決定權，複雜困難的決策雖然不多，但若做出錯誤的決定，影響深遠。筆者常想到《論語、子罕篇》所說：「毋意、毋必、毋固、毋我。」意思是：孔子杜絕四種毛病：不主觀臆測，不絕對肯定，不拘泥固執，不自以為是。如果批公文時，有些疑慮，尤其是與法令相關的，多徵詢幾位。唐朝的魏徵就說過：「兼聽則明，偏信則暗。」文官熟悉法令規章，多請教幾位，總比只聽一、兩位的要安全些。

與同仁溝通時，語言系統要轉換。在大學，主要使用學術語言；在政府，難免會使用政治語言。學術語言符合科學，精準明確，處處禁得起驗證。政治語言含混籠統，避免明確，處處留後路。大學老師擅長授課，口語表達為主要溝通工具，以大量時間解釋有限的概念；行政體系內公務員以公文為首要溝通工具，文書作業為主，白紙黑字說明。若需在會議中發言，應簡短，多半屬於事實陳述及執行細節。

累積各種與同仁的溝通方式，按照效果的功用程度，整理如**表32-1**。

表32-1　評估內部溝通的實例及效果

效果	實例
沒什麼用	例行的公文
	配合婦女節、聖誕節、過年的聯誼活動
	同仁親子活動
有一點用	局務會議
	寫信給同仁
很有用	給予實質的獎勵
	拍攝直播說明政策及具體作法

　　爲了與同仁充分說明自己對社會福利的想法，筆者寫了超過一百封的信，包括每個月寫一封長信給高師，三十三封；局務會議寫了二十幾封；其他寫給家防中心四封；給局內的各科，二十幾封；給科長、股長等，將近十封；給志工、實習生、夥伴單位、社會課長、市政顧問等，十幾封。寫信充分說明自己的理念，也整理社會局最近的進步。

　　待人處事，每一種基層公務員都很重要，都是維持社會運作不可少的人力，但那一群公務員比另一群公務員重要？基層的比高層的重要嗎？臨櫃的比決策階層的重要嗎？不一定，都得用寬廣的態度面對。處事呢？只能用有限理性來看待，沒有最佳的，只有不錯的答案，持續有進展即可。

　　對於創新的決策，內部很難有一致的看法，筆者拿定主意後須反覆溝通。若心中傾向保守，問文官；如果傾向開放，自己要決定。多開會，不一定好，經常出現團體極化現象，決策比個人的更加保守。

　　多評估外界的民意，如果要維持現狀，民意調查是好策略，可藉此證明少變動爲宜。總結的經驗是：總是超前部署的學者意見，不如走在群衆稍微前面的主管。

第三節　運用多元媒介

　　戰場上有人海戰術，文官們常用字海戰術、數字戰術，讓決策者與民意代表頭昏腦脹，難以掌握重點。政府體系，文字與數字都超大量。每一次要審查預算時，各局處送到議員研究室，都要用推車，很多本，每本都很厚。各種會議的資料，非常多。即使推動電子化、無紙化，還是整本整本，大量浪費紙張。

　　公務員不習慣斷、捨、離。資訊愈來愈多，分不清楚什麼是雞湯，什麼是餿水。部屬所寫的，開會的資料、也容易變成非常多。為什麼如此呢？公務員通常謹慎，寧可多準備，害怕遺漏被責怪。公務員擅長堆積資料，相關的儘量放入。也許希望大量的資料證明用心與認真。但是浪費的不僅是紙張，更是寶貴的時間，主管難以消化龐大的資訊，更難以判斷與決策。議員們看著厚厚好多本的預算，少有人可以很快就找出問題。

　　筆者自幼學習速讀，閱讀文字與數字一直是興趣，在大學體系工作幾十年，處理文字和數字是基本功夫。但進入政府，才發現自己還是很容易在文字森林中迷路，在數字堆砌中失神。為了改進，必須拿出做研究的精神，分析文字、分析數字。有時先麻煩有碩士學位、好奇心強的機要幫忙看，包括：畫重點、找出問題，整理與去年的差異，發現各段之間的矛盾之處，先做簡單的摘要然後與筆者討論。筆者再找承辦人與科長來，請對方說明。必要時討論，最好找副局長確認。

　　對文字與數字，常牢記：要減！不是亂減，減什麼，需要持續盤點，如同一種比喻：「不要倒洗澡水，卻把將洗好澡的嬰兒倒掉了。」

　　筆者怎能將這麼多又雜的資訊，呈報給長官或中央呢？只能設法將雞湯濃縮出雞精。文字報告最好以14號字體用兩頁A4來說明為上限。如

353

果要對長官或中央報告，希望只有六頁的PPT，每一頁三十至五十字、三至五個重點來呈現。當文字與數字有重點，筆者的口頭報告有重點，長官的裁示與中央的指示，跟著比較明確。

　　在服務輸送中，社工習慣面對面FTF（face to face，簡稱FTF），社工要訪視、社工要家訪，社工要看到服務的對象。社會行政人員習慣處理民眾的洽公，在各區公所、在社會局的各業務科、在二十五處社會局的場館，各種安排以面對面為主。臺中市幅員遼闊，民眾的背景與教育程度分歧，許多人還是習慣見到公務人員，當面商討。在舉辦活動方面，還是喜歡熱鬧的、大場面的。所以社會局過去的服務輸送資訊，主要依賴面對面，電子通路的所占比例很低。但面對面增加人們移動的成本，也可能造成時間的浪費。因此筆者大量增加電子通路（computer-mediated communication，簡稱CMC），強化網站、臉書，以圖卡、簡短影片說明。有些會議改為視訊溝通，在疫情二級與三級時如此，疫情結束後，還常常以視訊開會，十分方便。

第三十三章
如何時間管理？

- 管理自己的
- 管理部屬的
- 管理團隊的

第一節　管理自己的

　　健康和幸福最重要，就多花些時間去維持健康、經營幸福。對健康與幸福有關的，時間不能省：充足的睡眠、吃早餐、早晚溜狗散步、靈修讀《聖經》、閱讀書籍等。

　　筆者每周工作八十小時，持續四十個月，不請假、不出國，一個禮拜工作時間超過兩個基本工時。每天七點半左右到辦公室，周二再早一點，因為要開早餐會報。有時直接到外地參加第一個行程，例如社工科的自強活動八點出發，筆者去送行。周末更早，有幾次六點路跑活動，自己開車去鳴槍。有些喪禮很早，也準時出席。

　　白天總有密密麻麻的行程，排到傍晚，在辦公室處理公文到晚上大約七點。每周有兩、三天要出外參加公益活動或到社團社區致詞，有些身心障礙團體或兒少機構約見面，晚上比較方便。

　　如此周一到周五，每天平均十二小時。周六的上午與下午，幾乎都有邀約，通常是晚餐的時段致完詞回家。周日通常比周六日少，偶爾整個下午沒行程。周末平均工作加起來二十小時，回家後。寫信整理一周發生的事，把當周看到的問題與現象，周一告知相關同仁。也把比較需要計畫的事情，周末先思考做初步計畫。

　　時間分成上班與非上班時段，先談非上班時段，清早與晚上有效運用，必定幫助上班時間發揮工作效果。必定早起，每天上班前已經快走二、三十分鐘，規劃今天要處理的事情、要見的人、要致詞的場合，還先寫五、六百字。會議的空檔或中午，有時也寫個幾百字，把早上發生的事情與感想，扼要記錄。晚上再補充五、六百字，然後快走二、三十分鐘，想想今天發生的事情。周末不跑行程時仔細整理，變成完整的信件，看書也重點整理，寫成短文。周末預備周一晚上的研究所課程。

第三十三章　如何時間管理？

早上進辦公室看資料、研究數據，找出要點立即邀請相關人員商討，十幾分鐘抓住方向，就各自努力。然後九點通常有會議，去議會的一定早些到。如果是在市府別人主持的會議，帶各種文件去閱讀。若各界來局裡拜會、問候或報佳音，排在一起，每場次三十分鐘為度。公事見面，不必多聊。

成語「輕重緩急」說明應該先分輕重再看緩急，生活裡的大大小小事情先按照重要性的高、中、低找出來，然後按照緊急性的高或低列出。如此就有了**表33-1**。

表33-1　按照重要性與緊急性區分工作中的活動

	重要性低	重要性中	重要性高
緊急性低	聊天	看公文 工程	健康、與大任務有關的
緊急性高	議員抱怨	媒體事件	預算流程 人事異動

中午如果在辦公室，吃內人昨晚準備的便當，順便翻翻報紙。落實「飯後百步走，活到九十九」，在市府裡爬樓梯運動一下，然後小睡五至十分鐘。下午一點看公文，找主管商量事情。若外出，去參加活動或演講，自己跑，無須隨行。若視察或會勘，上車後請機要說明最新發生的緊急事件以及所關心計畫的進度，偶爾閉目養神，打瞌睡一下。必要時，找主管一起去比較遠的地方，在車上商量事情。

管理大師明茲柏格（Henry Mintzberg）將管理者的工作分為三大類、十種角色，是常被提到的架構。許多行程都有多元的角色意涵。

1. 第一類：人際關係類角色。包括：(1)頭銜角色（figurehead）：執行含有法律、社會意義的例行工作，主要是名義上的。(2)領導者（leader）：透過任免、獎懲、激勵、指導、協調、調查等手段來統合部屬，達成組織的目標。(3)聯絡者（liaison）：和外界建立

人際網絡，使資訊交流暢通。(4)監視者（monitor）：接收並指示訊息的角色，對足以影響組織成效的資訊來源加以過濾及審視。

2. 第二類：資訊類角色。包括：(1)傳播者（disseminator）：與同仁分享資訊，將適當的訊息情報傳達給部屬。(2)發言人（spokesperson）：在公開場合中代表組織傳達資訊給他人。(3)企業家（entrepreneur）：有創新思維，設計新方案、推展行銷、提升組織效能，並思考重大長遠計畫的可行性。

3. 第三類：決策角色。包括：(1)危機處理者（disturbance handler）：面對並解決出乎意料、無法控制的危機與困難。(2)資源分配者（resource distributor）：分配金錢、設備、人員、時間等各種資源，以因應組織內外的需求。(3)談判者（negotiator）：經由會議或洽談與個人、團體、組織進行討論，希望達成協定或默契，簽訂合約。

筆者統計某一周的情況，第一類15.25小時、第二類7.75小時、第三類合計5.5小時。加上議會的4小時，合計32.5小時。忙忙忙，還有各種事情有待處理，還有各種會議，還有各種來賓等著接待，還有不同類型的公文等待批閱……管理者當然要開會、送往迎來、處理公文等，但管理者更要做些能夠被記錄、被懷念的事情。

當然還有不算行程的：批公文，閱讀各種會議資料，打電話，處理Line之中的訊息，與各主管和機要、新聞負責人、臉書負責人等協商。每天工作大約十二小時，有半數可以歸類為行程之中，有半數無法歸類。

筆者和機要有相同的行事曆，通常呈現在行事曆裡的比較值得記錄。加以區分，分成幾類：

第一，社會局所辦的對外活動行程，負責的科要將重點及照片放在社會局的Line群組，新聞負責人整理發新聞稿，呈現在市政

新聞的群組裡。

第二，本局合辦的，也要上社會局群組，新聞的發布就不一定必要。

第三，如果是外界舉辦，只邀請局長。筆者通常獨自參加，然後在每一個行程結束後寫個一百多字，讓局內的相關同仁知道局長參加活動的情形。

第三類的活動，筆者寫了每一筆，就準備迎接下一個活動，看一些幕僚準備的資料以便參與，例如致詞、互動、打招呼，否則太多的行程堆在腦海之中，太過疲憊。

每天都是二十四小時，總量就是那麼多。若要多跑一個行程，就得少做某一件事情。某個活動需多一些時間，就得減少另一個活動的時間。得出一些心得，整理如**表33-2**。

表33-2 評估工作中應該減少或增加的活動

減少	增加	說明
說話	寫作	說給少數人聽的事情少做，寫給多數人看的多做
午餐時間	晚餐時間	午餐帶便當，吃飽即可。晚餐參加飯局，與有影響力的人互動
吃喜酒（禮到人不到）	捻香、公祭	
追根究柢	大而化之	大事化小、小事化無
生氣	走路	生氣化時間又傷身又傷感情
負面情緒	看好書、欣賞好的影片	

第二節 管理部屬的

杜拉克提醒管理者：「時間是世界上最少的資源，除非善加管理，否則必定一事無成。」有些管理者離開職位，想到自己這段時光乏善可陳，怪誰呢？追究起來，原因之一是時間管理不佳。

服務輸送裡的成員需培養良好的時間習慣，對時間有超強敏感度，包括對同事的。筆者瞭解身邊夥伴做事的習慣、時間的節奏，互相配合。讓同仁也熟悉筆者的，例如早上八點半到九點，局一層快速協商。若有新聞事件，八點到八點半就先掌握。中午一點到兩點，討論上午的事情。傍晚五點半左右，碰個面確認。對八個科及兩個附屬機關，各有四到六位小主管，副局長兩周一次督導。筆者抽空去參加十幾分鐘，交代一些事，尤其是辦活動該注意的一些細節和議員最近關切的議題。

有些首長離開辦公室，喜歡大陣仗。到議會，主管幾乎都來。筆者比較獨來獨往，就算必須陪同，每次只帶機要或新聞負責人。去議會，平時只有專委及綜企科承辦人同行。

善用並尊重身邊夥伴的時間，總是要確認：如此忙碌，有多少可以留下來的？有多少對社會局的未來有助益的？時間在轉動，管理者要保持清醒。能夠做這麼多的事情、參加這麼多的會議、提報這麼多的資料，筆者對身邊的人總是充滿感謝。每一位對筆者、對局務，都有很大的貢獻。但筆者總是提醒自己：避免同仁太忙、太累、過度超時工作，「人仰馬翻」絕非好事。

筆者很幸運，健康狀況維持不錯，但就算是強人鐵人，也只是個人。唯有團隊裡的成員都更強，才會有好的績效。主管必須分層負責，有效授權。方法是多教導、多訓練，並多激勵。訓練可以增強同仁的能力，激勵可以強化同仁的意願，當同事的意願與能力增多了，也就可以

省下一些政務官的時間。

猜來猜去最麻煩,別讓部屬猜主管的心思,透過清楚的文字說明最方便,每封信同仁用幾分鐘就可以看完,就知道筆者的想法,又學到一些新知及好的管理方法。拍的直播,十五分鐘,說明社會局的某項業務。筆者彷彿是組織裡的推銷員,傳達重要的理念,又不至於占同仁太多時間。

社工常講同理心(empathy),管理者更要有同理心。要尊重對方的時間,對方有各種角色,如果占用了對方的時間,可能影響到他或她原本的計畫,例如吃晚飯、運動、上課、家人相處等。偶一為之,在所難免;不斷發生,應該避免。

非上班時間不去部屬的辦公室走動,以免對方認為筆者看重加班的人。文書的、彙整的、累積資料的,簡化為宜,蒐集到了,都得花時間消化、分析,否則花太多時間去弄表格,又不妥善使用,可惜了同仁的時間。

筆者曾擔任雜誌社校對多年,又常改考卷指導論文,對於錯字或邏輯不通,十分敏感。但絕少退公文,看到有些不完整的、有錯字的,稍微調整即可。如果找寫公文的同仁及其主管來訓斥,必然得花更多時間。為了強調自己的對,難免要證明對方是錯的,傷了和氣。另外觀察到的公務員浪費時間的普遍現象:

1. 吹毛求疵、過於重視細節,不斷退公文又修改公文,要求填寫大量的表格。
2. 拿雞毛當令箭:把中央的指示、上司的看法,擴大或強化解釋。
3. 不敢負責,找很多人一起承擔責任,以致召開太多會議,會簽太多公文、委託外界研究又不採行。
4. 搞派系、聽八卦、說傳言。

「流言、傳言、讒言等」充斥官場,造成無數公務員心神不寧。

謠言止於智者，筆者設法做智者，不聽、不說、不傳。「猜上司在想什麼」很花時間，一群公務員揣測來分析去，浪費時間與精力。筆者的想法用寫信的，用小型會議，以當面協商等，大家都得到一樣的訊息，無須過度聯想。上行下效，有些科室主管也用寫信的方式與部屬溝通，也減少例行的會議，運用迅速協商處理問題。

公務體系加班頻繁的現象，首長的責任比部屬大。體諒別人其實就是體諒自己，讓別人不好過等於是讓自己不好過。為了程序上的不完整而花更多時間處理，沒必要。首長應設法想出方法減少加班，筆者的做法包括：

1. 減少召開局務會議。
2. 減少會議中主管的致詞時間：致詞絕大多數改為書面。
3. 取消部屬為主管出外致詞的準備，只要提供基本資料即可。筆者的致詞也盡量減短。
4. 減少部屬來報告的狀況，可以用Line的不用當面說。傳Line不用客套話，不必給早安貼圖等。
5. 辦公地點在市政大樓之外的會議，無須部屬舟車勞頓來市府，能用視訊就用視訊。若要當面商量，筆者有司機幫忙。一個人跑就好了。
6. 打電話說重點，比較複雜的請寫e-mail。
7. 練習邊走邊講。科長等找筆者談事情，筆者約在中午吃過便當後，邊說邊散步。
8. 議會質詢階段，審查預算階段，以往是局長率領所有科室主管到議會，筆者熟悉業務後，請同仁在辦公室看轉播即可，有必要時立即用Line補充。

總之，管理同仁的時間有幾個原則：

少解釋、多解決

第三十三章　如何時間管理？

少私事、多公事
少討好、多焦點
少愛現、多尊重
少爭辯、多體諒
避免捲入恩怨

第三節　管理團隊的

因為幾個原因，筆者服務的階段，人力持續不足：(1)長期的疫情考驗：同仁確診的、身邊同事或家人確診而隔離的，還有多次支援快打站需龐大人力；(2)社安網的人力持續有百分之十幾是有缺但沒人；(3)請育嬰假、事親假的；(4)生病的；(5)支援各項大型活動或選務之後補假的。

筆者評估，通常只有百分之八十五到九十在崗位上。但做出了超過百分之一百的績效。為什麼？因為知道、把握並執行First thing first（要事優先）的觀念，要事直接說，就是「重要卻不緊急的事情」，應該用了大量的時間去做。對於局務，與預算和有關的，重要卻不能急；與規劃和評比有關的，重要卻不緊急，必須仔細、慢慢來；影響廣泛的，重要絕不能急，多些思考、多些商討。

例如因應瞬息萬變的疫情，不能緊緊張張，反而應該放慢，尤其對一波又一波的考驗，更需謀定而後動。公務員常把事情看做緊急，管理者更可能會急著反應，如此未必好，出錯的機率提高。

每增加一個會議，就增加時間成本。每召開一個會，每安排一次商討，預先想到會議或商討時間的長短、討論的議題、參與的成員，都設法明確。以下是方法：(1)可以兩個人處理的事，不用找第三人；(2)可以三個人討論就確定的，不必開正式的會議；(3)可以小組就決定的，不必變成會議；(4)十五分鐘可以處理的，不必開成三十分鐘；三十分鐘可以

開完的，不必開成一個小時。

　　分配時間的方式，常見的是列出所有可能的任務，依據對組織策略的重要性排列，由最重要的任務開始做，直到自己的時間用完，然後把剩下的任務交給部屬。但筆者不如此，因為任務太多、狀況太多，看來重要的工作太多。每個身邊的人都告訴自己一些他們認為十萬火急需要筆者處理的事，如此必然忙上加忙，分身乏術。

　　愛因斯坦說：「人必須培養出直覺，知道什麼是自己必須花費最大心力才能勉強辦到的事。」社會福利行政千頭萬緒，「什麼才是首長必須花最大心力的事呢？」《哈佛商業評論》2025年2月的專題〈把重點放在你能做得比別人好的工作上——事「不必」躬親的領導人〉，強調「領導人的時間從來不會得空。所有優秀的領導人總是非常忙碌，也總有更多需要他們花時間去做的事情潛藏在一旁。」筆者非常同意如此的看法，忙碌中掌握所需花時間做的各種工作，多做一些比較利益較大的事。該文提醒：「領導人不該只因為某些事情很重要，就投入自己的寶貴時間。他們應該只做那些在組織中幾乎沒有（甚至根本沒有）其他人能做得像他們那麼好的事情。他們應該把時間盡量投入到這些事情上。」

　　該文指出了四個重點，筆者配合自己的經驗整理如**表33-3**。

表33-3　運用比較利益架構善用時間

	我的經驗
刪除所有你不具備絕對利益的任務	例如寫公文、改公文、做計劃
將比較利益很小的任務委派給別人	公文的成效不明顯，請副局長、主秘多擔待
承擔那些你擁有強大比較利益的任務	我擅長行銷、公開講話、綜合許多人的意見為一個方案
確保你有足夠的時間去做只有你能處理的任務	常檢討自己時間使用的狀況，對首要任務多做一些

第三十三章　如何時間管理？

　　時間，不僅是為了去管理，而是為了創造績效，社會局的績效就是集合同仁與各團體的力量，服務了市民，提供了更好、更有人性的社會福利。筆者擔任社會局的管理者，核心挑戰是如何帶領團隊有好表現，協助市長連任。「領導致勝」（leading to win）的大責任在盧市長，勝利的關鍵在選票，多數選民都是社會局服務的對象，要透過有感的服務使市民支持盧市長。在具體的作法上，按照筆者特別在行的能力去多多付出。

第三十四章
如何化解壓力？

- 刁及情緒勒索
- 計算強度
- 好來好去

第一節　刁及情緒勒索

一、各種的刁

主要分成來自服務對象、中央政府、組織體系之內三方面。在政府體系常聽到「民不可刁，官不可僚」。這句話不完整，因為官也可能刁，社會局人員刁難民眾、人民團體、非營利組織、機構的情形，不斷發生，因而有各種投訴，找局長、找府一層、找議員、找立委、找中央……民和民間團體的領導者也可能僚，仗著對法令的曲解，要求超出規定的特權。

抱著研究的精神，先區分是個別的，是一群人的人民團體，或屬非營利組織及機構，刁民意代表更普遍又可怕。筆者親身遇到的如：

1. 刁民：申請某項福利因為資格不符，到主管科室未獲得滿意的答覆，堅持要見局長，守在局長室門口。幕僚建議筆者不能見，直到晚上六點多，筆者都無法回家。某次親子館舉行落成典禮，市長到場，認為該場地應該另作他用的團體在會場內外舉牌，並設法靠近市長陳情。市長致詞時，大聲抗議。

2. 刁民意團體：社會局因為要蓋工程預計砍幾棵黑板樹，護樹團體到處造謠、投書媒體、找民意代表。開工典禮，在會場門口咆哮。找想選舉的政治人物和公民團體抨擊社會局的政策，遇到兒虐事件，開記者會痛批，卻忽略事件的真相。

3. 刁人民團體：選舉的糾紛與內部紛爭千奇百怪，有的不改選讓新人無法出頭，新人來抗爭。有的選輸了認為選舉不公，要求社會局長出面。有些因為土地建物的使用無法通過相關法規的審查，

希望社會局長出面協調。有的立案程序有問題，找民意代表一同來局長室施壓。

4. 刁非營利組織與機構：對長輩、身心障礙者、兒少等機構的營運，中央有各種規定，機構希望社會局通融。對消防、環境安全、人力運用乃至收費，團體都有意見，持續抗爭。方案的委託，多個非營利組織競爭，未得標者不滿意結果，四處陳情。承接方案委託的須期中查核，設法拖延。

5. 刁業者：托嬰機構屢次反映要漲價，用盡各種手段達到提高收費的目標，常常打電話訴求，每周兩、三次來局長、副局長室「問安」，又向市長室反映期望。社會局也要考慮不希望漲價的無數家長、民意代表。有些原本宣稱全數用本國人服務，卻以大批移工代替以節省人事成本的老人福利機構，家屬不滿投訴收費不合理，社會局夾在家屬與機構之間，裡外不是人。夾娃娃機的業者被裁罰了，施壓社會局，期望減輕或避免裁罰。業者間有競爭，投訴另一家業者違法，社會局為何不處理呢？

6. 刁里長、議員、立委、社區發展協會理事長、人民團體負責人等，遇到公務員依法行政走不通時，想到「找市長、找局長」。市長日理萬機，身為主管機關的社會局首當其衝。里長與議員為了街友，經常提醒局長要積極處理。里長與理事長為了政府的空間設施，不按照流程及合約，設法全盤控制，刁難進駐單位。

來自中央政府方面，中央對地方的控制約束乃至監察考核視察，多到不合理。一個媒體事件，除了寫報告，還要開重大事件檢討會，甚至要求副市長帶隊北上說明。中央發一個公文，可能讓地方忙翻天。最明顯的是疫情階段，中央指揮中心不斷宣布新決策，但諸多決策讓地方無所適從。社會局主管的各機構、各托嬰中心親子館、關懷據點等，是開是關，如何調整服務，難以讓各方面滿意。

各種考核與報表，讓公務員不斷彙整、不斷填報又不斷修正。中央

的要員持續開記者會發布新措施，未必考慮地方的人力、物力與經費是否能達成任務。各種「限期完成」的決策，使承辦人與主管忙到絕望，紛紛請調。

監察委員的視察、中央長官的來訪，都讓地方除了例行業務之外，多了送往迎來的忙碌。

最嚴重的是藍綠陣營較勁，從空汙、萊豬到疫苗，地方政府不斷忍受中央決策造成的傷害。對於地方所需的資源，藍綠明顯有別。中央又要地方好，又不提供足夠的資源，「中央請客，地方買單」的政策，接二連三。

來自組織體系內的也不少。社會福利行政的運作，應該遵循法律、行政命令，政府體系裡的科層制度，應該是上下依循職位分層，左右按照功能分科，有一定的秩序。公家機關早有各種制度、慣例和流程。但實際情況卻千奇百怪，許多人很官僚，許多人不斷給身邊同事穿小鞋，許多長官霸凌部屬，各單位爭功諉過，彼此讓對方不好過。

地方的社會局在國家複雜的社會福利行政體系中只是一環，在龐大的市政府之中又只是一個單位。市政府的長官，人事、主計、政風、研考、秘書等處都可能基於各種理由質疑社會局的計畫，一個公文可能屢次退回，一個改革可能推動半天無疾而終，期待多一些空間與經費推動服務卻寸步難行，社會局內部的標案、人事案應公平嚴謹，也可能被各種聲音所期待、所關切、所干擾。

體制內，官僚常發生在上司對部屬身上，職位高對部屬做不合理的要求，甚至霸凌。某些主管給部屬的工作量過大、過難、過於複雜，讓部屬身心俱疲甚至生病。主管咆哮、當眾侮辱、屢次甩公文等。

上司以各種說法、做法「勒索」部屬，部屬也可能以種種方式「勒索」長官。筆者親身遇到的包括：抗拒人事調動的安排，以家中有人需要照顧或正在進修等理由拒絕任務指派，動員關係明示、暗示自己應該升遷，如果未能達成心願，會採取各種手段讓上司在更高的長官前丟臉

……找民意代表或府一層施壓，使人事案無法貫徹。

政務官都得面對文官帶得動的挑戰。內部成員與各種政治力盤根錯節，在調動、升遷、獎懲等決策，動輒得咎。關鍵人物對某些人大力支持，或多或少的暗示提醒。相關成員也可能以各種方式抗拒主管的決定。

部屬的對抗方式千百種，寫黑函、將上司罵人的狀況錄影、陽奉陰違，最普遍又有效的，是爆料給媒體、提供訊息給民意代表或更高層的長官。

行政組織，每個職位各有職權，各有該承擔的責任，總是有些同仁不依照職權工作，不敢、不願、無法承擔該有的責任。甚至有「責任恐懼症」，責任往同事推、往外推、往局處長推。股長、組長不做事找科長，科長該做決定的，設法向上請局長決定。主任依權責該推動的，私下寫信給局長希望能暫緩。若是局長堅持要執行，動員各路人馬阻撓。所以，政務官更加忙碌，要承擔更多責任也可能因此忙中有錯。

但筆者都走過了，經歷過一次又一次的冒險之旅。如同林肯總統說的：「將腳踩在對的地方，然後站穩。」想到林肯帶領打贏了南北戰爭，解放了黑奴，竟然被暗殺。筆者身上所承受的明槍暗箭、心頭上的傷口，又算得了什麼？

二、來自情緒勒索

近年來，「情緒勒索」是很夯的詞。原本經常用在家人或職場關係，但在做好事的社會福利行政體系內處處可見。例如：

1. 來自各界的邀請，如果因為行程太滿，恐怕無法出席。對方就有各種情緒勒索的說詞：市長還要連任嗎？我們這裡很多票又；市長的票太多了嗎？你不怕市長選不上？上一任局長都有來，你不來太不給面子！某某立委、某某議員、局處長會到；對手陣營出席，你不來？

2. 地方的工程，尤其是社區活動中心的興建與修繕，公托的設置、據點及活動的補助，某些校長、家長會長、里長、社區發展協會理事長反對的聲音特別大。情緒勒索的說詞，有政治面的，也可能強調昔日怎麼幫助社工、社會局、市長，如今卻沒法被善待、被禮遇。
3. 宮廟等宗教團體做慈善，找社會局長亮相，這比較簡單。但這些宗教法人可能設置社團法人，出現理監事選舉和組織章程方面的爭議，情緒勒索的說詞如暗示背後有強大的政治力，強調可以動員信徒如何如何。
4. 某些非營利組織有意承接社會局委託方案時，在標案之前就先動用關係，爭取不成時試圖翻案、標到案之後期待社會局少稽核，放鬆中央的規定，申請經費時希望通融。找各方面有力人士暗示、明示、關說、關心、關切……
5. 民意代表及議會幹部、黨團，或為某某人爭取社會局的職缺，或為某個社區的工程或委託案，訴諸凍結及刪減預算，在質詢時羞辱、阻擋社會局的方案在議會的流程。情緒勒索的說詞強調自己的勢力大，不能得罪。筆者多次到議員服務處或研究室說明，或拒不見面，或拖延讓筆者苦等，或當面抱怨。有時向府會高層告狀，說筆者不配合或不懂政治。
6. 媒體、自媒體：近年各媒體為了生存，有各種廣告預算，希望社會局配合，也與公關公司等合作，以擴大收入。記者或特派員為了合作案施壓……

王永慶說：「一根火柴不過一毛錢，一棟房子價值數百萬，但一根火柴可以燒毀一棟房子，可見微不足道的潛在破壞力，發作起來，其攻堅滅頂力量，無物能禦。」在政治圈，很多人在放火，稍有不慎，災禍就來。

政壇中充斥以傷害人為習慣的人物。為什麼會情緒勒索呢？分析關

鍵因素：

1. 「昔日創傷」：源於佛洛伊德的精神分析，容易負面看待一切發生在自己身上的事情，傾向看別人對自己不好，所以對他人充滿敵意。
2. 「關係糾結」：因為來自他人的傷害使自己處在關係的糾結之中，這些糾結如同紊亂的線，纏在一起。該斷的不斷，該疏離依然拉緊。
3. 「以關係中的人來定義自我」：從別人所說、所做的來看待自己，有些事情被牢記，不斷貶損自己。
4. 「自我膨脹」：過度強調自己的專長、經歷、豐功偉業，即使那些已經過去，依然抓著。然後要求別人，尤其是身邊的人，尊重這些，順從自己。

第二節　計算強度

柯永河教授寫《心理衛生學》，發展出心理衛生的公式BS＝S/PS＋SR，提到四個指標：(1)BS（behavior syndrome）：行為症狀；(2)S（stress）：壓力總和；(3)PS（personality strength）：人格強度；(4)SR（social resource）：社會資源。所以，壓力大，症狀可能多；但人格強度強、社會資源多，都可以減少症狀。

關鍵在症狀，各種症狀，而不是壓力的大小。壓力再大，只要沒有嚴重的症狀，都還算好。能減輕壓力的，主要靠自己的人格強度，人格愈成熟，強度愈強，可以對抗壓力。還得有社會的資源與支持，支持的網絡愈密、資源愈多，也能紓解壓力。所謂「自助人助」，自助就是人格強度，人助為社會支持。綜合而言，公務員要懂得「計算強度」，計算自己的人格強度，也計算可以獲得社會支持的強度。

壓力各式各樣，個別的壓力累積成壓力的總和，每個時段只要總和不太大，在可以控制的程度，就還好。例如做社會救助的業務，每年總清查的時段非常忙，如果其他業務適度減少，大致還能應付。又如從事家庭暴力的社工，處理棘手個案時壓力超大，但按著標準作業流程，遵循著督導的指引，順順做，壓力慢慢減小。

局長呢？處理預算時壓力好大，但有一定時程，只要每個階段都跟上進度，不至於忙到昏頭。媒體事件，壓力瞬間加大，但夥伴多碰面，共同打氣，比較容易度過難關。長官指責或要求時，趕緊減少其他行程，按照期待去改善，以行動配合。

對壓力，不僅要接受、忍受、承受，最好能享受，因為壓力可能因心態的調整與努力，轉化為「良性壓力」（eustress），甚至創造出「高峰經驗」（peak experience）。局長常在克服難關後享受高峰經驗。

每種問題的所造成的壓力大小不同，筆者找到一些對局長製造壓力的來源，按照強與中區分（弱就不必太理會），將指標設法加以量化，藉此評估自己壓力事件的大小計分，如**表34-1**。

表34-1　對社會局壓力源的強度分析

壓力源	強	中
對社會局發展的重要性	4	2
社會局有直接責任	2	1
社會局有間接責任	1	0.5
各媒體都做負面報導	2	1
特定媒體做負面報導	1	0.5
議員開記者會指責	2	1
上司的不滿	4	2
上司特定的要求	2	1
中央的調查	1	0.5
內部反彈	2	1
里長、社會運動團體的批評	1	0.5
學術界的批評	1	0.5

出處：作者整理。

重要性高,當然壓力大。例如議會依法開會,質詢那幾天的壓力特別大,因為民政質詢及審查社會局的預算重要性高。若是總質詢,議員的目標主要是市長,局處長為次要對象,但局處長表現不好,眾人矚目,特別丟臉。審查社會局送出去的專案報告、自治事項等,重要性中等。議員有藍有綠有無黨,反對黨的罵是家常便飯,如果執政黨的不幫忙說幾句話,甚至也開轟,就麻煩了。有些社會局的業務,如果監督不周,長官指責甚至懲罰,所製造的壓力不小。

議題事件登在媒體上,中央主管機關來電關切,要求寫報告或召開會議檢討,嚴重性高。若在立法院被立委拿出來砲轟衛生福利部等,地方政府也不好受。若監察委員申請調查,更要費一番工夫處理。

由表34-1可看出:壓力源愈多,壓力度愈強。某些壓力源,壓力都屬強度,而且因應時間緊湊。筆者進一步整理了壓力最大的狀況,按照分數的高低,實際舉例:

10分:因為民間業者違法,同仁監督不嚴,家屬抗議,導致媒體廣泛報導、民意代表猛烈質詢,社會運動團體抗爭,上司怪罪、組織咎責懲戒。

9分:民政業務質詢。疫情肆虐的應變。

8分:因為災變事件,多位民眾及家庭受創,要在短時間之內快速處理。

8分:因為同仁私德爭議被媒體報導,被議員指責。

7分:總質詢。疫情有重大變化。

7分:被上司在局處長面前指責。

6分:議員或里長關說。

以上都很辛苦。還可以區分為可預測及難以預料、持續時間長或短、自己的責任大或小等。隨著地方選舉的逼近,有意角逐者透過記者指責的情形更多,要求增加廣告預算的媒體也造成困擾,但無須過度反

應。

　　對於壓力源與壓力事件,要「考慮」無須「憂慮」,當作是考試,不必太憂愁、太煩心。

第三節　好來好去

　　強化人格並擴大支持是因應壓力的兩大手段,使壓力再大也可以不製造太多的症狀。身體與心理都是誠實的,壓力大,身心症狀難免多。研究自己的症狀,包括出現頻率、嚴重程度等,都是線索。對工作中的狀況,包括處理事情的難度、人際關係的緊張程度、做決定和思考等情況,都可以分析。筆者詳細記錄,寫了些文字,並利用每天遛狗的時間思考,整理如**表34-2**。

表34-2　自己的症狀及強度分析

	強	中	弱
身體狀況	生病	虛弱	疲憊
飲食狀況	胃痛	消化不良	欠缺食慾
睡眠狀態	經常失眠	很難入睡	睡覺時間不夠
表現出來	罵人	憤怒	生氣
壓抑在內		鬱卒	煩躁
生活習慣		運動量減少	喝更多的咖啡
人際關係		覺得同事討厭	不想和同事說話
做決定的能力		拖延	下降
思考能力		毫無頭緒	健忘

出處:作者整理。

　　「進廚房就不要怕熱,做主管就不要怕跑。」筆者是基督徒,承擔此使命,是來政府服事主與服務眾人。以熱誠的態度面對各種人、處理各種訴求,不惹事也不怕事,仔細區分究竟發生了什麼事。當接到各種

超乎尋常的要求，無論是中央、府一層、其他單位或民意代表，先弄清楚訴求，與局內的主管不斷協商分工，團結因應。當接到類似情緒勒索或關說的訊息，先請機要安排面對面溝通。畢竟見面三分情，伸手不打笑臉人。

見面溝通考慮場地與陣仗，如果是人民團體或民意代表，筆者主動拜訪為宜，先送自己掏腰包買的書或優先採購的禮物。如果是機構或委託的團體，麻煩對方跑一趟。自己不能勢單力薄，若是議員要求請專委一同參加。若是團體機構，請業務科室的主管及股長作陪。承辦人則無需列席，免得成為眾矢之的。

無論對方怎麼刁，自己不可僚。泡茶、喝咖啡是必要的，給足面子，裡子不一定讓，愈是不想答應的愈客氣。筆者採用「心理位移」的策略，把自己換到傷害自己的人所處的位置去看，這也是同理心的運用。所採取的方法包括：

1. 冷靜溝通，多聽少說：讓對方持續說，把各種訴求都講清楚。筆者看看那些可以稍微幫忙的。
2. 急事緩辦：對方急，認為找到局長一定能很快處理問題。筆者卻得放慢腳步，慢慢想，慢慢協調。
3. 蒐集前人的經驗，尤其是高級文官的，他們有各種處理的實例，聽聽看做參考。設置停損點，如果要讓步，務必合法。
4. 當場避免承諾，事後與法制局等緊密聯繫，徵詢見解。跨局處的合作，多請教。
5. 避免責怪部屬，要靠同仁做事。士氣很重要。

推動的改革遇到阻力，在所難免，用平常心繼續做事。調整想法，試想推動十件事，有兩、三件很不順利，至少已經做了七、八件，很不錯了！活在當下也要享受當下，包括被罵的時候，即使筋疲力竭，也要平靜，心中吟唱詩歌。

壓力大,如果社會支持夠強,嚴重性就小一點,所產生的個人身心症狀與組織內的士氣低落情形就不至於太大。分析對壓力的社會支持類型與強度如**表34-3**。

表34-3　社會支持的類型及強度分析

社會支持	強	中
媒體反應正面	1	0.5
議員的支持	2	1
上司的肯定	2	1
內部凝聚力強	2	1
主辦科室分擔責任	1	0.5

出處:作者整理。

筆者常注意社會局同仁上班時的神情,留意互動時的心情,甚至他們下班時看著筆者還在批閱公文說聲再見時的表情。筆者總是希望對方能快樂一些、開心一些,避免愁眉苦臉。若發現對方不開心,筆者會陪著走一段路,說一、兩個笑話。每次與同仁開會,即使有外界砲聲隆隆的時刻,也避免責備。有缺失,只要努力改進就好。

當外界的壓力壓向社會局,社會局內部未必都有一致的立場。可能原因出自各科室之間的橫向聯繫不佳,也可能某些人故意推卸責任。如果牽涉到要懲戒同仁時,更容易引起紛擾,造成動盪(當然有些人反而希望亂局給自己製造升遷或異動的機會)。如果施以懲戒,更可能引發反彈,使主管腹背受敵。筆者很幸運,部屬多支持自己,內部之中不和諧的情形非常少。

身處在壓力風暴中心之時,要冷靜觀察各方面的狀況,若上司大致肯定自己的處理,問題不至於太嚴重。長官如果有誤解,先不急著澄清,趕緊做出更多的市政績效,比較容易度過難關。

官場中,朝中有人好辦事,但為了朝中的人,以為有靠山,又要搞派系,花了不必要的時間。筆者沒有政治背景,是靠專業來市政府服務

的,所以朝中無人專心做事。

對處理人際關係中的負面經驗,書寫很有用。筆者在圖書館任職階段,推廣「書寫治療」。方法之一是書寫時試著心理位移,換到人際關係中其他人的角度。

好好梳理自己的負面經驗,好好敘述就像整理線頭,分類有助於歸納出頭緒,仔細整理的過程其實在面對傷口,把一些已經壓在潛意識的部分弄清楚。例如這些年的「官場逆境」,有被記了書面申誡的,有被反對黨黨團要求提出專案報告的,有在媒體中被指責⋯⋯然而想想三年多,在市府只有幾件事的不愉快,只有很少的逆境,真不錯。書寫與梳理,把握幾個原則:不僅梳理,更要成長/不僅敘事,也詮釋/不僅看自己的逆境,也看順境/不僅看自己,也看看他人/不僅看負面的,也為正面的感恩。

「公門好修行」,在政府裡可以做更多的善事,卻得先好好修行,修練心境,培養身心健康。在大學任教幾十年,很少想到「修行」。進入政府服務,常聽到、看到也想到「修行」。在議會中被質詢時、在被媒體攻擊時、在冗長的會議中,持續修練自己。賴聲川導演曾說:「如果我們做錯事被罵,就應該要反省。如果沒有做錯事被罵,那就是修行。」盛治仁教授在《聯合報》寫了篇文章,指明:「當時以為的災難,原來是被偽裝的祝福(blessing in disguise)。」

政治圈動態而複雜,人言可畏,長官的誤解、同儕的傷害、部屬的敵意,都在所難免。但總是思考幾個「好」:

1. 你好我好,好來好去。
2. 寬容部屬、成全長官。
3. 多做事,使好事成雙。

第三十五章
如何給個總評？

- 有沒有快樂完成任務
- 量化的總評量
- 質性的總檢視

第一節　有沒有快樂完成任務

　　權力的過程，必然有起承轉合。各種職位的角色，大致分為準備（preparing）、取得（taking）、扮演（playing）和退出（exit）。退出時，如何有成就感又快樂，這是高難度的。筆者回想什麼時候快樂呢？

1. 最快樂的日子，也是最緊張的時刻：市長連任，筆者是否能如願卸任呢？2022/12/14她找筆者到市長的會議室，副市長、秘書長、副秘書長都在坐。談了將近一小時，她知道筆者將回學校表示尊重，給予諸多肯定，筆者也報告日後社政業務的一些建議，氣氛愉快又有建設性。
2. 在人事方面：為了大量增加人力的社會安全網計畫，為了爭取每年增加的公務員名額，經過人事審查會議和長官的同意。筆者欣賞的部屬，獲得模範公務員；推薦的人選經過市長面談（談話過程愉快）得以晉升科長；調整人事後的新人表現都很棒等。
3. 在預算方面：每次議會三讀通過龐大的社會局預算、追加預算；當議長宣布：市府預算統刪幾億，社會局的不能刪。為了爭取前瞻計畫親自北上簡報獲得兩億多的工程預算經費。當市府允許送出疫情特別預算，為特殊境遇等家庭爭取到每戶一萬的津貼、為各機構爭取到各種補助。
4. 在工程方面：每一次的啟用、每一次的耐震補強完工，想到日後有很多人可以使用。
5. 在老人或身心障礙或街友的服務點開幕的時候，在社區關懷據點開始服務的時候（東海大學宿舍區及筆者受洗的基督徒聚會處都在這幾年設立了）。
6. 在得獎的時候：從副總統、部長、市長等領到獎牌、獎章、獎

第三十五章 如何給個總評？

盃、獎狀。

7.在接受各種捐贈的時候，共同做善事。

為了進入社會福利行政圈，筆者從十八歲讀大學就開始準備。取得局長身分後，努力扮演。採取「任務導向」以避免亂忙，集中重點，以完成任務為先。每一季都設計了三大任務：

2019年第四季：招募及訓練燈會志工、與議員建立關係、爭取預算通過

2020年第一季：燈會志工運作、婦女節表揚、籌備社福考核

2020年第二季：編列新年度的預算、改善官網與臉書、開辦每周二的直播

2020年第三季：調整主管、爭取追加預算、籌辦社安網二期

2020年第四季：通過新年度的預算、疫情、尋覓公托親子館場地

2021年第一季：疫情、協商聯勤基地、仁愛之家開工

2021年第二季：疫情、編列新年度的預算、多項耐震補強工程

2021年第三季：疫情、解封後紓困、社安網二期

2021年第四季：通過新年度的預算、配合節慶的多項活動、仁愛之家上梁

2022年第一季：農曆年的加碼關懷活動、婦女節系列、多項公托開幕

2022年第二季：解封後擴大辦理活動、預備聯勤基地開工、多項大型工程

2022年第三季：暑期各項活動、選舉、身障館工程及人力

2022年第四季：感恩、配合節慶的多項活動、選舉

完成任務的人最快樂！整理這些任務，可以發現最常出現的三個是：預算、疫情、工程。其次常出現的是：關懷、活動、選舉。結果呢？預算都妥善規劃也都爭取到，疫情控制又安排紓困，工程如市長所

常講的：沒有開工的開工、沒有完工的完工。至於關懷、活動、選舉，都順利地有好結果。

第二節　量化的總評量

成績與名次，都代表豐富的意義。要加入政府時，昔日的成績被檢視。進入政府工作，成績持續被評量（但政務官沒有考績）。人生就是不斷被評量，筆者有較多機會評量別人，也持續被評量。身為老師，要幫學生打成績。老師也被打分數，每學期仍被教學評量，有時還加入更激烈的競爭。筆者在106年獲選為臺中市優良教育人員，這是經過系、院、校的選拔，東海只選出一人，然後與各大專院校的人選評比勝選。

角色離開後，檢視角色的成績，可以用質性的說明與量化的分數。筆者長期幫學生打分數，那麼對自己的局長時光，該打幾分呢？昔日學士、碩士、博士畢業都有總成績。在社會局也該有個總成績，如何打分數呢？對自己做了檢視，透過三個方面和表格來評量。

第一、出現、表現與貢獻方面，請參考**表35-1**。

表35-1　出現、表現、貢獻的總評估

	重要指標	實際結果	分數
出現（小計：91.7分）	1.請假的狀況 2.參加活動的頻率 3.因應危機	1.有一次打疫苗發燒 2.超過一千次 3.迅速到場，協助受災者	1.95 2.95 3.85
表現（小計：86.7分）	1.完成被賦予的任務 2.上級單位規定給予敘獎 3.處理疫情	1.公托親子館倍增 2.多項中央考核出色 3.避免機構院內感染	1.90分 2.85分 3.85分
貢獻（小計：85分）	1.執行難度高的專案 2.政策調整的因應 3.獲獎	1.如工程完工、製作直播、募集車輛 2.如推動老人健保補助、育兒津貼、托育補助	1.95分 2.80分 3.80分
總平均：87.8分			

第二、以第三十三章明茲柏格將管理者的角色分為三大類、十種角色。參考此架構，對自己的狀況打分數並說明如**表35-2**。

表35-2　管理者角色的總評估

	角色	分數	得到分數的依據
人際關係類角色（小計：81.25分）	頭銜	85	勤跑，積極參加各項邀約
	領導者	70	因為人事權有限，只能小幅度施展權力
	聯絡者	85	擴展人脈以發揮社會局的影響力
	監視者	85	接收外界訊息
資訊類角色（小計：90分）	傳播者	85	分享資訊給內部
	發言人	90	對外致詞說明社會局的努力
	企業家	95	創新思維提出新構想新計畫
決策角色（小計：83.3分）	危機處理者	75	處理各項對社會局有傷害的危機事件
	資源分配者	80	透過會議及人力指派分配空間預算等
	談判者	95	爭取預算與中央的獎勵
整體的平均分數為84.5。			

筆者最滿意、給自己最高評價的是「資訊類角色」，由於由東海大學圖書館館長借調到市政府，對於知識管理的各種技巧與平台算是熟悉。又是社會福利學者中少數直接帶領服務團隊幾十年的，因此儘量發揮企業家精神，促使社會局創新、求變。對外界，無論面對媒體或團體，靈活說明，扮演好發言人與傳播者的角色。資訊為知識管理的要素，在內容方面，將大量且零碎的資料（data），不斷整理為資訊（information），把握四個U：useful（實用）、高水準（upgrade）、獨特（unique）及更新（update），因此增加了民眾閱覽的頻率，官網閱讀的人數快速增加，臉書的粉絲數也持續上升。

很高興能善用知識管理，將大學任教幾十年熟悉的知識（knowledge）簡化成資訊，也將對人性、對服務乃至對政治圈的智慧（wisdom）生活化，促使福利服務輸送更靠近人性。在層次方面，分成

個人、團隊、社會局、網際網路等。筆者持續寫信,整理個人的知識分享給工作夥伴,也鼓勵同仁彼此分享,社會局內的資訊量增加,紛紛建置實用的平台,更透過網際網路、電子書、文宣品等傳播給民眾。

對於「決策角色」,筆者認為自己表現算是中上。比較好的是談判,大量爭取經費、人力、空間、車輛,使社會局在短短三年中,預算、社工專業人員、復康巴士的新車,都幾乎倍增,社會福利的布點也明顯增加。

第三、針對本書的各主題,各種如何,做到了嗎?**表35-3**對二十四個如何做社會福利行政的自我評估。

表35-3　對二十四個如何做社會福利行政的總評估

		分數	說明
第二系列:龐大政府機器轉動(小計:85.8分)	因應中央	80	衛生福利部規定很多,只能被動因應。加上疫情時期很長,沒法多做創新的努力,只能被動配合。
	做社安網	95	政務委員主導社安網,筆者希望在臺中建立模範,在評鑑時證明臺中的表現是最好的。
	瞭解地方	95	接地氣,與市府團隊相處融洽,共同照顧民眾,又使民眾對市府的滿意度愈來愈高。
	配合議會	90	獲得議員充分支持,各次民調議員都給予肯定。
	建立團隊	80	從一團亂到上軌道,但內部難免有紛擾。
	開委員會	75	原本想大力減少委員會,只合併兩個。開了非常多的會議,卻對服務民眾的幫助有限。
第三系列:社會福利行政的根基(小計:85分)	人力管理	75	公務人員的選任用留等,處處是法規,局長能夠努力的非常有限,社安網的部分算是順利。
	爭取預算	95	從接任那一年到卸任那一年,增加了百分之六十,每一次都很順利。
	擴大財源	85	追加預算、中央補助獎勵及公益彩券盈餘的使用,都顯著進步。
	興建工程	80	有很好的成果,但離預定的目標還不夠好。耐震補強都達到目標,新建案的進度不如預期。
	規劃布點	85	家庭福利服務中心布建、婦女及新住民業務合併都是成果,身障部分不夠理想。
	方案合作	90	社會局加強與民間夥伴的聯繫,但實質改進有限。

（續）表35-3　對二十四個如何做社會福利行政的總評估

		分數	說明
第四系列：對自然人服務（小計：85.8分）	資訊服務	90	官網進步，建立了整體識別和許多平台。
	數位導航	95	臉書、直播、福利導航等都成果豐碩。
	補助津貼	70	按照規定，受制於中央的修法緩慢，想要改進卻效果有限。
	救助紓困	85	對貧困者及街友服務有明顯進步。對其他的稍微加碼，幫助紓困。
	支持服務	85	對老人與對身障者都明顯進步，對兒少與婦女，些許進步。
	推動社工	90	家庭福利服務中心的表現很好，家防中心也不錯。
第五系列：對法人等服務（84.2分）	執行專案	80	公托親子館的成績不錯，因應災變或疫情大致順利。
	面對考核	80	沒有花太多時間但找對方法因此成績大幅度進步。
	強化人團	90	明顯強化與社區及人民團體的關係。
	綻放幸福	80	兒少力、身障力與女力都明顯進步，志工力持平。
	共同行善	90	募集大量的車子，舉辦比較活潑的表揚。
	連結媒體	85	除了特定事件大致順利，媒體對社會局的正面報導頻率增加。

總分：85.2分。

這三方面的成績分別是87.8分、85.4分、85.2分。總分在86.13左右，比起筆者在台大社會系畢業時的總平均87.61分要遜色一些。畢竟，讀學位自己可以控制的程度高，在政府裡做管理者，變數太多。

第二節　質性的總檢視

再次想想自己最核心的特質：姓彭，臺中人，基督徒，在東海大學教書，帶領幸福家庭促進協會從事社會工作。現在六十幾歲了，有妻子、兒女及孫子女等。就用這些來分析筆者在社會局長所做的工作更好了嗎？透過相關的證據來檢視。

1. 姓彭，有沒有使家人以筆者為榮？應該有吧！
2. 臺中人，有沒有使臺中更好？十四歲來臺中讀國中三年級，二十五歲來東海讀博士。臺中在生命裡是最重要的城市，渴望臺中更好。社會局長的服務階段，的確使臺中的社會福利更好了。
3. 是基督徒，有沒有使耶穌的愛幫助更多人？積極去各教會、各天主堂，促成了對婦女、原住民、新住民、老人、身心障礙者、兒童青少年、貧困者、街友等更廣泛的服務。局長任內，多次講道，又在各處致詞時為主耶穌做見證。
4. 老師，總是希望透過教育工作幫助學生有更好的未來。「教育無他，榜樣而已」教育工作是一生的志業，因為身分是從東海大學借調到市政府，每周還義務回社工系教一門課（最後一學期教兩門課）。教師的角色主要是「言教」與「身教」，在身教方面，七個學期八門課，一百多次授課，沒有請過一次假，真是奇蹟！每次上課都教學相長，充分準備教材及一封信，持續分享。各班學生對筆者的教學評價給了高分。社會福利行政及管理的授課，都更真實，能隨時舉出實例。
5. 學術圈人，有沒有使學術圈與政府的合作更多更密切？三十三歲起在東海大學專任，又在中部幾所大學兼課，對各大學相當熟悉。透過社會局此平台，使各大學承接更多社會局服務弱勢群體的方案。許多學校也推出大學社會責任的計畫，許多建築景觀科系紛紛設計適合台中弱勢群體的空間。
6. 社工人，透過社會工作的專業幫助更多人。做局長，有沒有使社工的發展更好？透過推動社會安全網計畫去中部地區有社工系的每一所大學義務演講，聘用了更多社工系畢業生，邀請老師加入社會安全網輔導團及市政府各委員會。
7. 半個媒體人，有沒有透過媒體分享更多好的資訊？自己製作主持直播節目，又經常上廣播節目或錄製電視節目，說明社會福利的

第三十五章　如何給個總評？

豐富。

8. 筆者即將成為老人，有沒有使臺中的老人福利做得更好？敬老愛心卡的功能強化、老人健保費用的補助、關懷據點的普設、長青學苑的大量增班等，成果都很明顯。
9. 筆者有幼年的孫子女，有沒有使兒童得到更好的照顧？公托親子館、育兒津貼、托育補助等，都顯著進步。
10. 筆者是盧市長邀請來的，有沒有幫助市長？盧市長有愈來愈高的民眾滿意度，她連任了！

　　有一項永遠陪伴自己、無法脫身的任務是家族中的角色，這更要評量。離開局長職位的第二天，專程北上六張犁去彭府墓園向長輩報告。政治是一時的，做彭家人是持續的。筆者父親做過教育廳的九職等科長，當筆者三十一歲拿到博士，他希望筆者考甲等特考。直到他在筆者五十三歲時辭世，筆者都沒做公務員，沒想到六十一歲時成為政務官。

　　三十年前，剛擔任教育部家庭教育委員會委員時，一位出生在嘉義海邊、父親務農的司長說：「我的父親到臺北找我，不敢進教育部的大門，在門口徘徊許久，覺得『衙門』好可怕。」這位司長的名字是「進財」，他沒發財，倒是做到十二職等的高級文官。他的父親應該很光榮，他也致力推動各種社會教育，造福像他父親那些的老農夫。

　　許多父母經年累月打拼，看到子女能進入「衙門」工作，都引以為傲。的確，能拿到學位，通過考試，擔任公職，有了穩定的收入，家人心中的喜悅難以形容。即使子女只是個基層人員，只有個小小的辦公座位，只領不多的薪水，對家庭來說都是大事。

　　對公務員的子女來說，爸爸媽媽每天到好大的建築物裡上班，或許覺得了不起。社會局在臺中市政府惠中樓舉辦「家庭日」，好多孩子第一次進到這麼宏偉的建築物，在這麼高的禮堂中吃喝玩樂，很可能覺得：爸爸或媽媽好偉大！他們如果知道自己父母的工作是幫助很多很多人，一定佩服。

職業無分貴賤，但在政府體系裡服務，帶給家人的感覺通常是正面的。「學而優則仕」，學習成果好，經過篩選，表現優秀，進入政府，不簡單呢！

　　筆者的大哥大嫂好奇社會局長的工作，堅持要到市政府看看。當天正巧是身障日表揚，有記者會，還有展覽，筆者忙得不可開交，他們跟著團團轉，看到自己老弟與各種人互動，又站又蹲又笑又招呼，兩、三個小時。終於有空在活動背板前合照，已經退休的他們應該覺得這個弟弟不簡單。哥哥、姐姐、妹妹都是臺北人，都知道臺北對老人的照顧與福利遠不如臺中，這點，筆者為臺中人高興。

　　有些年除夕夜，最有家庭味道的日子，筆者還在跑行程，想念家人，也想到一些公務員的家人。但努力付出比起年夜飯的豐盛，更加珍貴！

　　公務員總有離開政府的時候，也總是帶著回憶離開的。在這些回憶中，有些與家庭相關。如果對家庭產生正面的效益，應該肯定及懷念。若因為太過忙碌傷害了身體，更需要家庭的力量予以修復。若因為公務無暇顧及家人，離開後比較有空陪伴，享受家庭的溫暖。這是筆者離開政府之後最大的收穫，與家人單純相處，和複雜的官場中，真是鮮明的對比啊！

　　「蓋棺論定」是外人的評價，「你想留下什麼？」是為自己將要打的分數預先訂下標準。「蓋棺論定」是人們評價，人們談論，簡稱「人言」，然而俗話說：「人言可畏」。其實，人有親疏近遠，親近的人所說的，比較關鍵。至於遠方的人，別那麼在乎。最親的，當然是家人，尤其是配偶與子女。

第三十六章
如何統整真我？

- 冒險淬鍊出的心得
- 小一點與大一點
- 愛生活學習貢獻與生命都更好

第一節　冒險淬鍊出的心得

　　無數人愛看旅遊書，筆者也喜歡看，寫這本書時，正在看一本北極之旅、一本南極之旅（天氣炎熱時看冰天雪地的畫面，涼快一些），但更愛看管理者與領導者如何克服困難。許多人看了旅遊書就踏上旅途，筆者很少如此。但看了管理與領導的書，就踏上管理與領導的路。希望做些事情，多做事一直是生命的主題與習慣。

　　林肯總統說：「比起害怕做錯事，勇敢做對的事需要更多勇氣。」管理與領導，尤其在政府，必須持續有充足的勇氣應付很多不懷好心的人「與自己作對」，然後做對的事情並做出成效。

　　回顧自己的人生，冒險與旅行的關係很小。筆者不是旅行的高手，旅遊甚至算不上興趣。如果旅行要加上冒險，就更罕見。很多人喜歡甚至酷愛旅行，有一個原因是——冒險。「不必解釋！先說你怎麼冒險吧，解釋太花時間了。」這是《愛麗絲夢遊仙境》作者Lewis Carroll所說的，筆者特別有感。自己走了幾十年的管理路，也走了幾年的行政路。在大學做主管十幾年，在非營利組織做秘書長與理事長將近三十年，在政府做局長三年多，還有二十幾歲時創設洞察出版社經營了幾年。這些都得行動，而不僅說說寫寫。管理得處理人、錢、空間、媒體等等，大大小小的事情⋯⋯六十歲，兩度冒險，先跨足圖書館界，再進入政府，走一段政治路。

　　剛做局長，遇到好些有趣的反應。有次拜訪一位東海校友的議員，他問筆者是否婚姻出現危機，或者有什麼中年危機，否則好端端的，為什麼想從政？上任三個多月，接到一位同仁的來信：「局長：我上個周末和家人到東海大學校園走走，這裡的環境真好，我想不出來有什麼人願意放棄這樣悠閒的生活，去忙碌不堪的政府裡工作？」有回北上錄

影，主題是橘世代。另一位來賓舉了個例子：美國有項對七十歲老人的問卷，詢問人生最大的遺憾，結果排名第一的是：不夠勇敢。他接著說我還真勇敢，年紀這麼大，還換跑道。

筆者的確很勇敢。持續避免年紀大後悔不夠勇敢、不敢冒險。許多遊樂園的設施如雲霄飛車、海盜船、大怒神，規定六十歲以上不得搭乘，怕意外。筆者過了六十歲從政，天天的心情都像是搭雲霄飛車，在議會有如上海盜船，被議員、長官、民眾或媒體罵，有如被大怒神折磨……在政壇冒險，滋味特別。

然而，每個職業與專業都應該有主要的舞台。要做軍人，在軍校教書絕對不是第一志願。要做社工，在大學教書絕對不夠。要做管理者，光在課堂授課或演講，而不必為了生產、行銷、人事、品管、財務等煩惱，實在不夠看。要瞭解政治，在學校說得天花亂墜，還不如被議員罵、被選民申訴、被黨派纏擾……要做公務員，讀了很多本公共行政或行政學，夠嗎？

有這麼一種諷刺：學者專家，專門害人家。另有比喻：你不會做，就去教（If you can't do it, teach it），警惕教的人應該多做，多些實務。近年來，政府與媒體處處弄評鑑，找一些人當評鑑委員，筆者常常被評鑑，但不樂意當評鑑委員。好些評鑑委員說一些自己也做不到的話，學者寫文章批評，還不如實際去做、去面對問題而非解釋或建議。

擔任社會局長，在社會局同仁士氣普遍低落的時候，義無反顧挺身而出。也因此，有了一段又一段的冒險。但當你堅定立場創造出成效又處理好危機之後，其中的成員未必感謝，甚至有些人酸言酸語，有些人背後放冷箭。尤其是安於現狀的公務員，還有充滿鬥爭的政治圈。

綜合心得如下：

1. 關於福利服務：

    (1)「people-work」（對人的服務）比「paper-work」（對文件處理）重要。管理者避免增加報表、文件、公文，多用心與同仁

互動,又鼓勵大家多與服務的對象互動。

(2)「組合」比「個別」重要。設法使所做的個別工作,產生更多的意義。透過不同個別的重新組合,可以產生更大的效果。例如辦活動,錄製成影片,持續行銷。又如服務弱勢者,多想到如何幫助他/她們的家人。用心與各種法人廣結善緣,累積更多人力、財力、物力資源幫助弱勢的自然人。

2.關於行政工作:

(1)「效果」比「效率」重要。效率求快,效果求準。避免急躁求快,忙亂容易犯錯。隨時朝向結果努力,做出結果最可貴。

(2)「過程」比「開始」重要,「結果」比「開始」重要,「結果」比「過程」重要。公務員總是看重過程,因此在每一個環節中花太多時間,其實應多檢視是否往結果邁進即可。莎士比亞的名言:「有好結果的事都是好事。」(All's well that ends well.)結果好就好,過程別太計較。

3.關於公務員角色:

(1)「解決」比「解釋」重要。學術理論有助於解釋,但行政工作必須解決民怨。公務員應少講理論,減少對條文、法規、傳統的堅持,實際處理問題,解決問題。

(2)「彈性」比「堅持」重要。不可能樣樣順利,與其堅持少數的,不如擴大彈性,多嘗試新的,多做幾個自然而然增加成功的機會。

4.關於團隊:

(1)「對的人」比「對的事」重要。用心處理人事議題,盡量配合職位的屬性,在現有的人力中找到最適合的人,這個人在職位上通常能做出更多對的事。團隊的氣氛好,工作才開心,共同處理難題。

(2)「服務的同仁」比「所做的事情」重要。部屬所做的事情如果

有缺失，不要責怪，避免打擊士氣，改正缺點，繼續努力就好。

5. 關於任務中會遇到的：

   (1) 對頭痛的人物：「誠懇頻繁互動」比「有事才來往」重要。無論是民意代表、長官、記者或其他公務員，避不見面是下策，積極且自然相處是中策，知道對方的需求適度回應為上策。

   (2) 對欣賞的人物：「公事」比「私交」重要。在政府服務，目的是做公事而非交朋友，避免拉幫結派。主管公平善待所帶領的同仁，不涉入同仁的私領域。

6. 關於挫折逆境：

   (1) 「EQ」（情緒商數）比「IQ」（智力商數）重要。智力高的人很多，會考試、會寫公文的同仁更多。但情緒平穩、避免生氣、冷靜處理問題，更關鍵。

   (2) 「AQ」（逆境商數）比「EQ」重要。逆境中可以學習到的更多，不必怕逆境或狀況，因此累積了經驗，加以改進。用心把螺絲拴緊，避免犯下新的錯誤。

7. 關於政治：

   (1) 「定位」比「職位」重要。公務員花太多時間去想職位，然而職位是人給的，有求於人不如反求諸己。自己有特色比升遷更可貴。

   (2) 「整體」比「細節」重要。行政看重細節，很怕出錯。但政治不可能一百分，無法讓所有的人都支持。整體而言，民選首長及格就好，政務官則八十分就可以了。

   (3) 「好來好去」比「凸顯自己」重要。不論昔日如何優秀，自己的職位比對方高、自己懂得比對方多，都平等相待，努力追求你／妳好我好。

8. 關於人生：

(1)「冒險」比「穩定」重要。中年之後習慣生活在舒適圈，從事熟悉的工作，但適度的冒險可以創造更多可能性。
(2)「幸福」比「成功」重要。成功比較難，牽涉到的變數非常多。幸福比較容易，自己的心境隨遇而安即可。幸福的家庭更可以幫助事業成功。

第二節　小一點與大一點

有位學術界的朋友開玩笑說：「我早已結紮，不生了。」她所謂的不生，其實是「不升」，不準備升教授。筆者專任副教授幾年時，決定「不升」，一輩子做副教授，幾十年來從未提出升等教授的申請。

如果做公務員，早點決定不以升官為職場的目標，有很多好處：

1. 省下為了想升官而採取的各種行為，包括在官場的政治行為、送禮討好的經濟行為、求神拜佛的宗教行為等等。
2. 官場裡難以「又專又紅」，專業設法做到一流，又渴望成為長官眼中的「紅人」。可是兩方面都得花好大的力氣！為了紅，討好長官，做牛做馬，不如集中精神，強化專業、執行本分。把眼前的任務做到最好，做到最熟練。
3. 累積自身能力，發展其他專長，在學歷、證照上，多累積成果。
4. 修身養性，自我訓練，強化品格。

政府中充斥為了升遷採取的各種手段，包括好些看來迷信的做法。每當升遷機會來臨時，四處拉關係、拜託府一層或議員找機會，惶惶不可終日，神經兮兮。通常結果都不如預期，在失望中，自己不快樂，可能也讓身邊的人乃至民眾痛苦。

在選舉頻繁的現代，升遷與選舉之間的關聯性更高了。換一個民選

首長就必然換各局處首長，換一個局處首長，可能換許多科長，換一個科長，股長、高級社工師、組長等，跟著異動……無數文官因而寄望選舉變天，自己能在新的政治情勢中升遷。因此，投靠政治人物、加入政黨派系、從事政治活動，把「文官中立」放在一旁。設法依附有權者，全身上下充滿政黨色彩。如此做，就像政治的本質為豪賭，賭贏了固然升遷，但賭輸的機率遠大於賭贏。就算賭贏了，快速升遷，欠缺更好的條件去擔任更重要職位的責任，往往「德不配位」，難以有好的績效。

任何職位都有一定的資格，最好能Over-Qualified，實力超過合格的要求。Over-Qualified也可以翻譯為「大材小用」，如果不計較「小用」，只要有用就好，何必太在乎大小呢？

團隊比個人有力量，又比龐大組織靈活。政府龐大，有如大象，但民眾期待的是靈活能迅速回應需求、靈巧像蛇、馴良像鴿子的服務者。因此，筆者在不變更組織架構、尊重文官的前提下，設計並善用各種團隊，隨時因應四面八方的動態需求。

「組織太大、個人太小，團隊最適合」是筆者當年寫《團隊高績效》的序言，也是長期實踐的經驗。每次做部屬，想的是自己如何在團隊中扮演合適的角色，當身邊的主管位置都站定了，趕緊在既有的生態中搭配。六十歲臨時被王校長找去接圖書館館長；然後被盧市長邀請來市府，都是半路加入團隊。先觀風向、研判情勢、低調發言，最重要的，是默默做出有好成績的事，漸漸贏得上司的信任，以誠意與其他主管互動，降低工作中的阻力。

當在團隊中扮演的是領頭羊時，又該如何呢？表面上在社會局是局長，其實這裡的生態早已存在，主管都久任其職。筆者客氣互動、緩步調整，找到可以努力及改革之處。組成各種攻守隊伍，使不同目標所組成的公務員，順利搭配，完成一個個任務。畢竟完成任務才是社會局存在的價值。

團隊（team）與團體（group）不同，團體為了內部成員的滿足而

存在，團隊為了外部的需求而存在。在大組織之中，團體容易形成派系，自利自滿；團隊動態彈性，成員充分發揮才華，不斷以績效說服外界並帶給內部成員榮譽感。設法以TEAM的字首呈現社會局團隊的四個特徵：T：trustworthiness建立信任；E：effectiveness做出績效；A：appreciate讚美肯定；M：management妥善管理。

團隊第一要務是建立彼此信任的關係，《哈佛商業評論》裡提到：累積愛的存款，關鍵的方法是「強化團隊中的信任」。在福利行政體系之中持續累積愛的存款，使自己與團隊都更好。

筆者念茲在茲的是：社會局同仁有沒有變得更好？有沒有給自己更多的機會？是否常常想到自己？愛自己又瞭解自己？是否更愛自己這是感性的問題。是否更瞭解自己則是理性的問題。還有是否更尊重自己？更自我實現？

擔任公務員，付出這麼多代價，應該要得到一些回報，最珍貴的回報不僅是有限的薪資或所做的成果，而是：更好的自己，獨一無二、舉世無雙的自己。

統整的我，統整的人生，靠的是「自己小一點，團隊大一點」。筆者幾十年來透過教育工作，使學生能有更好的未來。在幸福家庭協會推動各種方案，使貧困者、身障者、遭受生命種種不幸打擊的人能有比較好的日子。透過社會工作的專業，使更多人能有比較好的自己。在官場中，總是希望充權、力上加力。

第三節　愛生活學習貢獻與生命都更好

從民國88年1月3日到107年的9月2日，筆者每個禮拜天的傍晚在中廣新聞網主持「5L俱樂部」，連續1,026集。這5個L最適合統整一個服務者的人生，深信最棒的自己具備：

- 更好的生活（Living）。
- 更有效的學習（Learn）。
- 更懂得愛（Love）。
- 更大的貢獻（Legacy）。
- 擁有更棒的生命（Life）。

不管在什麼角色，都希望做到這五點。就用這五個指標總結在政府服務的日子：

一、是否有更好的生活？

當然沒有，收入比在東海擔任主管還少，忙碌不堪。三餐不規律，睡眠時間減少，交通時間非常多。好好生活的關鍵在健康的身體，問自己：「我好嗎？」或「我過得好嗎？」整體而言，生活過得不太好。過得不太好因為過程有太多的不好，太累、太煩、太生氣、太挫折，有數不盡的不愉快。比起昔日從事過的任何一份工作，局長工作造成的壓力與困擾都多、都大、都久。給自己痛苦的人非常多，留下的傷害無法數算。

長期大量應酬、大量飲酒使自己淪為糖尿病患者，又有些腎臟病，需長期服藥及治療。膝蓋與肩膀的疼痛愈來愈嚴重，在議會被質詢及參加活動不斷站起來坐下去，甚至蹲下去與孩子老人合影，有時痛到無法站立，又因為忙碌無暇抽空去治療，逐漸惡化。感嘆：健康是換不回的！

然而，筆者很好，雖然有慢性病（六十五歲的人多半有一、兩項），雖然常腰酸背痛，雖然經常做些與從政階段相關的噩夢，但整個人還不錯。存在（being）非常重要，筆者依然存在，還算健康的存在，就已經不簡單了。我愛一個做過社會局長的自己，有太多的理由肯定自己的服務者角色。

二、是否有更多的學習？

學到非常多。很多學習的機會，學到各種課本上沒有的。在海景第一排的議會殿堂，在市政會議廳，在主持會議時……將理論與實務結合。視野上，滿滿的行程認識了好多人、去過好多地方、承辦好些業務，生活裡總是有新鮮事。每半年一起的首長講習。參加各種會議聽到的多元知識與訊息。可以用依UNESCO的要點來檢視學習的成果：

- 學習去知道（to know）：知道如何強化福利服務。
- 學習去執行（to do）：知道將各種理論落實。
- 學習去與人相處（to live together）：對上對下、對內對外、對團體組織協會、對議員、對記者等。
- 學習發展「獨特的存在」（to be）：確認自己很特別。

三、是否更懂得愛？

愛可概分四方面：愛情、親情、友情、博愛。局長階段，在夫妻關係與家庭關係，都顯然愛得不夠。對原生家庭的家人，見面的時間少，變得疏離。各種友情都變淡了。在博愛方面，保持對社工的熱情：家訪，透過各種服務方案、經由各種送年菜等活動、溫馨快遞等，致送百歲人瑞禮金，問候受災戶，進入許多市民的家中，每一次都深深感動，總覺得從事有趣又有意義的服務。筆者健談，喜歡聊天同時觀察，每個家庭固然都有難處，但各有生命力。能夠鼓勵這些民眾，自己十分開心。

四、是否有更大的貢獻？

絕對有，所做出的成果超過沒有來政府之前的。社會工作的核心為助人，透過局長的角色，幫助了很多人。

五、是否有更棒的生命？

以靈性的生命來看，因為眾多的考驗與苦難，更愛主。

從第一章到第三十六章，好多內容。六六三十六，三十六計，走為上策。筆者離開社會福利行政服務的行列，成為更好的自己。希望有更多人福利行政工作，貢獻所長、付出愛心，幫助苦命人。

社工叢書

社會福利行政實務

作　　者／彭懷真
出 版 者／揚智文化事業股份有限公司
發 行 人／葉忠賢
總 編 輯／閻富萍
地　　址／22204 新北市深坑區北深路三段 258 號 8 樓
電　　話／02-8662 6826
傳　　真／02-2664-7633
網　　址／http://www.ycrc.com.tw
　E-mail ／service@ycrc.com.tw
　Ｉ Ｓ Ｂ Ｎ／978-986-298-455-0
初版一刷／2025 年 9 月
定　　價／新台幣 580 元

＊本書如有缺頁、破損、裝訂錯誤，請寄回更換＊

國家圖書館出版品預行編目（CIP）資料

社會福利行政實務 = Practice of social welfare administration/彭懷真著. -- 初版. -- 新北市：揚智文化事業股份有限公司, 2025.09
　面；　公分. -- (社工叢書)

ISBN 978-986-298-455-0（平裝）

1.CST: 社會福利 2.CST: 社會行政

547.6　　　　　　　　　　　　　114010822